中国语言资源保护工程

浙江方言资源典藏　编委会

主任

朱鸿飞

主编

王洪钟　黄晓东　叶　晗　孙宜志

编委

（按姓氏拼音排序）

包灵灵　蔡　嵘　陈筱婟　程　朝　程永艳　丁　薇
黄晓东　黄沚青　蒋婷婷　雷艳萍　李建校　刘力坚
阮咏梅　施　俊　宋六旬　孙宜志　王洪钟　王文胜
吴　众　肖　萍　徐　波　徐丽丽　徐　越　许巧枝
叶　晗　张　薇　赵翠阳

教育部语言文字信息管理司
浙江省教育厅　　指导

中国语言资源保护研究中心　　统筹

中国语言资源保护工程

浙江方言资源典藏

建德

黄晓东 著

本书由浙江省财政资助出版

本书受到北京语言大学校级科研项目『第二代北京口语语料库研究创新平台』

（项目号：21PT06）的资助。

ZHEJIANG UNIVERSITY PRESS

浙江大学出版社

·杭州·

图书在版编目（CIP）数据

浙江方言资源典藏. 建德 / 黄晓东著. -- 杭州 ：
浙江大学出版社，2024. 11. -- ISBN 978-7-308-25610
-0

Ⅰ．H173

中国国家版本馆 CIP 数据核字第 20249KN443 号

浙江方言资源典藏·建德

黄晓东 著

策　　划	陈　洁　包灵灵	
丛书主持	包灵灵	
责任编辑	仝　林	
责任校对	田　慧	
封面设计	周　灵	
出版发行	浙江大学出版社	
	（杭州市天目山路 148 号　邮政编码 310007）	
	（网址：http://www.zjupress.com）	
排　　版	杭州朝曦图文设计有限公司	
印　　刷	浙江省邮电印刷股份有限公司	
开　　本	710mm×1000mm　1/16	
印　　张	13	
插　　页	4	
字　　数	160 千	
版 印 次	2024 年 11 月第 1 版　2024 年 11 月第 1 次印刷	
书　　号	ISBN 978-7-308-25610-0	
定　　价	68.00 元	

梅城西湖和乌龙山,2015年,黄晓东摄

严州府衙城楼,2021年,黄晓东摄

梅城玉泉寺观音阁,2015 年,黄晓东摄

梅城三江口和南峰塔,2019 年,黄晓东摄

梅城老街,2019 年,黄晓东摄

梅城六眼井,2019 年,黄晓东摄

梅城渔业大队,2009 年,黄晓东摄

建德大慈岩,2023 年,朱江有摄

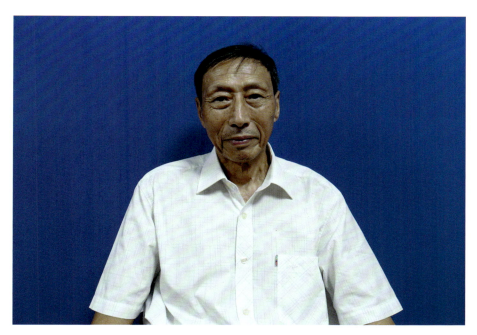

建德方言老男发音人胡尚武,2015 年,黄晓东摄

建德方言老女发音人胡蔼云,2015 年,黄晓东摄

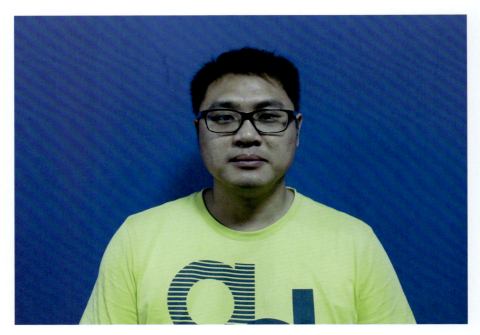

建德方言青男发音人丁勋, 2015 年, 黄晓东摄

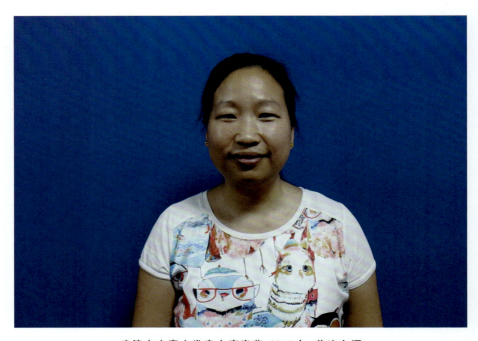

建德方言青女发音人唐春燕, 2015 年, 黄晓东摄

建德方言口头文化发音人,2019年,黄萌萌摄

建德方言发音人遴选现场,2015年,肖潇摄

建德方言摄录现场（一），2015 年，黄晓东摄

建德方言摄录现场（二），2019 年，黄萌萌摄

序

　　浙江省的方言资源具有丰富性、濒危性和未开发性的特点,急需开展大规模的全面深入的调查研究。几十年来,浙江省方言研究人才辈出,但很多专家都在省外工作。浙江方言的调查研究一直缺乏总体规划和集体行动,故而除了一些个人自发的研究以外,很少有成系列的调查报告和研究成果,与一些兄弟省(区、市)相比,反而远远落在了后面,这不能不说是一件十分遗憾的事。

　　近年来,随着语保工程的深入开展,浙江方言调查迎来了一个高潮。在浙江省教育厅、浙江省语言文字工作委员会办公室统一有力的领导下,在全省方言专业工作者的共同努力下,浙江省的语保工作开展得有声有色,成绩斐然,很多方面都走在了全国的前列。如省财政的配套支持、《浙江语保》杂志的出版、"浙江乡音"平台的建设、人才队伍的整合等方面,从全国来看都是具有创新性或领先性的。仅从人才队伍来说,经过这几年的持续培养锻炼,一大批年轻的方言工作者迅速成长。2018 年年底,浙江省语言学会方言研究会成立,当时会员人数已达到 60 多人,可以说是浙江省历史上方言研究力量最为强盛的时期。

　　这次"浙江方言资源典藏"丛书的编写出版,就是浙江省语保工程成果的一次大展示。全省 88 个方言调查点,一点一本,每本包含概况、语音、词汇、语法、话语、口头文化,体系已相当完备,同时还配有许多生动的图片和高质量的音像语料,显示出该丛书与时俱进的一面。尽管篇幅还稍显单薄,话语材料也没有全部转写成音标,但各个方言调查点(其中包括许多从未报道过的方言调查点)的基本面貌已经呈现出来了,这无疑给今后更加详细深入的研究奠定了一个很好的基础。特别值得一提的是,"浙江方言资源典藏"丛书是全国首个以省为单位编写出版的语言资源成果。

　　我最近提出了浙江方言工作的四大任务:队伍建设、调查研究、保护传承、开发应用。这四个方面的工作有的处于起步阶段,有的尚处于基本空白的状态,可谓任重道远。方言及其文化的濒危和快速消亡无疑是令人痛心的,对方言的保护是时代给我们方言工作者提出的一项不可推卸的课题。从调查研究的角度,可以说我们赶上了一个大有可为的历史机遇。只要抓住机遇,脚踏实地去干,我们一定能够共同书写出一部浙江方言文化的鸿篇巨制,为后人留下一笔丰厚的非物质文化遗产。在此,我也预祝浙江省的方言工作者能够继续推出更多更好的研究成果。

　　是为序。

　　　　　　　　　　　　　　　　　　　　　　　　曹志耘

　　　　　　　　　　　　　　　　　　　　　　　2018 年 12 月

前　言

"浙江方言资源典藏"丛书是"中国语言资源保护工程·浙江汉语方言调查"项目的成果汇编,是集体工作的结晶。

一、项目目标

"中国语言资源保护工程"是教育部、国家语言文字工作委员会2015年启动的以语言资源调查、保存、展示和开发利用等为核心的国家工程。首席专家为时任中国语言资源保护研究中心主任曹志耘教授。"中国语言资源保护工程·浙江汉语方言调查"项目负责人先后由浙江省教育厅语言文字应用管理处的李斌副处长和朱鸿飞处长担任。

"中国语言资源保护工程·浙江汉语方言调查"项目在浙江设77个方言调查点,浙江省在此基础上另增了11个方言调查点。该项目有如下目标:(1)记录以县(市、区)为代表点的方言;(2)以音像手段保存各地的方言。该项目设置的调查点覆盖了浙江的主要方言:吴方言、闽方言、徽方言和畲话。历史上对浙江汉语方言进行的比较全面的调查主要有两次:一次是1964—1966年的调查,调查的成果后来结集成《浙江省语言志(上、下)》(浙江人民出版社2015年11月第1版);另一次是2002—2005年的调查,后来出版了《汉语方言地图集》(商务印书馆2008年11月第1版),但是语料并未出版。这是第三次,与前两次相比,这次调查不仅利用了音像等现代化手段,而且覆盖面更广,每个县(市、区)用统一的调查材料至少调查一个地点;调查材料更加详尽细致,包括语音、词汇、语法、话语、口头文化等方面。

二、编纂缘起

在中国语言资源保护研究中心和浙江省语言文字工作委员会的领导和推动下,"中国语言资源保护工程·浙江汉语方言调查"项目进展顺利。浙江语言资源保护工程团队一致认为,调查成果对一般读者来说有一定的可读性,对语言学界来说具有重要的学术价值。在征得中国语言资源保护研究中心的同意后,项目负责人李斌副处长开始积极推动和筹划出版"浙江方言资源典藏"丛书,并得到了浙江语言资源保护工程团队各位专家的热烈响应。叶晗研究员积极联系出版社,丛书第一辑(16 册)最终于 2019 年年初由浙江大学出版社正式出版。在李斌副处长因工作需要换岗后,朱鸿飞处长继续大力推进《中国语言资源集·浙江》的编纂出版,始终关心"浙江方言资源典藏"丛书后续各册的编辑出版工作,积极筹措出版资金,为"浙江方言资源典藏"丛书(88 册)的全面出版奠定了扎实基础。

三、语料来源

"浙江方言资源典藏"丛书所有语料均来自浙江语言资源保护工程团队的实地调查,调查手册为《中国语言资源调查手册·汉语方言》(商务印书馆 2015 年 7 月第 1 版),调查内容包括方言的概况、语音、词汇、语法、话语、口头文化,以及地方普通话。丛书的语音部分收录了老年男性(正文中简称为"老男")以及青年男性(正文中简称为"青男")的音系和 1000 个单字音;词汇部分收录了以老年男性为发音人的 1200 个词语；语法部分收录了以老年男性为发音人的 50 个语法例句；话语部分收录了老年男性、老年女性（正文中简称为"老女"）、青年男性、青年女性（正文中简称为"青女"）篇幅不等的话题讲述，以及他们之间的 20 分钟的对话片段；口头文化部分收录了规定故事、其他故事、歌谣和自选条目，并补充了一些调查手册之外的浙江乡音材料；丛书未收录地方普通话材料。

四、丛书体例

1. 概况。包括地理位置、历史沿革、方言概况、发音人简介和常用方言词五个部分，其中方言概况部分附带地方曲艺介绍。

2. 音系。按照方言学界惯例排列，声母按发音部位分行，按发音方法分列。韵母按四呼分列，按韵尾分行，同类型的韵母按主要元音开口度的大小分行。声调标调值。例字的白读音使用单下画线，文读音使用双下画线。零声母符号[∅]除用于音系外，实际标音一律省略；调值及送气符号"ʰ"上标。

3. 单字。按"果、假、遇、蟹、止、效、流、咸、深、山、臻、宕、江、曾、梗、通"十六摄排序。同摄先分开合口，再分一二三四等，摄、呼、等、韵相同再按"帮（非）、滂（敷）、並（奉）、明（微）；端、透、定；泥（娘）、来；精、清、从、心、邪；知、彻、澄；庄、初、崇、生；章、昌、船、书、禅、日；见、溪、群、疑、晓、匣；影、云、以"三十六字母排序，摄、呼、等、韵、声相同再按中古"平、上、去、入"四声排序。

单字音后的小字注采用简称形式，具体含义如下：

白：白读音　　　　　　　　今：现在的读法

文：文读音　　　　　　　　声殊：声母特殊

又：又读音　　　　　　　　韵殊：韵母特殊

小：小称音　　　　　　　　调殊：声调特殊

老：老派的读法　　　　　音殊：声韵调不止一项特殊

新：新派的读法　　　　　读字：只用于书面语，不用于口语

旧：过去的读法　　　　　单用：可单独使用，不必组合成词

无方言说法的单字，注明"（无）"。

4. 词汇。词条按意义范畴分类，按实际发音标音。用字一般使用现行规范字，有本字可用者一律使用本字，本字不明者用方言同音字，同时在该字右上角用上标"="标明。但表近指或远指的"格""葛""即""介""乙"、复数义的"拉"等，属于习用的表音字，不加同音字符号"="。既无本字又无同音字的用方框"□"表示。一律不使用训读字，尽量不使用俗字。合音字尽量使用已有现成字形的字，例如"覅、甮、劦"等；如方言无现成字形的合音字，用原形加"〔　〕"表示。"並、眰、煤、隑、盦"等异体字或繁体字是音韵学、方言学中具有特殊含义的专用字，本丛书予以保留。

一个词条有多个读音时，用单斜线"/"间隔；一个词条有多种说法时，按使用频率由高到低排序；各种说法的性质不同时，音标后加注小字，体例同上文单字音后的小字注；鼻尾型或鼻化型的小称，采用方言词加小号字"儿"的方式表示，如：义乌"弟弟"义的"弟儿din^{24}"，温岭"父亲"义的"伯儿 pa~^{51}"；变调型及变韵＋变调型的小称，采用音标后加小号字"小"的方式表示，如：江山"爷爷"义的"公koŋ^{241}小"，宁波"鸭子"义的"鸭 ε^{35}小"。

无方言说法的词条，注明"（无）"。

5. 语法、话语、口头文化一律只记实际读音；方言转写使用宋体字，普通话译文使用楷体字。话语及故事属于即时讲述的自然口语，难免出现口误、重复、颠倒、跳脱等现象，其方言转写与国际音标力求忠实于录音，普通话译文采取意译方式，不强求与之一一对应。

6. 单字、词汇、语法例句及其释例基本依据《中国语言资源调查

手册·汉语方言》。

　　本丛书从第二辑开始,对所有方言材料均标注国际音标。各种音标符号形体繁复,浙江大学出版社的编辑团队克服困难,精心编校,尽心尽力,是特别需要表示感谢的。

目　录

第一章　概　况

一、地理位置

　　建德市隶属于浙江省杭州市,位于浙江省西部、钱塘江上游,东北连杭州,东南接金华,西南通衢州。全市地域面积 2314.19 平方公里,辖 12 镇 1 乡 3 街道,分别是梅城镇、寿昌镇、大同镇、乾潭镇、三都镇、杨村桥镇、下涯镇、大慈岩镇、航头镇、李家镇、大洋镇、莲花镇、钦堂乡,新安江街道、更楼街道、洋溪街道。① 截至 2023 年年底,全市户籍人口 50.25 万,常住人口 44.30 万。② 其中汉族占绝大多数,少数民族主要为畲族,共一两千人,散居在境内各地。

---

① 参见:建德市史志编纂委员会. 建德年鉴(2021). 北京:方志出版社,2021;建德市人民政府网,https://www.jiande.gov.cn/art/2024/6/14/art_1229535246_59127884.html,2024 年 8 月 13 日获取。

② 参见:《2023 年建德市国民经济和社会发展统计公报》,https://www.jiande.gov.cn/art/2024/3/29/art_1229535712_4250634.html,2024 年 8 月 1 日获取。

二、历史沿革

建德市现辖原建德、寿昌两县地。建德古为百越地。秦王政二十五年(前 222)于原吴国、越国地置会稽郡并富春县,建德属之。新莽时改富春为诛岁,东汉初复为富春。汉永建四年(129),分会稽郡置吴郡,富春县属之。三国吴黄武四年(225),分富春置建德县,县城在今梅城,建德之名自此始。

1949 年建德、寿昌相继解放。同年 5 月设立第四专署,后改建德专署,建德、寿昌属之。1950 年撤销建德专署,建德、寿昌改属金华专署。1955 年重设建德专署,建德、寿昌回属。1958 年撤销寿昌县,并入建德县。1959 年撤销建德专署,建德县划属金华专署。1963 年建德县划属杭州市。1992 年 4 月建德撤县置市,市治新安江镇(今新安江街道)。①

三、方言概况

建德境内的方言主要有寿昌话和建德话:寿昌话分布于旧寿昌县;建德话主要分布于原建德县境内,一般一个镇一种口音,例如梅城口音、三都口音、大洋口音等。市区新安江街道通行普通话。北部乾潭镇、钦堂乡部分地区说桐庐话(属吴语太湖片)。罗村村、南峰村有安庆话;罗村村还有福建话(闽语或客家话未详);千鹤村等地有温州话;原百塘垄村、后山村二村有青田话;檀村村一带说兰

---

①　《建德市志》编纂委员会.建德市志:1978～2005.杭州:浙江人民出版社,2010:127-131。

溪话。

地方曲艺主要有婺剧和越剧。

四、发音人简介

姓名	性别	出生年月	文化	职业	出生地
胡尚武	男	1942 年 12 月	小学	职工	建德梅城镇
丁勋	男	1980 年 11 月	大学	教师	建德梅城镇
胡蔼云	女	1948 年 9 月	高中	教师	建德梅城镇
徐笑珍	女	1948 年 11 月	小学	无	建德下涯镇
胡一鸣	女	1967 年 5 月	高中	职工	建德梅城镇
胡一芳	女	1969 年 7 月	高中	职工	建德梅城镇
唐春燕	女	1979 年 1 月	高中	教师	建德梅城镇

五、常用方言词

卬　　　　$\alpha\eta^{213}$　　　　代词，第一人称单数，我，本字不明，采用
　　　　　　　　　　　　　　表音字：～姓黄。

尔　　　　n^{213}　　　　　代词，第二人称单数，你：～姓啥哩。

渠　　　　ki^{33}　　　　　代词，第三人称单数，他：～姓张。

我拉　　　$\alpha^{21}la^{55}$　　　　代词，第一人称复数，我们：～统去。

尔下⁼　　$n^{21}ho^{55}$　　　代词，第一人称复数，咱们：～一起去。

尔拉　　　$n^{21}na^{213}$　　代词，第二人称复数，你们：～弗要去。

渠拉　　　$ki^{33}la^{53}$／$ki^{33}la^{0}$　代词，第三人称复数，他们：～去弗去。

葛　　　　$ke?^{5}$　　　　代词，这，本字为"个"，采用表音字：～个│
　　　　　　　　　　　　～里。

末	mɐʔ¹²	代词，那，本字不明，采用表音字：～个｜～里。
葛阶	kɐʔ³tɕie²¹³	代词，这么，这样：～贵这么贵｜～写这样写。
啥哩	so⁵⁵li⁰	代词，什么，作定语或宾语：～字｜寻～。
弗	fɐʔ⁵	副词，不：～去｜～吃。
交关	tɕiɔ²¹kuɛ⁵⁵	副词，非常：今朝～热。
忒	tʰɐʔ⁵	副词，太：～多罢太多了。
对＝	te²¹³	①动词，在：卬～单位。②介词，在：卬～杭州工作。

第二章　语　音

一、音　系

(一)老男音系

1. 声母(20个,包括零声母在内)

p 八兵爬	pʰ 派片病	m 麦明问	f 飞凤副蜂 肥饭味
t 多东甜毒	tʰ 讨天	n 脑南蓝连	l 老路
ts 早租张量 茶争装纸	tsʰ 草寸抽拆 抄初		s 坐三酸祠 床山手十
tɕ 酒竹柱主 九权	tɕʰ 清春轻	ȵ 年泥软 烟县	ɕ 想谢船顺 书响
k 高公	kʰ 开苦	ŋ 熬安王	h 好灰
∅ 月活温云 用药			

说明:

(1)不送气的清音声母逢低调(〔213〕〔12〕),音值近吴语中常见的浊音(清音浊流)。

(2)[ȵ]声母拼齐齿韵时,有时有零声母异读,如"日"字[ȵiɐʔ¹²][iɐʔ¹²]异读。拼[y]韵时,有时读作[n.],如"女"。

(3)[ŋ]声母发音较弱,舌位略前。

2.韵母(39个,包括自成音节的[m][n]在内)

ɿ 猪师丝试资	i 米戏飞接热	u 歌坐过苦壳学壶	y 靴雨月
ɑ 排鞋白尺	iɑ 夜药脚	uɑ 快外	yɑ 抓
o 茶糖光塔鸭辣八活托			
ɔ 宝饱高	iɔ 笑桥		
ɛ 开南山半短硬争晚	iɛ 烟痒	uɛ 官横关	
e 赔对	ie 写盐年全响贴节	ue 灰鬼	ye 水砖权
ɤɯ 豆走	iɤɯ 酒油		
ɛ̃ 感	iɛ̃ 显全	uɛ̃ 完晚	yɛ̃ 全①
ən 深根寸灯升	in 心新病星	uen 滚温	yn 春云
ɑŋ 党	iɑŋ 像	uɑŋ 光	
oŋ 东兄	ioŋ 用浓		
eʔ 十北直色六绿	ieʔ 急节七一锡学	ueʔ 活骨郭国谷	yeʔ 出橘局
m 母无			
n 五儿			

---

① "全"字有[tɕʰiɛ̃²¹¹][tɕʰyɛ̃²¹¹]两个文读音。

说明：

(1)[i]韵略有摩擦。

(2)[u][y]二韵唇形较展；[u]韵带[ɸ]色彩，与[ts]组、[n][l]相拼时近[ᵊu]。

(3)[o]韵实际音值为[ᵘo]，且末尾唇形较展。

(4)[e]韵略有动程，近[eˑ]。

(5)[ɔ][iɔ]二韵中的[ɔ]舌位较高。

(6)[ən]韵中的[ə]有时近[e]，与[p][t][k]组相拼时尤其明显。

(7)[-n]及自成音节的[n]舌位较前，而且音色较模糊。

(8)[ɑŋ]韵鼻尾较弱。

(9)[oŋ][ioŋ]二韵唇形较展，末尾双唇接近闭合。

(10)[ɛ̃][iɛ̃][uɛ̃][yɛ̃]四韵为文读专用韵。

3. 声调(7个)

阴平	53	东该灯风通开天春
阳平	33	门龙牛油铜皮糖红冻怪半四痛快寸去
上声	213	懂古鬼九统苦讨草买老有动罪近后麦叶月白盒罚
去声	55	路硬乱洞地饭树百搭节塔切
阴入	5	谷节急哭拍刻
阳入	12	六毒
阳平文读	211	华言完

说明：

(1)阴平[53]偶尔读作[533]或[534]。

(2)上声[213]降幅不到一度。

（3）去声[55]略升，近[45]，而且比较短促，末尾略带紧喉色彩。

（4）阴入[5]为短促调。

（5）阳入[12]为短促调，前头略降。

4.两字组连读变调规律

建德方言两字组的连读变调规律见下表。表中首列为前字本调，首行为后字本调。每一格的第一行是两字组的本调组合；第二行是连读变调，若连读调与单字调相同，则此行空白；第三行为例词。同一两字组若有两种以上的变调，则以横线分隔。具体如下。

建德方言两字组连读变调表①

前字＼后字	阴平 53		阳平 33		上声 213		去声 55		阴入 5		阳入 12	
阴平 53	53 开	53 车	53 开	33 门	53 工	213 厂	53 军	55 队	53 中	5 国	53 生	12 日
	53 飞	53 55 机	53 清	33 55 明								
阳平 33	33 农	53 村	33 农	33 民	33 牙	213 齿	33 名	55 字	33 毛	5 笔	33 粮	12 食
			33 21 酱	33 55 油	33 城	213 55 市						
					33 徒	213 33 弟						

---

① [211]调只涉及少数字，故不列入本表。

后字＼前字	阴平 53		阳平 33		上声 213		去声 55		阴入 5		阳入 12	
上声 213	213 55 火	53 车	213 55 草	33 鞋	213 55 手	213 表	213 21 写	55 字	213 55 粉	5 笔	213 55 伙	12 食
	213 21 打	53 针	213 21 写	33 信	213 21 动	213 手			213 21 赌	5 博	213 21 老	12 实
	213 55 老	53 33 师			213 13 远	213 近						
去声 55	55 地	53 方	55 问	33 题	55 代	213 表	55 大	55 路	55 外	5 国	55 大	12 栗
			55 21 大	33 55 门								
阴入 5	5 国	53 家	5 出	33 名	5 黑	213 板	5 3 决	55 定	5 3 出	5 国	5 复	12 习
			5 3 骨	33 55 头								
阳入 12	12 立	53 冬	12 日	33 头	12 十	213 五	12 立	55 夏	12 墨	5 汁	12 十	12 六
					12 21 日	213 子						

　　建德方言两字组的变调有以下几个特点：

　　（1）连读变调比较简单。

　　（2）以前字变调为主。后字变调主要见于后字为阳平［33］、阴平［53］和上声［213］时。

（3）上声[213]、去声[55]以及阳平[33]作前字有一定程度的合流现象。

（4）后字的变调调值只有[55]和[33]。

（5）建德方言存在语法变调现象，主要表现在述宾结构常具有专门的变调规律。

不符合表中连读变调规律的例外词有：

尿片_{尿布} ɕi²¹ pʰie⁵⁵ | 棺材 kuɛ²¹ sɛ⁵⁵

整脚_{（质量）差} piɐʔ¹² tɕiɐʔ¹²

5. 小称

建德方言小称形式是在原词后加上自成音节的"儿"[n]。加上后，"儿"字前一音节声韵母均不发生变化。"儿"字及前一音节的声调可能发生变化，具体如下表。

建德方言小称音变规律

前字声调	中古调类	"儿"字声调	例词
阴平 53	清平	213	歌儿 ku⁵³ n²¹³ | 躲猫儿 捉迷藏 tu²¹ mɔ⁵³ n²¹³
阳平 33	浊平	暂未见例词	
	清去	55	兔儿 tʰu³³ n⁵⁵ | 筷儿 kʰuɑ³³ n⁵⁵ | 盖儿 kɛ³³ n⁵⁵ | 扣儿 kʰɤɯ³³ n⁵⁵
上声 213	清上、次浊上	0	鸟儿 tiɔ²¹³⁻⁵⁵ n⁰ | 鬼儿 kue²¹³⁻⁵⁵ n⁰ | 网儿 mɔ²¹³⁻⁵⁵ n⁰ | 枣儿 tsɔ²¹³⁻⁵⁵ n⁰ | 花蕊儿 hɔ⁵³ y²¹³⁻⁵⁵ n⁰ | 饺儿 tɕiɔ²¹³⁻⁵⁵ n⁰
	全浊上	55	柿儿 sʅ²¹³⁻²¹ n⁵⁵ | 辫儿 pie²¹³⁻²¹ n⁵⁵
	全浊入		盒儿 ho²¹³⁻²¹ n⁵⁵
去声 55	浊去	55	纸鹞儿 风筝 tsʅ²¹ iɔ³³ n⁵⁵
	清入	0	桌儿 tsu⁵⁵ n⁰

(二)青男音系

1.声母(19个,包括零声母在内)

p 八兵爬	pʰ 派片病	m 麦明问	f 飞风副蜂 肥饭味	
t 多东甜毒	tʰ 讨天	n 脑南		l 蓝连 老路
ts 早租张量 茶争装纸	tsʰ 草寸抽拆 抄初		s 坐三酸祠 床山手十	
tɕ 酒竹柱主 九权	tɕʰ 清春轻	ȵ 年泥软	ɕ 想谢船顺 书响	
k 高公	kʰ 开苦		h 好灰	
∅ 熬王月活 温用药热				

说明:

不送气的清音声母逢低调([213][12]),音值近吴语中常见的浊音(清音浊流)。

2.韵母(40个,包括自成音节的[m][n]在内)

ɿ 猪师丝试资	i 米戏飞接热	u 歌坐过苦壳学壶	y 雨月
ɑ 排鞋白尺	iɑ 夜药脚	uɑ 快外	yɑ 抓
o 茶糖光塔鸭辣 八活托			
ɔ 宝饱高	iɔ 笑桥		
ɛ 开南山半短 硬争	iɛ 烟	uɛ 官横关	
e 赔对	ie 写盐年响痒 贴节	ue 灰鬼	ye 水砖权
əɯ 豆走	iəɯ 酒油		

ɛ̃ 感	iɛ̃ 显	uɛ̃ 完	yɛ̃ 全
ən 深根寸灯升	in 心新病星	uən 滚温	yn 春云
ɑŋ 党	iɑŋ 像	uɑŋ 王狂	
oŋ 东公	ioŋ 用浓兄		
əʔ 十北直色 六绿塔	iəʔ 急七一锡节	uəʔ 骨国谷活	yəʔ 出橘 局学
m 母无			
n 五儿			
ər 儿			

说明:

(1)[u][y]二韵唇形较展。

(2)[o]韵实际音值为[uo],且末尾唇形较展。

(3)[e]韵略有动程,近[eˈ]。

(4)[ɔ][iɔ]二韵中的[ɔ]舌位较高。

(5)[ɛ̃][iɛ̃][uɛ̃][yɛ̃][ər]五韵为文读专用韵。

3. 声调(7 个)

阴平	53	东该灯风通开天春
阳平	33	门龙牛油铜皮糖红冻怪半四痛快寸去
上声	213	懂古鬼九统苦讨草买老有动罪近后麦叶 月白盒罚
去声	55	路硬乱洞地饭树百搭节切
阴入	5	谷节急哭拍刻
阳入	12	六毒
阳平文读	211	华言完

说明：

(1)阴平[53]偶尔读作[533]。

(2)上声[213]降幅比方言老男大。

(3)去声[55]略升，近[45]，而且比较短促，末尾略带紧喉色彩。

(4)阴入[5]为短促调。

(5)阳入[12]为短促调，前头略降。

4.新老异读

建德方言中的新老异读主要体现在如下几个方面。下文中"/"前为老派，后为新派。

(1)泥来母部分字老派相混，新派基本不混。例如，老派中，南泥＝蓝来 $nɛ^{33}$；新派中，南泥 $nɛ^{33}$ ≠蓝来 $lɛ^{33}$。

(2)老派读[ŋ]声母的字（主要为影疑母开口一二等字和个别匣云母字），新派读零声母。例如：安 $ŋɛ^{53}$／$ɛ^{53}$｜恶善~ $ŋu^{55}$／u^{55}｜熬 $ŋɔ^{33}$／$ɔ^{33}$｜眼 $ŋɛ^{213}$／$ɛ^{213}$｜王 $ŋo^{33}$／$uaŋ^{211}$｜黄 $ŋo^{33}$／o^{33}。

(三)文白异读

建德方言文白异读现象比较丰富。下文中"/"前为白读，后为文读。部分例字只有白读或文读。

1.声母

(1)微母部分字白读[m]声母，文读零声母。例如：晚 $mɛ^{55}$／$u\tilde{ɛ}^{55}$｜万 $mɛ^{55}$／｜问 $mən^{55}$／。

(2)从邪字白读[s][ɕ]声母，文读[ts][tɕ]声母。例如：造 $sɔ^{213}$／$tsɔ^{213}$｜集 $ɕiɛʔ^{12}$／$tɕiɛʔ^{12}$｜席 $ɕiɛʔ^{12}$／$tɕiɛʔ^{12}$。

(3)见晓组（疑母字除外）开口二等字白读多为[k]组声母，文读

为[tɕ]组声母。例如:减 kɛ²¹³/tɕie²¹³ | 奸 kɛ⁵³/tɕie⁵³ | 项 ho⁵⁵/ɕiaŋ²¹³。

2. 韵母

(1)咸山宕江梗开二摄部分古入声字,白读开尾韵,文读塞音尾韵。例如:节 tɕie⁵⁵/tɕieʔ⁵ | 脱 tʰi⁵⁵/tʰəʔ⁵ | 活 o²¹³/uəʔ¹² | 缺 tɕʰy⁵⁵/tɕʰyəʔ⁵ | 削 ɕia⁵⁵/ɕieʔ⁵ | 额 ŋa²¹³/ŋəʔ¹²。

(2)咸山宕江梗开二摄部分古阳声韵字,白读开尾韵,文读鼻化韵(咸山摄)或鼻尾韵(宕江梗开二摄)。例如:监 kɛ⁵³/tɕiɛ̃³³ | 全 ɕie³³/tɕʰiɛ̃²¹¹ | 章 tsɛ⁵³/tsaŋ³³ | 项 ho⁵⁵/ɕiaŋ²¹³ | 生 sɛ⁵³/sən³³ | 省/sən²¹³ | 硬 ŋɛ⁵⁵/ | 梗 kuɛ²¹³/kən²¹³。

3. 声调

建德方言具有文白两套声调系统,在调类和调值上均各有异同。具体如下表:

建德方言文白声调系统调类和调值

古声母	白读	文读
清平	阴平 53	阴平 33
浊平	阳平 33	阳平 211
清上、次浊上	上声 213	上声 55
全浊上		=去声 213
清去	=阳平 33	=上声 55
浊去	去声 55	去声 213
清入咸山宕江四摄和梗摄部分		阴入 5
清入其他	阴入 5	
浊入咸山宕江四摄和梗摄部分	=上声 213	阳入 12
浊入其他	阳入 12	

文白异读在声调方面的区别主要有：

（1）古全浊上字：白读归上声，文读归去声。

（2）古清去字：白读归阳平，文读归上声。

（3）古咸山宕江四摄和梗摄部分清入字：白读归去声，文读归阴入。

（4）古咸山宕江四摄和梗摄部分浊入字：白读归上声，文读归阳入。

（5）只有古全浊上声、除咸山宕江四摄和部分梗摄以外的入声字文白调值相同，其他字的文白调值均不相同。

（6）文读系统中的阳平调值［211］不见于白读系统。

二、单　字

编　号	单　字	音韵地位	老男音	青男音
0001	多	果开一平歌端	tu^{53}	tu^{53}
0002	拖	果开一平歌透	$t^hɑ^{53}$白 t^hu^{53}文	$t^hɑ^{53}$白 t^hu^{53}文
0003	大～小	果开一去箇定	t^hu^{55}	t^hu^{55}
0004	锣	果开一平歌来	lu^{33}	lu^{33}
0005	左	果开一上哿精	tso^{55}	tsu^{213}
0006	歌	果开一平歌见	ku^{53}	ku^{53}
0007	个	果开一去箇见	$kɑ^{33}$～把 $kɐʔ^{5}$ 一～	$kɑ^{33}$个～，一～ $kəʔ^{5}$ 的
0008	可	果开一上哿溪	k^ho^{55}	k^hu^{55}
0009	鹅	果开一平歌疑	$ŋu^{33}$	u^{33}
0010	饿	果开一去箇疑	$ŋu^{55}$	u^{55}

续表

编　号	单　字	音韵地位	老男音	青男音
0011	河	果开一平歌匣	u^{33}	hu^{33}三~：地名
0012	茄	果开三平戈群	$k\alpha^{55}$番~	$k\alpha^{55}$番~
0013	破	果合一去过滂	$p^h\alpha^{33}$	$p^h\alpha^{33}$
0014	婆	果合一平戈並	pu^{33}	pu^{33}
0015	磨动词	果合一平戈明	m^{33}~刀 m^{55}~粉	m^{33}~刀
0016	磨名词	果合一去过明	m^{55}	（无）
0017	躲	果合一上果端	tu^{213}	tu^{213}
0018	螺	果合一平戈来	lu^{33}	lu^{33}
0019	坐	果合一上果从	su^{213}	su^{213}
0020	锁	果合一上果心	su^{213}	su^{213}
0021	果	果合一上果见	ku^{213}	ku^{213}
0022	过~来	果合一去过见	ku^{33}	ku^{33}
0023	课	果合一去过溪	k^hu^{53}调殊	k^hu^{53}调殊
0024	火	果合一上果晓	hu^{213}	hu^{213}
0025	货	果合一去过晓	hu^{33}	hu^{33}
0026	祸	果合一上果匣	u^{213}	u^{213}
0027	靴	果合三平戈晓	$\textciceky^{53}$	（无）
0028	把量词	假开二上马帮	po^{213}	po^{213}
0029	爬	假开二平麻並	po^{33}	po^{33}
0030	马	假开二上马明	mo^{213}	mo^{213}
0031	骂	假开二去祃明	mo^{55}	mo^{55}
0032	茶	假开二平麻澄	tso^{33}	tso^{33}
0033	沙	假开二平麻生	so^{53}	so^{53}

续表

编　号	单　字	音韵地位	老男音	青男音
0034	假真~	假开二上马见	ko²¹³	ko²¹³
0035	嫁	假开二去祃见	ko³³	ko³³
0036	牙	假开二平麻疑	ŋo³³	o³³
0037	虾	假开二平麻晓	ho⁵³	ho²¹³调殊
0038	下方位词	假开二上马匣	ho²¹³	ho²¹³
0039	夏春~	假开二去祃匣	ho⁵⁵	ho⁵⁵
0040	哑	假开二上马影	o²¹³	o²¹³
0041	姐	假开三上马精	（无）	（无）
0042	借	假开三去祃精	tɕie³³	tɕie³³
0043	写	假开三上马心	ɕie²¹³	ɕie²¹³
0044	斜	假开三平麻邪	tɕʰiɑ²¹³读字	（无）
0045	谢	假开三去祃邪	ɕie⁵⁵	ɕie⁵⁵
0046	车~辆	假开三平麻昌	tsʰo⁵³	tsʰo⁵³
0047	蛇	假开三平麻船	so³³	so³³
0048	射	假开三去祃船	tsʰɑ⁵⁵~涎:拉屎 sɑ²¹³~箭	tsʰɑ⁵⁵~涎:拉屎 sɑ²¹³~箭
0049	爷	假开三平麻以	iɑ³³~娘:父母	iɑ³³~娘:父母
0050	野	假开三上马以	iɑ²¹³	iɑ²¹³
0051	夜	假开三去祃以	iɑ⁵⁵	iɑ⁵⁵
0052	瓜	假合二平麻见	ko⁵³	ko⁵³
0053	瓦名词	假合二上马疑	o²¹³	o²¹³
0054	花	假合二平麻晓	ho⁵³	ho⁵³
0055	化	假合二去祃晓	ho³³	ho³³
0056	华中~	假合二平麻匣	huɑ²¹¹文	huɑ²¹¹文

续表

编　号	单　字	音韵地位	老男音	青男音
0057	谱家~	遇合一上姥帮	pu²¹³声殊	pʰu²¹³
0058	布	遇合一去暮帮	pu³³	pu³³
0059	铺动词	遇合一平模滂	pʰu⁵³	pʰu⁵³
0060	簿	遇合一上姥並	pu²¹³	pu²¹³
0061	步	遇合一去暮並	pʰu⁵⁵	pʰu⁵⁵
0062	赌	遇合一上姥端	tu²¹³	tu²¹³
0063	土	遇合一上姥透	tʰu²¹³	tʰu²¹³
0064	图	遇合一平模定	tu³³	tu³³
0065	杜	遇合一上姥定	tu²¹³	（无）
0066	奴	遇合一平模泥	nu³³	nu³³
0067	路	遇合一去暮来	lu⁵⁵	lu⁵⁵
0068	租	遇合一平模精	tsu⁵³	tsu⁵³
0069	做	遇合一去暮精	tsu³³	tsu³³
0070	错对~	遇合一去暮清	tsʰu³³	tsʰu³³
0071	箍~桶	遇合一平模见	kʰu⁵³	kʰu⁵³
0072	古	遇合一上姥见	ku²¹³	ku⁵⁵~怪
0073	苦	遇合一上姥溪	kʰu²¹³	kʰu²¹³
0074	裤	遇合一去暮溪	kʰu³³	kʰu³³
0075	吴	遇合一平模疑	u³³	u³³
0076	五	遇合一上姥疑	n²¹³	n²¹³
0077	虎	遇合一上姥晓	hu²¹³	hu²¹³
0078	壶	遇合一平模匣	u³³	u³³
0079	户	遇合一上姥匣	u²¹³	u²¹³
0080	乌	遇合一平模影	u⁵³	u⁵³

续表

编　号	单　字	音韵地位	老男音	青男音
0081	女	遇合三上语泥	y^{213}白 n̠y^{213}文	n̠y^{213}
0082	吕	遇合三上语来	li^{55}	ly^{55}
0083	徐	遇合三平鱼邪	ɕi^{33}	ɕy^{213}
0084	猪	遇合三平鱼知	tsʅ^{53}	tsʅ^{53}
0085	除	遇合三平鱼澄	tɕy^{33}	tɕy^{33}
0086	初	遇合三平鱼初	tsʰu^{53}	tsʰu^{53}
0087	锄	遇合三平鱼崇	sʅ^{33}	sʅ^{33}
0088	所	遇合三上语生	so^{55}	su^{55}
0089	书	遇合三平鱼书	ɕy^{53}	ɕy^{53}
0090	鼠	遇合三上语书	tsʰʅ^{213}	tsʰʅ^{213}
0091	如	遇合三平鱼日	y^{33}	y^{33}
0092	举	遇合三上语见	tɕy^{213}	tɕy^{213}
0093	锯名词	遇合三去御见	ki^{33}	tɕy^{55}
0094	去	遇合三去御溪	kʰi^{33}	kʰi^{33}
0095	渠~道	遇合三平鱼群	tɕy^{213}	tɕʰy^{213}
0096	鱼	遇合三平鱼疑	n̩^{33}	n̩^{33}
0097	许	遇合三上语晓	ɕy^{213}~配 ɕy^{55}姓~	ɕy^{213}
0098	余剩~,多~	遇合三平鱼以	y^{33}	y^{33}
0099	府	遇合三上麌非	fu^{213}	fu^{213}
0100	付	遇合三去遇非	fu^{33}	fu^{33}
0101	父	遇合三上麌奉	fu^{213}	fu^{213}
0102	武	遇合三上麌微	u^{213}	u^{213}
0103	雾	遇合三去遇微	u^{55}	u^{55}

续表

编　号	单　字	音韵地位	老男音	青男音
0104	取	遇合三上麌清	$tɕʰy^{213}$	$tɕʰy^{213}$
0105	柱	遇合三上麌澄	$tɕy^{213}$	$tɕy^{213}$
0106	住	遇合三去遇澄	$tɕʰy^{55}$	$tɕʰy^{55}$
0107	数动词	遇合三上麌生	（无）	su^{213}
0108	数名词	遇合三去遇生	su^{33}	su^{33}
0109	主	遇合三上麌章	$tɕy^{213}$	$tɕy^{213}$
0110	输	遇合三平虞书	$ɕy^{53}$	$ɕy^{53}$
0111	竖	遇合三上麌禅	$ɕy^{213}$	$ɕy^{213}$
0112	树	遇合三去遇禅	$ɕy^{55}$	$ɕy^{55}$
0113	句	遇合三去遇见	$tɕy^{53}$	$tɕy^{53}$
0114	区地~	遇合三平虞溪	$tɕʰy^{53}$	$tɕʰy^{33}$
0115	遇	遇合三去遇疑	y^{213}	y^{55}
0116	雨	遇合三上麌云	y^{213}	y^{213}
0117	芋	遇合三去遇云	y^{213}	y^{213}
0118	裕	遇合三去遇以	y^{55}又 y^{213}又	y^{55}
0119	胎	蟹开一平咍透	$tʰɛ^{53}$韵殊	$tʰɛ^{53}$
0120	台戏~	蟹开一平咍定	$tɛ^{33}$	$tɛ^{33}$
0121	袋	蟹开一去代定	$tʰɛ^{55}$	$tʰɛ^{55}$
0122	来	蟹开一平咍来	$lɛ^{33}$	$lɛ^{33}$
0123	菜	蟹开一去代清	$tsʰɛ^{33}$	$tsʰɛ^{33}$
0124	财	蟹开一平咍从	$sɛ^{33}$	$sɛ^{33}$
0125	该	蟹开一平咍见	$kɛ^{53}$	$kɛ^{53}$
0126	改	蟹开一上海见	$kɛ^{213}$	$kɛ^{213}$
0127	开	蟹开一平咍溪	$kʰɛ^{53}$	$kʰɛ^{53}$

编 号	单 字	音韵地位	老男音	青男音
0128	海	蟹开一上海晓	$h\varepsilon^{213}$	$h\varepsilon^{213}$
0129	爱	蟹开一去代影	ε^{55}	ε^{55}
0130	贝	蟹开一去泰帮	pe^{55}	pe^{55}
0131	带动词	蟹开一去泰端	$t\alpha^{33}$	$t\alpha^{33}$
0132	盖动词	蟹开一去泰见	$k\varepsilon^{33}$	$k\varepsilon^{33}$
0133	害	蟹开一去泰匣	$h\varepsilon^{55}$	$h\varepsilon^{55}$
0134	拜	蟹开二去怪帮	$p\alpha^{33}$	$p\alpha^{33}$
0135	排	蟹开二平皆並	$p\alpha^{33}$	$p\alpha^{33}$
0136	埋	蟹开二平皆明	$m\alpha^{33}$	$m\alpha^{33}$
0137	戒	蟹开二去怪见	$k\alpha^{33}$	$k\alpha^{33}$
0138	摆	蟹开二上蟹帮	$p\alpha^{213}$	$p\alpha^{213}$
0139	派	蟹开二去卦滂	$p^h\alpha^{33}$	$p^h\alpha^{33}$
0140	牌	蟹开二平佳並	$p\alpha^{33}$	$p\alpha^{33}$
0141	买	蟹开二上蟹明	$m\alpha^{213}$	$m\alpha^{213}$
0142	卖	蟹开二去卦明	$m\alpha^{55}$	$m\alpha^{55}$
0143	柴	蟹开二平佳崇	$s\alpha^{33}$	$s\alpha^{33}$
0144	晒	蟹开二去卦生	$s\alpha^{33}$	$s\alpha^{33}$
0145	街	蟹开二平佳见	$k\alpha^{53}$	$k\alpha^{53}$
0146	解~开	蟹开二上蟹见	$k\alpha^{213}$	$k\alpha^{213}$
0147	鞋	蟹开二平佳匣	$h\alpha^{33}$	$h\alpha^{33}$
0148	蟹	蟹开二上蟹匣	$h\alpha^{213}$	$h\alpha^{213}$
0149	矮	蟹开二上蟹影	$\eta\alpha^{213}$	α^{213}
0150	败	蟹开二去夬並	$p^h\alpha^{55}$	$p^h\alpha^{55}$
0151	币	蟹开三去祭並	pi^{213}	pi^{55}人民~

续表

编 号	单 字	音韵地位	老男音	青男音
0152	制~造	蟹开三去祭章	tsʅ⁵⁵	tsʅ²¹³
0153	世	蟹开三去祭书	sʅ³³	sʅ³³
0154	艺	蟹开三去祭疑	ȵi⁵⁵白 ȵi²¹³文	i⁵⁵白 i²¹³文
0155	米	蟹开四上荠明	mi²¹³	mi²¹³
0156	低	蟹开四平齐端	ti⁵³	ti⁵³
0157	梯	蟹开四平齐透	tʰe⁵³白 tʰi⁵³文	tʰe⁵³白 tʰi³³文
0158	剃	蟹开四去霁透	tʰi³³	tʰi³³
0159	弟	蟹开四上荠定	ti²¹³	ti²¹³
0160	递	蟹开四去霁定	tʰi⁵⁵	tʰi⁵⁵
0161	泥	蟹开四平齐泥	ȵi³³	ȵi³³
0162	犁	蟹开四平齐来	li³³	li³³
0163	西	蟹开四平齐心	ɕi⁵³	ɕi⁵³
0164	洗	蟹开四上荠心	ɕi⁵⁵	ɕi⁵⁵
0165	鸡	蟹开四平齐见	tɕi⁵³	tɕi⁵³
0166	溪	蟹开四平齐溪	tɕʰi⁵³	tɕʰi⁵³
0167	契	蟹开四去霁溪	tɕʰi³³	tɕʰi⁵⁵
0168	系联~	蟹开四去霁匣	ɕi⁵⁵	ɕi⁵⁵
0169	杯	蟹合一平灰帮	pe⁵³	pe⁵³
0170	配	蟹合一去队滂	pʰe³³	pʰe³³
0171	赔	蟹合一平灰並	pe³³	pe³³
0172	背~诵	蟹合一去队並	pʰe⁵⁵	pʰe⁵⁵
0173	煤	蟹合一平灰明	me³³	me³³
0174	妹	蟹合一去队明	me⁵⁵	me⁵⁵

续表

编 号	单 字	音韵地位	老男音	青男音
0175	对	蟹合一去队端	te^{33}	te^{33}
0176	雷	蟹合一平灰来	le^{33}	le^{33}
0177	罪	蟹合一上贿从	ɕye^{213}	tsue^{55}
0178	碎	蟹合一去队心	ɕye^{213}	ɕye^{213}
0179	灰	蟹合一平灰晓	hue^{53}	hue^{53}
0180	回	蟹合一平灰匣	ue^{33}	ue^{33}
0181	外	蟹合一去泰疑	uɑ^{55}	uɑ^{55}
0182	会开~	蟹合一去泰匣	ue^{55}	ue^{55}
0183	怪	蟹合二去怪见	kuɑ^{33}	kuɑ^{33}
0184	块	蟹合一去怪溪	kʰue^{33}	kʰue^{33}
0185	怀	蟹合二平皆匣	uɑ^{33}	huɛ^{211}彭德~
0186	坏	蟹合二去怪匣	uɑ^{55}	uɑ^{55}
0187	拐	蟹合二上蟹见	kuɑ^{213}	kuɑ^{213}
0188	挂	蟹合二去卦见	ko^{33}	ko^{33}
0189	歪	蟹合二平佳晓	uɑ^{53}	uɑ^{53}
0190	画	蟹合二去卦匣	o^{55}	o^{55}
0191	快	蟹合二去夬溪	kʰuɑ^{33}	kʰuɑ^{33}
0192	话	蟹合二去夬匣	o^{55}	o^{55}
0193	岁	蟹合三去祭心	ɕi^{33}	ɕi^{33}
0194	卫	蟹合三去祭云	ue^{213}	ue^{55}保~ ue^{213}~生
0195	肺	蟹合三去废敷	fi^{33}	fi^{33}
0196	桂	蟹合四去霁见	kue^{33}	kue^{33}
0197	碑	止开三平支帮	pe^{53}	pe^{53}

续表

编　号	单　字	音韵地位	老男音	青男音
0198	皮	止开三平支并	pi^{33}	pi^{33}
0199	被~子	止开三上纸并	pi^{213}	pi^{213}
0200	紫	止开三上纸精	$ts\textctz^{213}$	$ts\textctz^{213}$
0201	刺	止开三去寘清	$ts^{h}\textctz^{33}$	$ts^{h}\textctz^{33}$
0202	知	止开三平支知	$ts\textctz^{33}$	$ts\textctz^{33}$
0203	池	止开三平支澄	$ts\textctz^{33}$	$ts\textctz^{33}$
0204	纸	止开三上纸章	$ts\textctz^{213}$	$ts\textctz^{213}$
0205	儿	止开三平支日	n^{33}	n^{33}白 $\ni r^{33}$文
0206	寄	止开三去寘见	$t\textctc i^{33}$	$t\textctc i^{33}$
0207	骑	止开三平支群	$t\textctc i^{33}$	$t\textctc i^{33}$
0208	蚁	止开三上纸疑	i^{213}	i^{53}蚂~
0209	义	止开三去寘疑	$\textltailn i^{55}$	i^{55}
0210	戏	止开三去寘晓	$\textctc i^{33}$	$\textctc i^{33}$
0211	移	止开三平支以	i^{33}	i^{33}
0212	比	止开三上旨帮	pi^{213}	pi^{213}
0213	屁	止开三去至滂	$p^{h}i^{33}$	$p^{h}i^{33}$
0214	鼻	止开三去至并	$pi\textturnr\textglotstop^{12}$	$pi\textturnr\textglotstop^{12}$
0215	眉	止开三平脂明	mi^{33}	mi^{33}
0216	地	止开三去至定	$t^{h}i^{55}$	$t^{h}i^{55}$
0217	梨	止开三平脂来	li^{33}	li^{33}
0218	资	止开三平脂精	$ts\textctz^{53}$	$ts\textctz^{53}$~格 $ts\textctz^{33}$工~
0219	死	止开三上旨心	$\textctc i^{213}$	$\textctc i^{213}$
0220	四	止开三去至心	$\textctc i^{33}$	$\textctc i^{33}$

续表

编 号	单 字	音韵地位	老男音	青男音
0221	迟	止开三平脂澄	tʂʅ³³	tʂʅ³³
0222	师	止开三平脂生	sʅ⁵³	sʅ⁵³
0223	指	止开三上旨章	tʂʅ²¹³	tʂʅ²¹³
0224	二	止开三去至日	n⁵⁵	n⁵⁵
0225	饥～饿	止开三平脂见	tɕi⁵³	tɕi⁵³
0226	器	止开三去至溪	tɕʰi³³	tɕʰi⁵⁵机～,电～
0227	姨	止开三平脂以	i³³	i³³
0228	李	止开三上止来	li²¹³	li²¹³
0229	子	止开三上止精	tsʅ²¹³	tsʅ²¹³
0230	字	止开三去志从	sʅ⁵⁵	sʅ⁵⁵
0231	丝	止开三平之心	sʅ⁵³	sʅ⁵³
0232	祠	止开三平之邪	sʅ³³	sʅ³³
0233	寺	止开三去志邪	sʅ²¹³	sʅ⁵⁵玉泉～,灵隐～
0234	治	止开三去志澄	tʂʅ²¹³白 tʂʰʅ²¹¹文	tʂʅ³³政～
0235	柿	止开三上止崇	sʅ²¹³	sʅ²¹³
0236	事	止开三去志崇	sʅ⁵⁵	sʅ⁵⁵
0237	使	止开三上止生	sʅ²¹³	sʅ³³大～馆
0238	试	止开三去志书	sʅ³³	sʅ³³
0239	时	止开三平之禅	sʅ³³	sʅ³³
0240	市	止开三上止禅	sʅ²¹³	sʅ²¹³
0241	耳	止开三上止日	n⁵⁵白 əɯ⁵⁵文	n⁵⁵白 ər²¹³文
0242	记	止开三去志见	tɕi³³	tɕi³³
0243	棋	止开三平之群	tɕi³³	tɕi³³

续表

编　号	单　字	音韵地位	老男音	青男音
0244	喜	止开三上止晓	φi^{213}	φi^{213}
0245	意	止开三去志影	i^{33}	$i^{55}\sim$思
0246	几~个	止开三上尾见	$t\varphi i^{213}$	$t\varphi i^{213}$
0247	气	止开三去未溪	$t\varphi^{h}i^{33}$	$t\varphi^{h}i^{33}$
0248	希	止开三平微晓	φi^{53}	$\varphi i^{33}\sim$望
0249	衣	止开三平微影	i^{53}	$i^{213}\sim$裳
0250	嘴	止合三上纸精	$t\varphi ye^{213}$	$t\varphi ye^{213}$
0251	随	止合三平支邪	φye^{33}	φye^{33}
0252	吹	止合三平支昌	$t\varphi^{h}ye^{53}$	$t\varphi^{h}ye^{53}$
0253	垂	止合三平支禅	$t\varphi ye^{33}$	（无）
0254	规	止合三平支见	kue^{53}	kue^{53}
0255	亏	止合三平支溪	$k^{h}ue^{53}$	$k^{h}ue^{53}$
0256	跪	止合三上纸群	kue^{213}	kue^{213}
0257	危	止合三平支疑	ue^{53}	ue^{53}
0258	类	止合三去至来	ne^{213}	le^{55}
0259	醉	止合三去至精	$t\varphi i^{33}$	$t\varphi i^{33}$
0260	追	止合三平脂知	$t\varphi ye^{53}$	$t\varphi ye^{53}$
0261	锤	止合三平脂澄	$t\varphi ye^{33}$	$t\varphi ye^{33}$
0262	水	止合三上旨书	φye^{213}	φye^{213}
0263	龟	止合三平脂见	kue^{53}	kue^{213}乌~
0264	季	止合三去至见	$t\varphi i^{33}$	$t\varphi i^{55}\sim$度
0265	柜	止合三去至群	$k^{h}ue^{55}$	$k^{h}ue^{55}$白 kue^{213}文
0266	位	止合三去至云	ue^{55}	ue^{55}

编　号	单　字	音韵地位	老男音	青男音
0267	飞	止合三平微非	fi^{53}	fi^{53}
0268	费	止合三去未敷	fi^{33}	fi^{33}
0269	肥	止合三平微奉	fi^{33}	fi^{33}
0270	尾	止合三上尾微	mi^{55}～巴	mi^{55}～巴
0271	味	止合三去未微	fi^{213}	fi^{213}
0272	鬼	止合三上尾见	kue^{213}	kue^{213}
0273	贵	止合三去未见	kue^{33}	kue^{33}
0274	围	止合三平微云	y^{33}白 ue^{33}文	ue^{33}
0275	胃	止合三去未云	ue^{55}	ue^{55}
0276	宝	效开一上晧帮	pɔ^{213}	pɔ^{213}
0277	抱	效开一上晧並	pɔ^{213}	pɔ^{213}
0278	毛	效开一平豪明	mɔ^{33}	mɔ^{33}
0279	帽	效开一去号明	mɔ^{55}	mɔ^{55}
0280	刀	效开一平豪端	tɔ^{53}	tɔ^{53}
0281	讨	效开一上晧透	t^{h}ɔ^{213}	t^{h}ɔ^{213}
0282	桃	效开一平豪定	tɔ^{33}	tɔ^{33}
0283	道	效开一上晧定	tɔ^{213}	tɔ^{213}
0284	脑	效开一上晧泥	nɔ^{213}	nɔ^{55}～筋,～髓
0285	老	效开一上晧来	lɔ^{213}	lɔ^{213}
0286	早	效开一上晧精	tsɔ^{213}	tsɔ^{213}
0287	灶	效开一去号精	tsɔ^{33}	tsɔ^{33}
0288	草	效开一上晧清	ts^{h}ɔ^{213}	ts^{h}ɔ^{213}
0289	糙	效开一去号清	ts^{h}ɔ^{33}	ts^{h}ɔ^{33}又 ts^{h}ɔ^{55}又

续表

编　号	单　字	音韵地位	老男音	青男音
0290	造	效开一上晧从	sɔ²¹³白 tsɔ²¹³文	sɔ²¹³白 tsɔ²¹³文
0291	嫂	效开一上晧心	sɔ²¹³	sɔ⁵³表~
0292	高	效开一平豪见	kɔ⁵³	kɔ⁵³
0293	靠	效开一去号溪	kʰɔ³³	kʰɔ³³
0294	熬	效开一平豪疑	ŋɔ³³	ɔ³³
0295	好~坏	效开一上晧晓	hɔ²¹³	hɔ²¹³
0296	号名词	效开一去号匣	hɔ⁵⁵	hɔ⁵⁵
0297	包	效开二平肴帮	pɔ⁵³	pɔ⁵³
0298	饱	效开二上巧帮	pɔ²¹³	pɔ²¹³
0299	炮	效开二去效滂	pʰɔ³³	pʰɔ³³
0300	猫	效开二平肴明	mɔ⁵³	mɔ⁵³
0301	闹	效开二去效泥	nɔ⁵⁵	nɔ⁵⁵
0302	罩	效开二去效知	tsɔ³³	tsɔ³³
0303	抓用手~牌	效开二平肴庄	tɕya⁵³	tɕya⁵³
0304	找~零钱	效开二上巧庄	tsɔ²¹³	tsɔ²¹³
0305	抄	效开二平肴初	tsʰɔ⁵³	tsʰɔ⁵³
0306	交	效开二平肴见	kɔ⁵³	kɔ⁵³
0307	敲	效开二平肴溪	kʰɔ⁵³	kʰɔ⁵³
0308	孝	效开二去效晓	ɕiɔ³³	ɕiɔ³³
0309	校学~	效开二去效匣	ɕiɔ²¹³	ɕiɔ²¹³
0310	表手~	效开三上小帮	piɔ²¹³	piɔ²¹³
0311	票	效开三去笑滂	pʰiɔ³³	pʰiɔ³³
0312	庙	效开三去笑明	miɔ⁵⁵	miɔ⁵⁵

续表

编　号	单　字	音韵地位	老男音	青男音
0313	焦	效开三平宵精	tɕiɔ⁵³	tɕiɔ⁵³
0314	小	效开三上小心	ɕiɔ²¹³	ɕiɔ²¹³
0315	笑	效开三去笑心	ɕiɔ³³	ɕiɔ³³
0316	朝~代	效开三平宵澄	tsɔ³³	tsɔ³³
0317	照	效开三去笑章	tsɔ³³	tsɔ³³
0318	烧	效开三平宵书	sɔ⁵³	sɔ⁵³
0319	绕~线	效开三去笑日	ȵiɔ⁵⁵	lɔ⁵⁵
0320	桥	效开三平宵群	tɕiɔ³³	tɕiɔ³³
0321	轿	效开三去笑群	tɕʰiɔ⁵⁵	tɕʰiɔ⁵⁵
0322	腰	效开三平宵影	iɔ⁵³	iɔ⁵³
0323	要重~	效开三去笑影	iɔ³³	iɔ³³
0324	摇	效开三平宵以	iɔ³³	iɔ³³
0325	鸟	效开四上筱端	tiɔ²¹³	tiɔ²¹³
0326	钓	效开四去啸端	tiɔ³³	tiɔ³³
0327	条	效开四平萧定	tiɔ³³	tiɔ³³
0328	料	效开四去啸来	liɔ⁵⁵	liɔ⁵⁵
0329	箫	效开四平萧心	ɕiɔ⁵³	ɕiɔ⁵³
0330	叫	效开四去啸见	tɕiɔ³³	tɕiɔ³³
0331	母丈~,舅~	流开一上厚明	m³³	m³³
0332	抖	流开一上厚端	tɤɯ²¹³	təɯ²¹³
0333	偷	流开一平侯透	tʰɤɯ⁵³	tʰəɯ⁵³
0334	头	流开一平侯定	tɤɯ³³	təɯ³³
0335	豆	流开一去候定	tʰɤɯ⁵⁵	tʰəɯ⁵⁵

续表

编　号	单　字	音韵地位	老男音	青男音
0336	楼	流开一平侯来	lɤɯ³³	ləɯ³³
0337	走	流开一上厚精	tsɤɯ²¹³	tsəɯ²¹³
0338	凑	流开一去候清	tsʰɤɯ³³	tsʰəɯ³³
0339	钩	流开一平侯见	kɤɯ⁵³	kəɯ⁵³
0340	狗	流开一上厚见	kɤɯ²¹³	kəɯ²¹³
0341	够	流开一去候见	kɤɯ³³	kəɯ³³
0342	口	流开一上厚溪	kʰɤɯ²¹³	kʰəɯ²¹³
0343	藕	流开一上厚疑	ŋɤɯ²¹³	əɯ²¹³
0344	后前~	流开一上厚匣	hɤɯ²¹³	həɯ²¹³
0345	厚	流开一上厚匣	hɤɯ²¹³	həɯ²¹³
0346	富	流开三去宥非	fu³³	fu³³
0347	副	流开三去宥敷	fu³³	fu³³
0348	浮	流开三平尤奉	fu³³	fu³³
0349	妇	流开三上有奉	fu²¹³	fu²¹³
0350	流	流开三平尤来	liɤɯ³³	liəɯ³³
0351	酒	流开三上有精	tɕiɤɯ²¹³	tɕiəɯ²¹³
0352	修	流开三平尤心	ɕiɤɯ⁵³	ɕiəɯ⁵³
0353	袖	流开三去宥邪	ɕiɤɯ²¹³	ɕiəɯ²¹³
0354	抽	流开三平尤彻	tsʰɤɯ⁵³	tsʰəɯ⁵³
0355	绸	流开三平尤澄	tsɤɯ³³	tsəɯ³³
0356	愁	流开三平尤崇	sɤɯ³³	səɯ³³
0357	瘦	流开三去宥生	sɤɯ³³	səɯ³³
0358	州	流开三平尤章	tsɤɯ⁵³	tsəɯ⁵³
0359	臭香~	流开三去宥昌	tsʰɤɯ³³	tsʰəɯ³³

续表

编 号	单 字	音韵地位	老男音	青男音
0360	手	流开三上有书	sɤɯ²¹³	səɯ²¹³
0361	寿	流开三去宥禅	sɤɯ⁵⁵	səɯ³³调殊
0362	九	流开三上有见	tɕiɤɯ²¹³	tɕiəɯ²¹³
0363	球	流开三平尤群	tɕiɤɯ³³	tɕiəɯ³³
0364	舅	流开三上有群	tɕiɤɯ²¹³	tɕiəɯ²¹³
0365	旧	流开三去宥群	tɕʰiɤɯ⁵⁵	tɕʰiəɯ⁵⁵
0366	牛	流开三平尤疑	ȵiɤɯ³³	ȵiəɯ³³
0367	休	流开三平尤晓	ɕiɤɯ⁵³	ɕiəɯ⁵³
0368	优	流开三平尤影	iɤɯ³³	iəɯ³³
0369	有	流开三上有云	iɤɯ²¹³	iəɯ²¹³
0370	右	流开三去宥云	iɤɯ²¹³调殊	iəɯ⁵⁵
0371	油	流开三平尤以	iɤɯ³³	iəɯ³³
0372	丢	流开三平幽端	（无）	（无）
0373	幼	流开三去幼影	iɤɯ⁵⁵	iəɯ⁵⁵
0374	贪	咸开一平覃透	tʰɛ⁵³	tʰɛ⁵³
0375	潭	咸开一平覃定	tɛ³³	tɛ³³
0376	南	咸开一平覃泥	nɛ³³	nɛ³³
0377	蚕	咸开一平覃从	sɛ³³	sɛ³³
0378	感	咸开一上感见	kɛ̃⁵⁵～冒	kɛ̃⁵⁵～冒
0379	含～一口水	咸开一平覃匣	hɛ³³	hɛ³³
0380	暗	咸开一去勘影	ɛ⁵⁵读字	ɛ⁵⁵读字
0381	搭	咸开一入合端	to⁵⁵	to⁵⁵
0382	踏	咸开一入合透	to²¹³白 tɐʔ¹²文	tɐʔ¹²脚～车

续表

编　号	单　字	音韵地位	老男音	青男音
0383	拉	咸开一入合来	la^{53}	la^{53}
0384	杂	咸开一入合从	tsɐʔ^{12}	tsəʔ^{12}
0385	鸽	咸开一入合见	ki^{55}	kəʔ^{5}
0386	盒	咸开一入合匣	ho^{213}	ho^{213}
0387	胆	咸开一上敢端	tɛ^{213}	tɛ^{213}
0388	毯	咸开一上敢透	$\text{t}^\text{h}\text{ɛ}^{213}$	$\text{t}^\text{h}\text{ɛ}^{213}$
0389	淡	咸开一上敢定	tɛ^{213}	tɛ^{213}
0390	蓝	咸开一平谈来	nɛ^{33}	lɛ^{33}
0391	三	咸开一平谈心	sɛ^{53}	sɛ^{53}
0392	甘	咸开一平谈见	kɛ^{53}	kɛ^{53}
0393	敢	咸开一上敢见	kɛ^{213}	kɛ^{213}
0394	喊	咸开一上敢晓	（无）	（无）
0395	塔	咸开一入盍透	$\text{t}^\text{h}\text{o}^{55}$	$\text{t}^\text{h}\text{o}^{55}$ 白 $\text{t}^\text{h}\text{ə}\text{ʔ}^{5}$ 文
0396	蜡	咸开一入盍来	lo^{213}	lo^{213}
0397	赚	咸开二去陷澄	（无）	（无）
0398	杉~木	咸开二平咸生	sɛ^{53}	sɛ^{53}
0399	减	咸开二上赚见	kɛ^{213} 白 tɕie^{213} 文	kɛ^{213} 白 tɕie^{213} 文
0400	咸~淡	咸开二平咸匣	hɛ^{33}	hɛ^{33}
0401	插	咸开二入洽初	$\text{ts}^\text{h}\text{o}^{55}$	$\text{ts}^\text{h}\text{o}^{55}$
0402	闸	咸开二入洽崇	so^{213}	so^{213}
0403	夹~子	咸开二入洽见	ko^{213} 动 kɐʔ^{12} 名;动	kəʔ^{12}
0404	衫	咸开二平衔生	sɛ^{53}	sɛ^{53}

编　号	单　字	音韵地位	老男音	青男音
0405	监	咸开二平衔见	kɛ⁵³白 tɕiɛ̃³³文	kɛ⁵³白 tɕiɛ⁵³文
0406	岩	咸开二平衔疑	ŋɛ³³	ɛ⁵⁵白 iɛ̃²¹¹文
0407	甲	咸开二入狎见	tɕiɐʔ⁵	tɕiɐʔ⁵
0408	鸭	咸开二入狎影	o⁵⁵	o⁵⁵
0409	黏~液	咸开三平盐泥	ȵie⁵³	ȵie⁵³
0410	尖	咸开三平盐精	tɕie⁵³	tɕie⁵³
0411	签~名	咸开三平盐清	tɕʰie⁵³	tɕʰie⁵³
0412	占~领	咸开三去艳章	tsɛ³³	tsɛ³³
0413	染	咸开三上琰日	ȵie²¹³	ȵie²¹³
0414	钳	咸开三平盐群	tɕie³³	tɕie³³
0415	验	咸开三去艳疑	ȵie⁵⁵	iɛ̃⁵⁵
0416	险	咸开三上琰晓	ɕie²¹³	ɕie²¹³
0417	厌	咸开三去艳影	ȵie³³	ie³³
0418	炎	咸开三平盐云	ȵie³³	iɛ̃²¹³发~
0419	盐	咸开三平盐以	ȵie³³	ie³³
0420	接	咸开三入叶精	tɕi⁵⁵	tɕi⁵⁵
0421	折~叠	咸开三入叶章	tsɿ⁵⁵	tsɿ⁵⁵
0422	叶树~	咸开三入叶以	i²¹³	i²¹³
0423	剑	咸开三去酽见	tɕie³³	tɕie³³
0424	欠	咸开三去酽溪	tɕʰie³³	tɕʰie³³
0425	严	咸开三平严疑	ȵie³³	iɛ̃²¹³
0426	业	咸开三入业疑	ȵiɐʔ¹²	iəʔ¹²
0427	点	咸开四上忝端	tie²¹³	tiɛ²¹³

续表

编　号	单　字	音韵地位	老男音	青男音
0428	店	咸开四去㮇端	tie³³	tie³³
0429	添	咸开四平添透	tʰie⁵³	tʰie⁵³
0430	甜	咸开四平添定	tie³³	tie³³
0431	念	咸开四去㮇泥	ȵie⁵⁵	ȵie⁵⁵
0432	嫌	咸开四平添匣	ȵiɛ³³	iɛ³³
0433	跌	咸开四入帖端	tie⁵⁵	tie⁵⁵
0434	贴	咸开四入帖透	tʰie⁵⁵	tʰie⁵⁵
0435	碟	咸开四入帖定	tiɐʔ¹²	tiəʔ¹²
0436	协	咸开四入帖匣	ɕiɐʔ¹²	ɕiəʔ¹²
0437	犯	咸合三上范奉	fɛ²¹³	fɛ²¹³
0438	法	咸合三入乏非	fo⁵⁵	fo⁵⁵
0439	品	深开三上寝滂	pʰin²¹³	pʰin²¹³
0440	林	深开三平侵来	lin³³	lin³³
0441	浸	深开三去沁精	tɕin³³	tɕin³³
0442	心	深开三平侵心	ɕin⁵³	ɕin⁵³
0443	寻	深开三平侵邪	ɕin³³	ɕin³³
0444	沉	深开三平侵澄	（无）	tsən³³
0445	参人~	咸开一平侵生	sən⁵³	sən⁵³
0446	针	深开三平侵章	tsən⁵³	tsən⁵³
0447	深	深开三平侵书	sən⁵³	sən⁵³
0448	任责~	深开三去沁日	sən²¹³	sən²¹³
0449	金	深开三平侵见	tɕin⁵³	tɕin⁵³
0450	琴	深开三平侵群	tɕin³³	tɕin³³
0451	音	深开三平侵影	in⁵³	in⁵³

编　号	单　字	音韵地位	老男音	青男音
0452	立	深开三入缉来	liɐʔ¹²	liɐʔ¹²
0453	集	深开三入缉从	ɕiɐʔ¹²白 tɕiɐʔ¹²文	ɕiɐʔ¹²白 tɕiɐʔ¹²文
0454	习	深开三入缉邪	tɕiɐʔ¹²	ɕiəʔ¹²
0455	汁	深开三入缉章	tsɐʔ⁵	tsəʔ⁵
0456	十	深开三入缉禅	sɐʔ¹²	səʔ¹²
0457	入	深开三入缉日	sɐʔ¹²	səʔ¹²
0458	急	深开三入缉见	tɕiɐʔ⁵	tɕiɐʔ¹²又 tɕiɐʔ⁵又
0459	及	深开三入缉群	kʰɛ⁵⁵白 tɕiɐʔ¹²文	kʰɛ⁵⁵白 tɕiɐʔ¹²文
0460	吸	深开三入缉晓	ɕiɐʔ⁵	ɕiəʔ⁵
0461	单简~	山开一平寒端	tɛ⁵³	tɛ⁵³
0462	炭	山开一去翰透	tʰɛ³³	tʰɛ³³
0463	弹~琴	山开一平寒定	tɛ³³	tɛ³³
0464	难~易	山开一平寒泥	nɛ³³	nɛ³³
0465	兰	山开一平寒来	nɛ³³	lɛ³³
0466	懒	山开一上旱来	nɛ²¹³	nɛ²¹³
0467	烂	山开一去翰来	nɛ⁵⁵	lɛ⁵⁵
0468	伞	山开一上旱心	sɛ³³	sɛ³³
0469	肝	山开一平寒见	kɛ⁵³	kɛ⁵³
0470	看~见	山开一去翰溪	kʰɛ³³	kʰɛ³³
0471	岸	山开一去翰疑	ŋɛ⁵⁵	ɛ⁵⁵
0472	汉	山开一去翰晓	hɛ⁵⁵	hɛ⁵⁵白 h˜ɛ⁵⁵文
0473	汗	山开一去翰匣	hɛ⁵⁵	hɛ⁵⁵

续表

编　号	单　字	音韵地位	老男音	青男音
0474	安	山开一平寒影	ŋɛ⁵³	ɛ⁵³
0475	达	山开一入曷定	tɐʔ¹²	təʔ¹²
0476	辣	山开一入曷来	lo²¹³	lo²¹³
0477	擦	山开一入曷清	tsʰo⁵⁵	tsʰo⁵⁵
0478	割	山开一入曷见	ki⁵⁵	ki⁵⁵
0479	渴	山开一入曷溪	（无）	（无）
0480	扮	山开二去裥帮	pɛ⁵³	pɛ⁵³
0481	办	山开二去裥並	pʰɛ⁵⁵	pʰɛ⁵⁵
0482	铲	山开二上产初	tsʰɛ²¹³	tsʰɛ²¹³
0483	山	山开二平山生	sɛ⁵³	sɛ⁵³
0484	产~妇	山开二上产生	tsɛ²¹³白 tsʰɛ²¹³文	tsɛ²¹³白 tsʰɛ̃⁵⁵文
0485	间房~,一~房	山开二平山见	kɛ⁵³	kɛ⁵³
0486	眼	山开二上产疑	ŋɛ²¹³	ɛ²¹³
0487	限	山开二上产匣	hɛ²¹³	ɕiɛ̃²¹³
0488	八	山开二入黠帮	po⁵⁵	po⁵⁵
0489	扎	山开二入黠庄	tso⁵⁵	tso⁵⁵
0490	杀	山开二入黠生	so⁵⁵	so⁵⁵
0491	班	山开二平删帮	pɛ⁵³	pɛ⁵³
0492	板	山开二上潸帮	pɛ²¹³	pɛ²¹³
0493	慢	山开二去谏明	mɛ⁵⁵	mɛ⁵⁵
0494	奸	山开二平删见	kɛ⁵³强~ tɕiɛ⁵³~臣	tɕiɛ̃³³
0495	颜	山开二平删疑	ŋɛ³³	ɛ³³
0496	瞎	山开二入辖晓	ho⁵⁵	ho⁵⁵

续表

编 号	单 字	音韵地位	老男音	青男音
0497	变	山开三去线帮	pie^{33}	pie^{33}
0498	骗欺~	山开三去线滂	p^{h}ie^{33}	p^{h}ie^{33}
0499	便方~	山开三去线並	p^{h}ie^{55}	p^{h}ie^{55}
0500	棉	山开三平仙明	mie^{33}	mie^{33}
0501	面~孔	山开三去线明	mie^{55}	mie^{55}
0502	连	山开三平仙来	nie^{33}	lie^{33}
0503	剪	山开三上狝精	tɕie^{213}	tɕie^{213}
0504	浅	山开三上狝清	tɕ^{h}ie^{213}	tɕ^{h}ie^{213}
0505	钱	山开三平仙从	tɕ^{h}iɛ̃^{211}文	tɕ^{h}iɛ̃^{211}文
0506	鲜	山开三平仙心	ɕie^{53}白 ɕiɛ̃^{55}文	ɕie^{53}白 ɕiɛ̃^{55}文
0507	线	山开三去线心	ɕie^{33}	ɕie^{33}
0508	缠	山开三平仙澄	ɕye^{33}盘~	（无）
0509	战	山开三去线章	tsɛ^{55}	tsɛ^{33}
0510	扇名词	山开三去线书	sɛ^{33}	sɛ^{33}
0511	善	山开三上狝禅	sɛ^{213}	sɛ̃^{55}
0512	件	山开三上狝群	tɕie^{213}	tɕie^{213}
0513	延	山开三平仙以	ȵie^{33}	ie^{33}
0514	别~人	山开三入薛帮	pi^{213}	pi^{213}
0515	灭	山开三入薛明	miɐʔ^{12}	miəʔ^{12}
0516	列	山开三入薛来	liɐʔ^{12}	liəʔ^{12}
0517	撤	山开三入薛彻	ts^{h}ɐʔ^5	ts^{h}əʔ^5
0518	舌	山开三入薛船	sʅ^{213}	sʅ^{213}
0519	设	山开三入薛书	sɐʔ^5	səʔ^5

续表

编　号	单　字	音韵地位	老男音	青男音
0520	热	山开三入薛日	ȵi²¹³～水 i³³眼～	i²¹³
0521	杰	山开三入薛群	tɕiɐʔ¹²	tɕiɐʔ¹²
0522	孽	山开三入薛疑	ȵiɐʔ¹²	ȵiɐʔ¹²
0523	建	山开三去愿见	tɕie³³	tɕiɛ̃⁵⁵
0524	健	山开三去愿群	tɕie²¹³白 tɕiɛ̃²¹³文	tɕie²¹³白 tɕiɛ̃⁵⁵文
0525	言	山开三平元疑	ȵiɛ̃²¹¹文	（无）
0526	歇	山开三入月晓	ɕi⁵⁵	ɕi⁵⁵
0527	扁	山开四上铣帮	pie²¹³	pie²¹³
0528	片	山开四去霰滂	pʰie³³	pʰie³³
0529	面～条	山开四去霰明	mie⁵⁵	mie⁵⁵
0530	典	山开四上铣端	tie²¹³	tiɛ̃⁵⁵
0531	天	山开四平先透	tʰie⁵³	tʰie⁵³
0532	田	山开四平先定	tie³³	tie³³
0533	垫	山开四去霰定	tʰie⁵⁵	tʰie⁵⁵
0534	年	山开四平先泥	ȵie³³	ȵie³³
0535	莲	山开四平先来	nie³³	lie³³
0536	前	山开四平先从	ɕie³³	ɕie³³
0537	先	山开四平先心	ɕie⁵³	ɕie⁵³
0538	肩	山开四平先见	tɕie⁵³	tɕie⁵³
0539	见	山开四去霰见	tɕie³³	tɕie⁵⁵看～
0540	牵	山开四平先溪	tɕʰie⁵³	tɕʰie⁵³
0541	显	山开四上铣晓	ɕiɛ̃⁵⁵	ɕiɛ̃⁵⁵

编　号	单　字	音韵地位	老男音	青男音
0542	现	山开四去霰匣	$ȵie^{55}$ ～在	$ɕiɛ̃^{55}$ ～金
0543	烟	山开四平先影	$ȵie^{53}$	$iɛ^{53}$
0544	憋	山开四入屑帮	（无）	$piə\text{ʔ}^{5}$
0545	篾	山开四入屑明	mi^{213}	$miə\text{ʔ}^{12}$
0546	铁	山开四入屑透	t^hie^{55}	t^hie^{55}
0547	捏	山开四入屑泥	$ȵie^{55}$	nie^{55} 声殊
0548	节	山开四入屑精	$tɕie^{55}$ 白 $tɕiɐ\text{ʔ}^{5}$ 文	$tɕie^{55}$ 白 $tɕiɐ\text{ʔ}^{5}$ 文
0549	切 动词	山开四入屑清	$tɕ^hie^{55}$	$tɕ^hie^{55}$
0550	截	山开四入屑从	（无）	（无）
0551	结	山开四入屑见	$tɕi^{55}$ 白 $tɕiɐ\text{ʔ}^{5}$ 文	$tɕiɐ\text{ʔ}^{5}$
0552	搬	山合一平桓帮	$pən^{53}$ ～家	$pɛ^{53}$
0553	半	山合一去换帮	$pɛ^{33}$	$pɛ^{33}$
0554	判	山合一去换滂	$p^hɛ^{33}$	$p^hɛ̃^{55}$
0555	盘	山合一平桓並	$pɛ^{33}$	$pɛ^{33}$
0556	满	山合一上缓明	$mɛ^{213}$	$mɛ^{213}$
0557	端 ～午	山合一平桓端	$tɛ^{53}$	$tɛ^{53}$
0558	短	山合一上缓端	$tɛ^{213}$	$tɛ^{213}$
0559	断 绳～了	山合一上缓定	$tɛ^{213}$	$tɛ^{213}$
0560	暖	山合一上缓泥	$nɛ^{213}$	$nɛ^{213}$
0561	乱	山合一去换来	$nɛ^{55}$	$lɛ^{55}$
0562	酸	山合一平桓心	$suɛ^{53}$	$sɛ^{53}$
0563	算	山合一去换心	$sɛ^{33}$	$sɛ^{33}$

续表

编　号	单　字	音韵地位	老男音	青男音
0564	官	山合一平桓见	kuɛ⁵³	kuɛ⁵³
0565	宽	山合一平桓溪	kʰuɛ⁵³	kʰuɛ⁵³
0566	欢	山合一平桓晓	huɛ⁵³	huɛ⁵³
0567	完	山合一平桓匣	huɛ̃²¹¹文	uɛ̃²¹¹文
0568	换	山合一去换匣	uɛ⁵⁵	uɛ⁵⁵
0569	碗	山合一上缓影	uɛ²¹³	uɛ²¹³
0570	拨	山合一入末帮	pu⁵⁵	pu⁵⁵
0571	泼	山合一入末滂	pʰɐʔ⁵	pʰəʔ⁵
0572	末	山合一入末明	mo²¹³	məʔ¹²
0573	脱	山合一入末透	tʰi⁵⁵白 tʰɐʔ⁵文	tʰi⁵⁵白 tʰəʔ⁵文
0574	夺	山合一入末定	ti²¹³	təʔ¹²
0575	阔	山合一入末溪	kʰo⁵⁵	kʰo⁵⁵
0576	活	山合一入末匣	o²¹³白 uɛʔ¹²文	o²¹³白 huəʔ¹²文
0577	顽~皮,~固	山合二平山疑	uɛ³³	uɛ³³
0578	滑	山合二入黠匣	uɐʔ¹²	huɑ²¹¹文
0579	挖	山合二入黠影	uɑ³³读字	o⁵³
0580	闩	山合二平删生	ɕye⁵³门~	ɕye⁵³门~
0581	关~门	山合二平删见	kuɛ⁵³	kuɛ⁵³
0582	惯	山合二去谏见	kuɛ³³	kuɛ³³
0583	还动词	山合二平删匣	uɛ³³	uɛ³³
0584	还副词	山合二平删匣	uɑ⁵⁵~有,~要 ɐʔ⁵~未	uɑ⁵⁵~有,~要 ɑ³³~未
0585	弯	山合二平删影	uɛ⁵³	uɛ⁵³

续表

编　号	单　字	音韵地位	老男音	青男音
0586	刷	山合二入辖生	ɕy⁵⁵	ɕy⁵⁵
0587	刮	山合二入辖见	ko⁵⁵	ko⁵⁵
0588	全	山合三平仙从	ɕie³³白 tɕʰiɛ̃²¹¹文 tɕʰyɛ̃²¹¹文	tɕʰyɛ̃²¹¹文
0589	选	山合三上狝心	ɕie²¹³	ɕye²¹³白 ɕyɛ̃⁵⁵文
0590	转~眼,~送	山合三上狝知	tɕye²¹³	tɕye²¹³
0591	传~下来	山合三平仙澄	tɕye³³	tɕye³³
0592	传~记	山合三去线澄	tɕʰye⁵⁵	tsuɛ̃⁵⁵
0593	砖	山合三平仙章	tɕye⁵³	tɕye⁵³
0594	船	山合三平仙船	ɕye³³	ɕye³³
0595	软	山合三上狝日	ȵye²¹³	ȵye²¹³
0596	卷~起	山合三上狝见	tɕye²¹³	tɕye²¹³
0597	圈圆~	山合三平仙溪	tɕʰye⁵³	tɕʰye⁵³
0598	权	山合三平仙群	tɕye³³	tɕye³³
0599	圆	山合三平仙云	ȵye³³	ye³³
0600	院	山合三去线云	ȵye⁵⁵	ye⁵⁵
0601	铅~笔	山合三平仙以	kʰɛ⁵³	kʰɛ⁵³
0602	绝	山合三入薛从	tɕiɐʔ¹²	tɕiɐʔ¹²
0603	雪	山合三入薛心	ɕi⁵⁵	ɕi⁵⁵
0604	反	山合三上阮非	fɛ²¹³	fɛ²¹³
0605	翻	山合三平元敷	fɛ⁵³	fɛ⁵³
0606	饭	山合三去愿奉	fɛ⁵⁵	fɛ⁵⁵

续表

编　号	单　字	音韵地位	老男音	青男音
0607	晚	山合三上阮微	mɛ⁵⁵白 uɛ̃⁵⁵文	uɛ̃⁵⁵读字
0608	万麻将牌	山合三去愿微	mɛ⁵⁵	mɛ⁵⁵
0609	劝	山合三去愿溪	tɕʰye³³	tɕʰye³³
0610	原	山合三平元疑	ȵye³³	ye³³
0611	冤	山合三平元影	ȵye⁵³	ye⁵³
0612	园	山合三平元云	ȵye³³	ye³³
0613	远	山合三上阮云	ȵye²¹³	ye²¹³
0614	发头~	山合三入月非	fo⁵⁵	fo⁵⁵
0615	罚	山合三入月奉	fo²¹³	fo²¹³
0616	袜	山合三入月微	mo²¹³	mo²¹³
0617	月	山合三入月疑	y²¹³	y²¹³
0618	越	山合三入月云	yɐʔ¹²	yəʔ¹²
0619	县	山合四去霰匣	ȵye⁵⁵	ɕiɛ̃²¹³
0620	决	山合四入屑见	tɕyɐʔ⁵	tɕyəʔ⁵
0621	缺	山合四入屑溪	tɕʰy⁵⁵白 tɕʰyɐʔ⁵文	tɕʰy⁵⁵白 tɕʰyəʔ⁵文
0622	血	山合四入屑晓	ɕy⁵⁵白 ɕyɐʔ⁵文	ɕy⁵⁵白 ɕyəʔ⁵文
0623	吞	臻开一平痕透	tʰən⁵³	tʰən⁵³
0624	根	臻开一平痕见	kən⁵³	kən⁵³
0625	恨	臻开一去恨匣	hən²¹³	hən²¹³
0626	恩	臻开一平痕影	ən⁵³	ən⁵³
0627	贫	臻开三平真並	pin³³	pin³³
0628	民	臻开三平真明	min³³	min³³

编　号	单　字	音韵地位	老男音	青男音
0629	邻	臻开三平真来	lin³³	lin³³
0630	进	臻开三去震精	tɕin³³	tɕin³³
0631	亲~人	臻开三平真清	tɕʰin⁵³	tɕʰin⁵³
0632	新	臻开三平真心	ɕin⁵³	ɕin⁵³
0633	镇	臻开三去震知	tsən⁵⁵村~ tsən²¹³~妖	tsən⁵⁵村~
0634	陈	臻开三平真澄	tsən³³	tsən³³
0635	震	臻开三去震章	tsən³³	tsən³³
0636	神	臻开三平真船	sən³³	sən³³
0637	身	臻开三平真书	sən⁵³	sən⁵³
0638	辰	臻开三平真禅	sən³³	sən³³
0639	人	臻开三平真日	in³³	in³³
0640	认	臻开三去震日	in⁵⁵	in⁵⁵
0641	紧	臻开三上轸见	tɕin²¹³	tɕin²¹³
0642	银	臻开三平真疑	in³³	in³³
0643	印	臻开三去震影	in³³	in³³
0644	引	臻开三上轸以	in²¹³	in²¹³
0645	笔	臻开三入质帮	piɐʔ⁵	piɐʔ⁵
0646	匹	臻开三入质滂	pʰiɐʔ⁵	pʰiɐʔ⁵
0647	密	臻开三入质明	miɐʔ¹²	miɐʔ¹²
0648	栗	臻开三入质来	liɐʔ¹²	liɐʔ¹²
0649	七	臻开三入质清	tɕʰiɐʔ⁵	tɕʰiɐʔ⁵
0650	侄	臻开三入质澄	tsɐʔ¹²	tsəʔ¹²
0651	虱	臻开三入质生	sɐʔ⁵	səʔ⁵

续表

编 号	单 字	音韵地位	老男音	青男音
0652	实	臻开三入质船	saʔ¹²	səʔ¹²
0653	失	臻开三入质书	saʔ⁵	səʔ⁵
0654	日	臻开三入质日	n̠ʑiɐʔ¹²	iɐʔ¹²
0655	吉	臻开三入质见	tɕiɐʔ⁵	tɕiɐʔ⁵
0656	一	臻开三入质影	iɐʔ⁵	iɐʔ⁵
0657	筋	臻开三平殷见	tɕin⁵³	tɕin⁵³
0658	劲ᵧ~	臻开三去焮见	tɕin²¹³	tɕin²¹³
0659	勤	臻开三平殷群	tɕin³³	tɕin³³
0660	近	臻开三上隐群	tɕin²¹³	tɕin²¹³
0661	隐	臻开三上隐影	in²¹³	in²¹³
0662	本	臻合一上混帮	pən²¹³	pən²¹³
0663	盆	臻合一平魂並	pən³³	pən³³
0664	门	臻合一平魂明	mən³³	mən³³
0665	墩	臻合一平魂端	tən⁵³	tən⁵³
0666	嫩	臻合一去慁泥	lən⁵⁵	nən⁵⁵
0667	村	臻合一平魂清	tsʰən⁵³	tsʰən⁵³
0668	寸	臻合一去慁清	tsʰən³³	tsʰən³³
0669	蹲	臻合一平魂从	tən⁵³	tən⁵³
0670	孙~子	臻合一平魂心	sən⁵³	sən⁵³
0671	滚	臻合一上混见	kuen²¹³	kuən²¹³
0672	困	臻合一去慁溪	kʰuen⁵⁵~难	kʰuən³³~难
0673	婚	臻合一平魂晓	huen⁵³	huən⁵³
0674	魂	臻合一平魂匣	uen³³	uən³³
0675	温	臻合一平魂影	uen⁵³	uən⁵³

续表

编　号	单　字	音韵地位	老男音	青男音
0676	卒棋子	臻合一入没精	tsɐʔ⁵	tsəʔ⁵
0677	骨	臻合一入没见	kuɐʔ⁵	kuəʔ⁵
0678	轮	臻合三平谆来	lən³³	lən³³
0679	俊	臻合三去稕精	tɕyn⁵⁵	tɕyn⁵⁵
0680	笋	臻合三上准心	ɕin²¹³	ɕin²¹³
0681	准	臻合三上准章	tɕyn²¹³	tɕyn²¹³
0682	春	臻合三平谆昌	tɕʰyn⁵³	tɕʰyn⁵³
0683	唇	臻合三平谆船	sən³³	sən³³
0684	顺	臻合三去稕船	ɕyn⁵⁵	ɕyn⁵⁵
0685	纯	臻合三平谆禅	ɕyn³³	ɕyn³³
0686	闰	臻合三去稕日	yn⁵⁵	yn⁵⁵
0687	均	臻合三平谆见	tɕyn⁵³	tɕyn⁵³
0688	匀	臻合三平谆以	yn³³	yn³³
0689	律	臻合三入术来	liɐʔ¹²	liəʔ¹²
0690	出	臻合三入术昌	tɕʰyɐʔ⁵	tɕʰyəʔ⁵
0691	橘	臻合三入术见	tɕyɐʔ⁵	tɕyəʔ⁵
0692	分动词	臻合三平文非	fən⁵³	fən⁵³
0693	粉	臻合三上吻非	fən²¹³	fən²¹³
0694	粪	臻合三去问非	fən³³	fən³³
0695	坟	臻合三平文奉	fən³³	fən³³
0696	蚊	臻合三平文微	mən³³	mən³³
0697	问	臻合三去问微	mən⁵⁵	mən⁵⁵
0698	军	臻合三平文见	tɕyn⁵³	tɕyn⁵³
0699	裙	臻合三平文群	tɕyn³³	tɕyn³³

续表

编　号	单　字	音韵地位	老男音	青男音
0700	熏	臻合三平文晓	εyn^{53}	εyn^{53}
0701	云~彩	臻合三平文云	yn^{33}	yn^{33}
0702	运	臻合三去问云	yn^{55}	yn^{55}
0703	佛~像	臻合三入物奉	$f\upsilon\mathrm{ʔ}^{12}$	$f\mathrm{ə}\mathrm{ʔ}^{5}$ 调殊
0704	物	臻合三入物微	$u\upsilon\mathrm{ʔ}^{12}$	$u\mathrm{ə}\mathrm{ʔ}^{12}$
0705	帮	宕开一平唐帮	$p\varepsilon^{53}$	$p\varepsilon^{53}$
0706	忙	宕开一平唐明	mo^{33}	mo^{33}
0707	党	宕开一上荡端	$t\mathrm{ɑ}\eta^{55}$	$t\mathrm{ɑ}\eta^{55}$
0708	汤	宕开一平唐透	$t^{h}o^{53}$	$t^{h}o^{53}$
0709	糖	宕开一平唐定	to^{33}	to^{33}
0710	浪	宕开一去宕来	no^{55}	no^{55}
0711	仓	宕开一平唐清	$ts^{h}o^{53}$	$ts^{h}o^{53}$
0712	钢名词	宕开一平唐见	ko^{53}	ko^{53}
0713	糠	宕开一平唐溪	$k^{h}o^{53}$	$k^{h}o^{53}$
0714	薄形容词	宕开一入铎並	pu^{213}	pu^{213}
0715	摸	宕开一入铎明	m^{55}	m^{55} 白 $m\mathrm{ə}\mathrm{ʔ}^{5}$ 文
0716	托	宕开一入铎透	$t^{h}o^{55}$	$t^{h}o^{55}$
0717	落	宕开一入铎来	lo^{213}	lo^{213}
0718	作	宕开一入铎精	tso^{55}	$ts\mathrm{ə}\mathrm{ʔ}^{5}$
0719	索	宕开一入铎心	so^{55}	（无）
0720	各	宕开一入铎见	ku^{55}	$k\mathrm{ə}\mathrm{ʔ}^{5}$
0721	鹤	宕开一入铎匣	$\eta\upsilon\mathrm{ʔ}^{12}$	$\mathrm{ə}\mathrm{ʔ}^{12}$
0722	恶形容词	宕开一入铎影	ηu^{55}	u^{55}

编　号	单　字	音韵地位	老男音	青男音
0723	娘	宕开三平阳泥	ȵie³³	ȵie³³
0724	两 斤~	宕开三上养来	nie²¹³	nie²¹³
0725	亮	宕开三去漾来	nie⁵⁵	nie⁵⁵
0726	浆	宕开三平阳精	tɕie⁵³	tɕie⁵³
0727	抢	宕开三上养清	tɕʰie²¹³	tɕʰie²¹³
0728	匠	宕开三去漾从	ɕie⁵⁵	ɕie⁵⁵
0729	想	宕开三上养心	ɕie²¹³	ɕie²¹³
0730	像	宕开三上养邪	ɕie²¹³白 ɕiaŋ²¹³文	ɕie²¹³
0731	张 量词	宕开三平阳知	tsɛ⁵³	tsɛ⁵³
0732	长 ~短	宕开三平阳澄	tsɛ³³	tsɛ³³
0733	装	宕开三平阳庄	tso⁵³	tso⁵³
0734	壮	宕开三去漾庄	tso³³	tso³³
0735	疮	宕开三平阳初	tsʰo⁵³	tsʰo⁵³
0736	床	宕开三平阳崇	so³³	so³³
0737	霜	宕开三平阳生	so⁵³	so⁵³
0738	章	宕开三平阳章	tsɛ⁵³白 tsɑŋ³³文	tsɛ⁵³白 tsɑŋ³³文
0739	厂	宕开三上养昌	tsʰɛ²¹³	tsʰɛ²¹³
0740	唱	宕开三去漾昌	tsʰo³³	tsʰo³³
0741	伤	宕开三平阳书	so⁵³	so⁵³
0742	尝	宕开三平阳禅	so³³	so³³
0743	上 ~去	宕开三上养禅	so²¹³	so²¹³
0744	让	宕开三去漾日	ȵie⁵⁵	ie⁵⁵
0745	姜 生~	宕开三平阳见	tɕie⁵³	tɕie⁵³

续表

编 号	单 字	音韵地位	老男音	青男音
0746	响	宕开三上养晓	ɕie²¹³	ɕie²¹³
0747	向	宕开三去漾晓	ɕie³³白 ɕiaŋ⁵⁵文	ɕie³³白 ɕiaŋ⁵⁵文
0748	秧	宕开三平阳影	n̠ie⁵³	ie⁵³
0749	痒	宕开三上养以	n̠ie²¹³	ie²¹³
0750	样	宕开三去漾以	n̠ie⁵⁵	ie⁵⁵
0751	雀	宕开三入药精	tɕiɐʔ⁵白 tɕʰiɐʔ⁵文	tɕiɐʔ⁵白 tɕʰyɐʔ⁵文
0752	削	宕开三入药心	ɕiɑ⁵⁵白 ɕiɐʔ⁵文	ɕiɑ⁵⁵白 ɕiɐʔ⁵文
0753	着火~了	宕开三入药知	tsɑ²¹³	tsɑ²¹³
0754	勺	宕开三入药禅	so²¹³	（无）
0755	弱	宕开三入药日	n̠iɐʔ¹²	（无）
0756	脚	宕开三入药见	tɕiɑ⁵⁵	tɕiɑ⁵⁵
0757	约	宕开三入药影	iɐʔ⁵	（无）
0758	药	宕开三入药以	iɑ²¹³	iɑ²¹³
0759	光~线	宕合一平唐见	ko⁵³白 kuaŋ³³文	ko⁵³
0760	慌	宕合一平唐晓	ho⁵³	ho⁵³
0761	黄	宕合一平唐匣	ŋo³³	o³³
0762	郭	宕合一入铎见	kuɐʔ⁵	（无）
0763	霍	宕合一入铎晓	huɐʔ⁵	ho⁵⁵
0764	方	宕合三平阳非	fo⁵³	fo⁵³
0765	放	宕合三去漾非	fo³³	fo³³
0766	纺	宕合三上养敷	fo²¹³	faŋ⁵⁵~织
0767	房	宕合三平阳奉	fo³³	fo³³

编　号	单　字	音韵地位	老男音	青男音
0768	防	宕合三平阳奉	fo^{33}	fo^{33}
0769	网	宕合三上养微	mo^{213}	mo^{213}
0770	筐	宕合三平阳溪	（无）	k^{h}o^{53}
0771	狂	宕合三平阳群	ko^{33}	k^{h}uaŋ^{211}文
0772	王	宕合三平阳云	ŋo^{33}	uaŋ^{211}文
0773	旺	宕合三去漾云	ŋo^{55}	uaŋ^{55}
0774	缚	宕合三入药奉	fu^{213}	（无）
0775	绑	江开二上讲帮	po^{213}	（无）
0776	胖	江开二去绛滂	p^{h}o^{33}	（无）
0777	棒	江开二上讲並	paŋ^{213}	paŋ^{213}
0778	桩	江开二平江知	tso^{53}	tso^{53}
0779	撞	江开二去绛澄	ts^{h}o^{55}	ts^{h}o^{55}
0780	窗	江开二平江初	ts^{h}o^{53}	ts^{h}o^{53}
0781	双	江开二平江生	so^{53}	so^{53}
0782	江	江开二平江见	ko^{53}	ko^{53}
0783	讲	江开二上讲见	ko^{213}	ko^{213}
0784	降投~	江开二平江匣	ho^{33}	ɕiaŋ^{213}
0785	项	江开二上讲匣	ho^{55}白 ɕiaŋ^{213}文	ɕie^{55}~目 ɕiaŋ^{55}~链
0786	剥	江开二入觉帮	pu^{55}	pu^{55}
0787	桌	江开二入觉知	tsu^{55}	tsu^{55}
0788	镯	江开二入觉崇	tɕyəʔ^{12}	tɕyəʔ^{12}
0789	角	江开二入觉见	ku^{55}	ku^{55}
0790	壳	江开二入觉溪	k^{h}u^{55}	k^{h}u^{55}

续表

编 号	单 字	音韵地位	老男音	青男音
0791	学	江开二入觉匣	hu^{213}白 ɕiɐʔ^{12}文	hu^{213}白 ɕyɐʔ^{12}文
0792	握	江开二入觉影	uɐʔ^5	uəʔ^5
0793	朋	曾开一平登並	poŋ^{33}	pən^{33}
0794	灯	曾开一平登端	tən^{53}	tən^{53}
0795	等	曾开一上等端	tən^{213}	tən^{213}
0796	凳	曾开一去嶝端	tən^{33}	tən^{33}
0797	藤	曾开一平登定	tən^{33}	tən^{33}
0798	能	曾开一平登泥	lən^{33}	nən^{33}
0799	层	曾开一平登从	sən^{33}	sən^{33}
0800	僧	曾开一平登心	tsən^{33}	sən^{33}
0801	肯	曾开一上等溪	kʰən^{213}	kʰən^{213}
0802	北	曾开一入德帮	pɐʔ^5	pəʔ^5
0803	墨	曾开一入德明	mɐʔ^{12}	məʔ^{12}
0804	得	曾开一入德端	tɐʔ^5	təʔ^5
0805	特	曾开一入德定	tɐʔ^{12}	təʔ^{12}
0806	贼	曾开一入德从	sɐʔ^{12}	səʔ^{12}
0807	塞	曾开一入德心	sɐʔ^5	səʔ^5
0808	刻	曾开一入德溪	kʰɐʔ^5	kʰəʔ^5
0809	黑	曾开一入德晓	hɐʔ^5	həʔ^5
0810	冰	曾开三平蒸帮	pin^{53}	pin^{53}
0811	证	曾开三去证章	tsən^{33}	tsən^{33}
0812	秤	曾开三去证昌	tsʰən^{33}	tsʰən^{33}
0813	绳	曾开三平蒸船	sən^{33}	sən^{33}

编　号	单　字	音韵地位	老男音	青男音
0814	剩	曾开三去证船	$ts^hən^{55}$	$sən^{55}$
0815	升	曾开三平蒸书	$sən^{53}$	$sən^{53}$
0816	兴高~	曾开三去证晓	φin^{33}	φin^{33}
0817	蝇	曾开三平蒸以	in^{213}苍~	in^{55}苍~
0818	逼	曾开三入职帮	$piɐʔ^5$	$piɐʔ^5$
0819	力	曾开三入职来	$liɐʔ^{12}$	$liɐʔ^{12}$
0820	息	曾开三入职心	$\varphi iɐʔ^5$	$\varphi iɐʔ^5$
0821	直	曾开三入职澄	$tsɐʔ^{12}$	$tsəʔ^{12}$
0822	侧	曾开三入职庄	$tsɐʔ^5$ 白 $ts^hɐʔ^5$ 文	$tsəʔ^5$ 白 $ts^həʔ^5$ 文
0823	测	曾开三入职初	$ts^hɐʔ^5$	$ts^həʔ^5$
0824	色	曾开三入职生	$sɐʔ^5$	$səʔ^5$
0825	织	曾开三入职章	$tsɐʔ^5$	$tsəʔ^5$
0826	食	曾开三入职船	$sɐʔ^{12}$	$səʔ^{12}$
0827	式	曾开三入职书	$sɐʔ^5$	$səʔ^5$
0828	极	曾开三入职群	$t\varphi iɐʔ^{12}$	$t\varphi iɐʔ^{12}$
0829	国	曾合一入德见	$kuɐʔ^5$	$kuɐʔ^5$
0830	或	曾合一入德匣	$huɐʔ^{12}$	（无）
0831	猛	梗开二上梗明	$moŋ^{55}$	$moŋ^{213}$
0832	打	梗开二上梗端	$tɛ^{213}$	$tɛ^{213}$
0833	冷	梗开二上梗来	$nɛ^{213}$	$nɛ^{213}$
0834	生	梗开二平庚生	$sɛ^{53}$白 $sən^{33}$文	$sɛ^{53}$白 $sən^{33}$文
0835	省~长	梗开二上梗生	$sən^{213}$	$sən^{213}$
0836	更三~,打~	梗开二平庚见	$kɛ^{53}$	$kɛ^{53}$

续表

编　号	单　字	音韵地位	老男音	青男音
0837	梗	梗开二上梗见	kuɛ²¹³白 kən²¹³文	kuɛ²¹³白 kən⁵⁵文
0838	坑	梗开二平庚溪	kʰɛ⁵³	kʰɛ⁵³
0839	硬	梗开二去映疑	ŋɛ⁵⁵	ɛ⁵⁵白 in⁵⁵文
0840	行～为,～走	梗开二平庚匣	ɕin³³	ɕin³³
0841	百	梗开二入陌帮	pɑ⁵⁵	pɑ⁵⁵
0842	拍	梗开二入陌滂	pʰɐʔ⁵	pʰəʔ⁵
0843	白	梗开二入陌並	pɑ²¹³	pɑ²¹³
0844	拆	梗开二入陌彻	tsʰɑ⁵⁵	tsʰɑ⁵⁵
0845	择	梗开二入陌澄	tsɑ²¹³	tsɑ²¹³
0846	窄	梗开二入陌庄	tsɑ⁵⁵地名	（无）
0847	格	梗开二入陌见	kɑ⁵⁵	kɑ⁵⁵
0848	客	梗开二入陌溪	kʰɑ⁵⁵	kʰɑ⁵⁵
0849	额	梗开二入陌疑	ŋɑ²¹³白 ŋɐʔ¹²文	ɑ²¹³白 əʔ¹²文
0850	棚	梗开二平耕並	poŋ³³	pən³³
0851	争	梗开二平耕庄	tsɛ⁵³	tsɛ⁵³
0852	耕	梗开二平耕见	kən³³	kən⁵³
0853	麦	梗开二入麦明	mɑ²¹³	mɑ²¹³
0854	摘	梗开二入麦知	tsɑ⁵⁵	tsɑ⁵⁵
0855	策	梗开二入麦初	tsʰɑ⁵⁵计～ tsʰɐʔ⁵政～	tsʰəʔ⁵
0856	隔	梗开二入麦见	kɑ⁵⁵	kɑ⁵⁵
0857	兵	梗开三平庚帮	pin⁵³	pin⁵³
0858	柄	梗开三去映帮	pin³³	pin³³

编　号	单　字	音韵地位	老男音	青男音
0859	平	梗开三平庚並	pin^{33}	pin^{33}
0860	病	梗开三去映並	p^{h}in^{55}	p^{h}in^{55}
0861	明	梗开三平庚明	mən^{33}～年 min^{33}清～	min^{33}
0862	命	梗开三去映明	min^{55}	min^{55}
0863	镜	梗开三去映见	tɕin^{33}	tɕin^{33}
0864	庆	梗开三去映溪	tɕ^{h}in^{55}	tɕ^{h}in^{55}
0865	迎	梗开三平庚疑	in^{33}	in^{33}
0866	影	梗开三上梗影	in^{213}	in^{213}
0867	剧戏～	梗开三入陌群	tɕiɐʔ^{12}	tɕiɐʔ^{12}
0868	饼	梗开三上静帮	pin^{213}	pin^{213}
0869	名	梗开三平清明	min^{33}	min^{33}
0870	领	梗开三上静来	lin^{213}	lin^{213}
0871	井	梗开三上静精	tɕin^{213}	tɕin^{213}
0872	清	梗开三平清清	tɕ^{h}in^{53}	tɕ^{h}in^{53}
0873	静	梗开三上静从	ɕin^{213}	tɕin^{213}
0874	姓	梗开三去劲心	ɕin^{33}	ɕin^{33}
0875	贞	梗开三平清知	tsən^{33}	tsən^{53}
0876	程	梗开三平清澄	tsən^{33}	ts^{h}ən^{211}文
0877	整	梗开三上静章	tsən^{213}	tsən^{213}
0878	正～反	梗开三去劲章	tsən^{33}	tsən^{33}
0879	声	梗开三平清书	sən^{53}	sən^{53}
0880	城	梗开三平清禅	sən^{33}	sən^{33}～里 tsən^{33}～墙 ts^{h}ən^{211}梅～镇

续表

编　号	单　字	音韵地位	老男音	青男音
0881	轻	梗开三平清溪	$tɕʰin^{53}$	$tɕʰin^{53}$
0882	赢	梗开三平清以	yn^{33}韵殊	yn^{33}韵殊
0883	积	梗开三入昔精	$tɕiɐʔ^{5}$	$tɕiɐʔ^{5}$
0884	惜	梗开三入昔心	$ɕiɐʔ^{5}$	$ɕiɐʔ^{5}$
0885	席	梗开三入昔邪	$ɕiɐʔ^{12}$白 $tɕiɐʔ^{12}$文	$ɕiɐʔ^{12}$白 $tɕiɐʔ^{12}$文
0886	尺	梗开三入昔昌	$tsʰɑ^{55}$	$tsʰɑ^{55}$
0887	石	梗开三入昔禅	$sɑ^{213}$	$sɑ^{213}$
0888	益	梗开三入昔影	$iɐʔ^{5}$	$iɐʔ^{12}$
0889	瓶	梗开四平青並	pin^{33}	pin^{33}
0890	钉名词	梗开四平青端	tin^{53}	tin^{53}
0891	顶	梗开四上迥端	tin^{213}	tin^{213}
0892	厅	梗开四平青透	$tʰin^{53}$	$tʰin^{53}$
0893	听～见	梗开四平青透	$tʰin^{53}$	$tʰin^{53}$
0894	停	梗开四平青定	tin^{33}	tin^{33}
0895	挺	梗开四上迥定	$tʰin^{213}$	$tʰin^{213}$
0896	定	梗开四去径定	$tʰin^{55}$	$tʰin^{55}$
0897	零	梗开四平青来	lin^{33}	lin^{33}
0898	青	梗开四平青清	$tɕʰin^{53}$	$tɕʰin^{53}$
0899	星	梗开四平青心	$ɕin^{53}$	$ɕin^{53}$
0900	经	梗开四平青见	$tɕin^{53}$	$tɕin^{53}$
0901	形	梗开四平青匣	$ɕin^{211}$文	$ɕin^{211}$文
0902	壁	梗开四入锡帮	$piɐʔ^{5}$	$piɐʔ^{5}$
0903	劈	梗开四入锡滂	$pʰi^{55}$	$pʰi^{55}$～柴 $pʰiɐʔ^{5}$～死

续表

编 号	单 字	音韵地位	老男音	青男音
0904	踢	梗开四入锡透	$t^hiɐʔ^5$	$t^hiəʔ^5$
0905	笛	梗开四入锡定	$tiɐʔ^{12}$	$tiəʔ^{12}$
0906	历农～	梗开四入锡来	$liɐʔ^{12}$	$liəʔ^{12}$
0907	锡	梗开四入锡心	$ɕiɐʔ^5$	$ɕiəʔ^5$
0908	击	梗开四入锡见	$tɕiɐʔ^5$	$tɕiəʔ^5$
0909	吃	梗开四入锡溪	$tɕ^hiɐʔ^5$	$tɕ^hiəʔ^5$
0910	横～竖	梗合二平庚匣	$uɛ^{33}$	$uɛ^{33}$
0911	划计～	梗合二入麦匣	$uɐʔ^{12}$	$uɐʔ^{12}$
0912	兄	梗合三平庚晓	$soŋ^{53}$声殊	$ɕioŋ^{53}$
0913	荣	梗合三平庚云	$ioŋ^{33}$	$ioŋ^{211}$文
0914	永	梗合三上梗云	yn^{55}	yn^{55}
0915	营	梗合三平清以	in^{33}	in^{33}
0916	蓬～松	通合一平东並	$poŋ^{33}$	$poŋ^{33}$
0917	东	通合一平东端	$toŋ^{53}$	$toŋ^{53}$
0918	懂	通合一上董端	$toŋ^{213}$	$toŋ^{213}$
0919	冻	通合一去送端	$toŋ^{33}$	$toŋ^{33}$
0920	通	通合一平东透	$t^hoŋ^{53}$	$t^hoŋ^{53}$
0921	桶	通合一上董透	$t^hoŋ^{213}$	$t^hoŋ^{213}$
0922	痛	通合一去送透	$t^hoŋ^{33}$	$t^hoŋ^{33}$
0923	铜	通合一平东定	$toŋ^{33}$	$toŋ^{33}$
0924	动	通合一上董定	$toŋ^{213}$	$toŋ^{213}$
0925	洞	通合一去送定	$t^hoŋ^{55}$	$t^hoŋ^{55}$
0926	聋	通合一平东来	$loŋ^{33}$	$loŋ^{33}$

续表

编　号	单　字	音韵地位	老男音	青男音
0927	弄	通合一去送来	loŋ²¹³～堂 loŋ⁵³～坏	loŋ²¹³～堂 noŋ⁵³ ～坏；～弗灵清
0928	粽	通合一去送精	tsoŋ³³	tsoŋ³³
0929	葱	通合一平东清	tsʰoŋ⁵³	tsʰoŋ⁵³
0930	送	通合一去送心	soŋ³³	soŋ³³
0931	公	通合一平东见	koŋ⁵³	koŋ⁵³
0932	孔	通合一上董溪	kʰoŋ²¹³	kʰoŋ²¹³
0933	烘～干	通合一平东晓	hoŋ⁵³	hoŋ⁵³
0934	红	通合一平东匣	oŋ³³	oŋ³³
0935	翁	通合一平东影	oŋ³³	oŋ⁵³
0936	木	通合一入屋明	mɐʔ¹²	məʔ¹²
0937	读	通合一入屋定	tɐʔ¹²	təʔ¹²
0938	鹿	通合一入屋来	lɐʔ¹²	ləʔ¹²
0939	族	通合一入屋从	tɕyɐʔ¹²	tsuəʔ¹²
0940	谷稻～	通合一入屋见	kuɐʔ⁵	kuəʔ⁵
0941	哭	通合一入屋溪	kʰuɐʔ⁵	kʰuəʔ⁵
0942	屋	通合一入屋影	uɐʔ⁵	uəʔ⁵
0943	冬～至	通合一平冬端	toŋ⁵³	toŋ⁵³
0944	统	通合一去宋透	tʰoŋ²¹³	tʰoŋ²¹³
0945	脓	通合一平冬泥	loŋ⁵⁵	noŋ⁵⁵声殊
0946	松～紧	通合一平冬心	soŋ⁵³	soŋ⁵³
0947	宋	通合一去宋心	soŋ²¹³～朝 soŋ⁵⁵北～	soŋ⁵⁵
0948	毒	通合一入沃定	tɐʔ¹²	təʔ¹²

续表

编　号	单　字	音韵地位	老男音	青男音
0949	风	通合三平东非	$foŋ^{53}$	$foŋ^{53}$
0950	丰	通合三平东敷	$foŋ^{53}$	$foŋ^{33}$
0951	凤	通合三去送奉	$foŋ^{213}$	$foŋ^{55}$
0952	梦	通合三去送明	$moŋ^{55}$	$moŋ^{55}$
0953	中当~	通合三平东知	$tsoŋ^{53}$	$tsoŋ^{53}$
0954	虫	通合三平东澄	$tsoŋ^{33}$	$tsoŋ^{33}$
0955	终	通合三平东章	$tsoŋ^{53}$	$tsoŋ^{53}$
0956	充	通合三平东昌	$tsʰoŋ^{53}$	$tsʰoŋ^{53}$
0957	宫	通合三平东见	$koŋ^{53}$	$koŋ^{53}$
0958	穷	通合三平东群	$tsoŋ^{33}$声殊	$tɕioŋ^{33}$
0959	熊	通合三平东云	$ioŋ^{33}$	$ɕioŋ^{211}$~猫
0960	雄	通合三平东云	$ioŋ^{33}$	$ioŋ^{33}$
0961	福	通合三入屋非	$fɐʔ^{5}$	$fəʔ^{5}$
0962	服	通合三入屋奉	$fɐʔ^{12}$	$fəʔ^{12}$
0963	目	通合三入屋明	$mɐʔ^{12}$	$məʔ^{12}$
0964	六	通合三入屋来	$lɐʔ^{12}$	$ləʔ^{12}$
0965	宿住~,~舍	通合三入屋心	$ɕyɐʔ^{5}$	$ɕyəʔ^{5}$
0966	竹	通合三入屋知	$tɕyɐʔ^{5}$	$tɕyəʔ^{5}$
0967	畜~生	通合三入屋彻	$tɕʰyɐʔ^{5}$	$tɕʰyəʔ^{5}$
0968	缩	通合三入屋生	$ɕyɐʔ^{5}$	（无）
0969	粥	通合三入屋章	$tɕyɐʔ^{5}$	$tɕyəʔ^{5}$
0970	叔	通合三入屋书	$ɕyɐʔ^{5}$	$ɕyəʔ^{5}$
0971	熟	通合三入屋禅	$ɕyɐʔ^{12}$	$ɕyəʔ^{12}$
0972	肉	通合三入屋日	$ȵyɐʔ^{12}$	$ȵyəʔ^{12}$

续表

编 号	单 字	音韵地位	老男音	青男音
0973	菊	通合三入屋见	tɕyɐʔ⁵	tɕyəʔ⁵
0974	育	通合三入屋以	yɐʔ⁵	yəʔ¹²
0975	封	通合三平钟非	foŋ⁵³	foŋ⁵³
0976	蜂	通合三平钟敷	foŋ⁵³	foŋ⁵³
0977	缝一条~	通合三去用奉	foŋ⁵⁵	foŋ⁵⁵
0978	浓	通合三平钟泥	ioŋ³³音殊	ioŋ³³音殊
0979	龙	通合三平钟来	loŋ³³	loŋ³³
0980	松~树	通合三平钟邪	soŋ⁵³	soŋ²¹¹
0981	重轻~	通合三上肿澄	tsoŋ²¹³	tsoŋ²¹³
0982	肿	通合三上肿章	tsoŋ²¹³	tsoŋ²¹³
0983	种~树	通合三去用章	tsoŋ³³	tsoŋ³³
0984	冲	通合三平钟昌	tsʰoŋ⁵³	tsʰoŋ⁵³
0985	恭	通合三平钟见	koŋ⁵³	koŋ⁵³
0986	共	通合三去用群	tsʰoŋ⁵⁵白 koŋ²¹³文	tsʰoŋ⁵⁵白 koŋ²¹³文
0987	凶吉~	通合三平钟晓	soŋ⁵³声殊	ɕioŋ⁵³
0988	拥	通合三上肿影	ioŋ⁵⁵~护	ioŋ⁵³~护
0989	容	通合三平钟以	ioŋ³³	ioŋ³³
0990	用	通合三去用以	ioŋ⁵⁵	ioŋ⁵⁵
0991	绿	通合三入烛来	lɐʔ¹²	ləʔ¹²
0992	足	通合三入烛精	tɕyɐʔ⁵	tɕyəʔ⁵
0993	烛	通合三入烛章	tɕyɐʔ⁵	tɕyəʔ⁵
0994	赎	通合三入烛船	ɕyɐʔ¹²	（无）
0995	属	通合三入烛禅	ɕyɐʔ¹²	ɕyəʔ¹²

编　号	单　字	音韵地位	老男音	青男音
0996	褥	通合三入烛日	$y\text{ʁ}ʔ^{12}$	（无）
0997	曲~折,歌~	通合三入烛溪	$tɕ^{h}y\text{ʁ}ʔ^{5}$	（无）
0998	局	通合三入烛群	$tɕy\text{ʁ}ʔ^{12}$	$tɕyəʔ^{12}$
0999	玉	通合三入烛疑	$y\text{ʁ}ʔ^{12}$	$yəʔ^{12}$
1000	浴	通合三入烛以	$y\text{ʁ}ʔ^{12}$	$yəʔ^{12}$

第三章 词 汇

一、天文地理

编 号	词 条	方 言
0001	太阳～下山了	日头 ȵieʔ¹²tɤɯ³³老 日头孔 ȵieʔ¹²tɤɯ³³kʰoŋ²¹³老 太阳 tʰɑ³³ȵie⁵⁵新
0002	月亮～出来了	月亮 y²¹nie⁵⁵
0003	星星	星 ɕin⁵³
0004	云	云 yn³³
0005	风	风 foŋ⁵³
0006	台风	台风 tɛ³³foŋ⁵³
0007	闪电名词	霍闪 huɐʔ³se⁵⁵
0008	雷	天雷 tʰie⁵³le⁵⁵老 雷 le³³新
0009	雨	雨 y²¹³
0010	下雨	落雨 lo²¹y²¹³
0011	淋衣服被雨～湿了	沰 to⁵⁵
0012	晒～粮食	晒 sɑ³³

编 号	词 条	方 言
0013	雪	雪 ɕi⁵⁵
0014	冰	冰 pin⁵³
0015	冰雹	雹子 pu²¹tsɿ²¹³
0016	霜	霜 so⁵³
0017	雾	雾 u⁵⁵
0018	露	露水 lu⁵⁵ɕye²¹³
0019	虹统称	鲎 hɤɯ³³
0020	日食	天狗吃日头 tʰie⁵³kɤɯ²¹³tɕʰiɐʔ⁵ȵiɐʔ¹²tɤɯ³³
0021	月食	天狗吃月亮 tʰie⁵³kɤɯ²¹³tɕʰiɐʔ⁵y²¹nie⁵⁵
0022	天气	天公 tʰie⁵³koŋ²¹³
0023	晴天~	晴 ɕiŋ³³
0024	阴天~	阴 in⁵³
0025	旱天~	晒去 sɑ³³kʰi⁵⁵ 旱 hɛ²¹³
0026	涝天~	涨大水 tsɛ²¹tʰu⁵⁵ɕye²¹³
0027	天亮	天亮 tʰie⁵³nie⁵⁵
0028	水田	田 tie³³ 老 水田 ɕye⁵⁵tie³³ 新
0029	旱地浇不上水的耕地	地 tʰi⁵⁵ 老 旱地 hɛ²¹tʰi⁵⁵ 新
0030	田埂	田塍 tie³³sən³³
0031	路野外的	路 lu⁵⁵
0032	山	山 sɛ⁵³
0033	山谷	山弯＝sɛ⁵³uɛ⁵³ 山坞 sɛ⁵³u²¹³

续表

编 号	词 条	方 言
0034	江大的河	大溪 $t^hu^{55}t\varphi i^{53}$
0035	溪小的河	磡＝板＝ $k^h\varepsilon^{21}p\varepsilon^{55}$
0036	水沟儿较小的水道	水沟 $\varphi ye^{55}k\gamma ui^{53}$
0037	湖	湖 u^{33}
0038	池塘	塘 to^{33}
0039	水坑儿地面上有积水的小洼儿	水凼 $\varphi ye^{55}to^{213}$
0040	洪水	大水 $t^hu^{55}\varphi ye^{213}$
0041	淹被水~了	頒 $u\mathit{v}?^5$
0042	河岸	磡 $k^h\varepsilon^{33}$ 小河的 岸 $\eta\varepsilon^{55}$ 大河的
0043	坝拦河修筑拦水的	坝 po^{33} 较大 堰坝 $\eta ie^{33}po^{33}$ 较小
0044	地震	地震 $t^hi^{55}ts\partial n^{33}$
0045	窟窿小的	窟窿 $k^hu\mathit{v}?^3lo\eta^{55}$
0046	缝儿统称	缝 $fo\eta^{55}$
0047	石头统称	石头 $sa^{21}t\gamma ui^{33}$
0048	土统称	泥 $\mathfrak{n}i^{33}$
0049	泥湿的	糊泥 $u^{33}\mathfrak{n}i^{33}$
0050	水泥旧称	洋灰 $\mathfrak{n}ie^{33}hue^{53}$
0051	沙子	沙泥 $so^{53}\mathfrak{n}i^{55}$
0052	砖整块的	砖头 $t\varphi ye^{53}t\gamma ui^{55}$
0053	瓦整块的	瓦片 $o^{21}p^hie^{33}$
0054	煤	煤 me^{33}
0055	煤油	洋油 $\mathfrak{n}ie^{33}i\gamma ui^{33}$ 老 煤油 $me^{33}i\gamma ui^{33}$ 新

编　号	词　条	方　言
0056	炭木~	炭 tʰɛ³³
0057	灰烧成的	灰 hue⁵³
0058	灰尘桌面上的	灰塕 hue⁵³oŋ²¹³
0059	火	火 hu²¹³
0060	烟烧火形成的	烟 ȵie⁵³
0061	失火	火着 hu¹³tsɑ⁰
0062	水	水 ɕye²¹³
0063	凉水	冷水 nɛ⁵⁵ɕye²¹³
0064	热水如洗脸的热水，不是指喝的开水	热水 ȵi²¹ɕye²¹³
0065	开水喝的	滚汤 kuen⁵⁵tʰo⁵³老 开水 kʰɛ⁵³ɕye²¹³新
0066	磁铁	吸铁石 ɕiɐʔ³tʰie⁵⁵sɑ²¹³

二、时间方位

编　号	词　条	方　言
0067	时候吃饭的~	时候 sɿ³³hɤɯ³³
0068	什么时候	哪个时候 lɑ⁵⁵kɐʔ⁰sɿ³³hɤɯ³³ 啥哩时候 so⁵⁵li⁰sɿ³³hɤɯ³³
0069	现在	葛下 kɐʔ³ho⁵⁵
0070	以前	以前 i⁵⁵ɕie³³
0071	以后	以后 i⁵⁵hɤɯ²¹³
0072	一辈子	一生世 iɐʔ⁵sɛ⁵³sɿ⁵⁵
0073	今年	今年 tɕin⁵³ȵie²¹³

续表

编　号	词　条	方　言
0074	明年	明年 mən³³ ȵie³³ 老 明年 min³³ ȵie³³ 新
0075	后年	后年 hɤɯ²¹ ȵie³³
0076	去年	旧年 tɕʰiɤɯ³³ ȵie⁵⁵
0077	前年	前年 ɕie³³ ȵie³³
0078	往年过去的年份	往朝 ŋo⁵⁵ tsɔ⁵³ 老 往年 ŋo⁵⁵ ȵie³³ 新
0079	年初	年初 ȵie³³ tsʰu⁵³
0080	年底	年底 ȵie³³ ti²¹³
0081	今天	今朝 tɕin⁵³ tsɔ²¹³
0082	明天	明朝 mən³³ tsɔ⁵³
0083	后天	后日 hɤɯ²¹ ȵiɐʔ¹²
0084	大后天	大后日 tʰu²¹ hɤɯ⁵⁵ ȵiɐʔ⁰
0085	昨天	昨日 so²¹ ȵiɐʔ¹²
0086	前天	前日 ɕie³³ ȵiɐʔ¹²
0087	大前天	大前日 tʰu²¹ ɕie⁵⁵ ȵiɐʔ⁰
0088	整天	整日 tsən⁵⁵ ȵiɐʔ¹²
0089	每天	每日 me¹³ ȵiɐʔ⁰
0090	早晨	五更 n̩⁵⁵ kɛ⁵³
0091	上午	五更 n̩⁵⁵ kɛ⁵³ 午前 n̩⁵⁵ ɕie³³
0092	中午	午饭 n̩²¹ fɛ⁵⁵
0093	下午	午后 n̩⁵⁵ hɤɯ²¹³
0094	傍晚	夜快边 ia⁵⁵ kʰuɑ³³ pie⁵³
0095	白天	日上 ȵiɐʔ¹² so⁵⁵

编　号	词　条	方　言
0096	夜晚 与白天相对,统称	夜里 iɑ⁵⁵ li⁰
0097	半夜	半夜 pɛ³³ iɑ⁵⁵
0098	正月 农历	正月 tsən⁵³ y²¹³
0099	大年初一 农历	年初一 ȵie³³ tsʰu³³ iɐʔ⁵
0100	元宵节	元宵 ȵye³³ ɕiɔ⁵³
0101	清明	清明 tɕʰin⁵³ min⁵⁵
0102	端午	端午 tɛ⁵³ n²¹³
0103	七月十五 农历,节日名	七月半 tɕʰiɐʔ³ y⁵⁵ pɛ³³
0104	中秋	中秋 tsoŋ⁵³ tɕʰiɤɯ⁵⁵
0105	冬至	冬夜 toŋ⁵³ iɑ⁵⁵ 老 冬至 toŋ⁵³ tsʅ⁵⁵ 新
0106	腊月 农历十二月	[十二]月 sən³³ ȵy⁵³
0107	除夕 农历	三十夜 sɛ⁵³ sɐʔ¹² iɑ⁵⁵
0108	历书	历本 liɐʔ¹² pən²¹³
0109	阴历	阴历 in⁵³ liɐʔ¹² 农历 loŋ³³ liɐʔ¹²
0110	阳历	阳历 ȵie³³ liɐʔ¹²
0111	星期天	星期日 ɕin⁵³ tɕi³³ ȵiɐʔ¹²
0112	地方	地方 tʰi⁵⁵ fo⁵³
0113	什么地方	啥哩地方 so⁵⁵ li⁰ tʰi⁵⁵ fo⁵³ 哪个地方 lɑ⁵⁵ kɐʔ⁰ tʰi⁵⁵ fo⁵³
0114	家里	家里 ko⁵³ li²¹³
0115	城里	城里 sən³³ li²¹³
0116	乡下	乡里 ɕie⁵³ li²¹³
0117	上面 从~滚下来	高头 kɔ⁵³ tɤɯ²¹³

续表

编　号	词　　条	方　　言
0118	下面从~爬上去	下底 ho⁵⁵ti²¹³
0119	左边	反手面 fɛ⁵⁵sɤɯ²¹mie⁵⁵
0120	右边	顺手面 ɕyn⁵⁵sɤɯ²¹mie⁵⁵
0121	中间排队排在~	中央 tsoŋ⁵³ȵie²¹³
0122	前面排队排在~	前头 ɕie³³tɤɯ³³
0123	后面排队排在~	后头 hɤɯ⁵⁵tɤɯ³³
0124	末尾排队排在~	顶后头 tin²¹hɤɯ⁵⁵tɤɯ³³
0125	对面	对面 te³³mie⁵⁵
0126	面前	面前 mie⁵⁵ɕie³³
0127	背后	背后 pe³³hɤɯ²¹³
0128	里面躲在~	里头 li⁵⁵tɤɯ³³
0129	外面衣服晒在~	外头 uɑ⁵⁵tɤɯ³³
0130	旁边	旁边 pɛ³³pie⁵³
0131	上碗在桌子~	上 so²¹³
0132	下凳子在桌子~	下底 ho⁵⁵ti²¹³
0133	边儿桌子的~	边上 pie⁵³so²¹³
0134	角儿桌子的~	角头 ku⁵⁵tɤɯ³³
0135	上去他~了	上去 so²¹kʰi³³
0136	下来他~了	落来 lo²¹lɛ³³
0137	进去他~了	进去 tɕin³³kʰi³³
0138	出来他~了	出来 tɕʰyɐʔ⁵lɛ³³
0139	出去他~了	出去 tɕʰyɐʔ⁵kʰi³³
0140	回来他~了	家来 ko⁵³lɛ²¹³
0141	起来天冷~了	[起来]tɕʰie³³

三、植 物

编 号	词 条	方 言
0142	树	树 ɕy⁵⁵
0143	木头	木头 mɐʔ¹²tɤɯ³³
0144	松树 统称	松树 soŋ⁵³ɕy⁵⁵
0145	柏树 统称	柏树 pɑ⁵⁵ɕy⁵⁵
0146	杉树	杉树 sɛ⁵³ɕy⁵⁵
0147	柳树	杨柳树 ȵie³³liɤɯ³³ɕy⁵⁵
0148	竹子 统称	毛竹 mɔ³³tɕyɐʔ⁵
0149	笋	笋 ɕin²¹³
0150	叶子	叶 i²¹³
0151	花	花 ho⁵³
0152	花蕾 花骨朵	花蕊儿 ho⁵³y⁵⁵n⁰
0153	梅花	梅花 me³³ho⁵³
0154	牡丹	牡丹 mɤɯ⁵⁵tɛ⁰
0155	荷花	荷花 u³³ho⁵³
0156	草	草 tsʰɔ²¹³
0157	藤	藤 tən³³
0158	刺 名词	刺 tsʰʅ³³
0159	水果	水果 ɕye⁵⁵ku²¹³
0160	苹果	苹果 pin³³ku²¹³
0161	桃子	桃 tɔ³³
0162	梨	梨 li³³

续表

编　号	词　条	方　言
0163	李子	李子 li²¹ tsʅ²¹³
0164	杏	梅 me³³
0165	橘子	橘子 tɕyɐʔ⁵ tsʅ²¹³
0166	柚子	香泡⁼ ɕie²¹ pʰɔ⁵³
0167	柿子	柿儿 sʅ²¹ n⁵⁵
0168	石榴	石榴 sɐʔ¹² liɯ³³
0169	枣	枣儿 tsɔ⁵⁵ n⁰
0170	栗子	大栗 tʰu⁵⁵ liɐʔ¹²
0171	核桃	核桃 hɐʔ¹² tɔ³³
0172	银杏白果	白果 pɑ²¹ ku²¹³
0173	甘蔗	甘蔗 kɛ⁵³ tso²¹³
0174	木耳	木耳 mɐʔ¹² ɣɯ²¹³
0175	蘑菇野生的	蕈 ɕin²¹³
0176	香菇	香菇 ɕie⁵³ ku⁵⁵
0177	稻子指植物	稻 tɔ²¹³
0178	稻谷指籽实,脱粒后是大米	谷 kuɐʔ⁵
0179	稻草脱粒后的	稻草 tɔ²¹ tsʰɔ²¹³
0180	大麦指植物	大麦 tʰu³³ mɑ⁵⁵
0181	小麦指植物	细麦 ɕie³³ mɑ⁵⁵
0182	麦秸脱粒后的	麦秆 mɑ²¹ kɛ²¹³
0183	谷子指植物,籽实脱粒后是小米	粟米 ɕyɐʔ³ mi⁵⁵
0184	高粱指植物	芦稷 lu³³ tɕi³³
0185	玉米指成株的植物	包芦 pɔ²¹ lu⁵⁵
0186	棉花指植物	棉花 mie³³ ho⁵³

编　号	词　条	方　言
0187	油菜_{油料作物，不是蔬菜}	油菜 iɤɯ³³tsʰɛ³³
0188	芝麻	芝麻 tsʅ⁵³mo²¹³
0189	向日葵_{指植物}	葵花子 kue³³ho⁵³tsʅ²¹³
0190	蚕豆	北⁼豆 peʔ³tʰɤɯ⁵⁵
0191	豌豆	蚕豆 sɛ³³tʰɤɯ⁵⁵
0192	花生_{指果实}	花生 ho²¹sən⁵⁵
0193	黄豆	黄豆 ŋo³³tʰɤɯ⁵⁵
0194	绿豆	绿豆 lɐʔ¹²tʰɤɯ⁵⁵
0195	豇豆_{长条形的}	豆荚 tʰɤɯ⁵⁵tɕi⁵⁵
0196	大白菜_{东北～}	大白菜 ta¹³peʔ¹²tsʰɛ⁵⁵
0197	包心菜_{卷心菜，圆白菜，球形的}	包心菜 po⁵³ɕin²¹tsʰɛ⁵⁵
0198	菠菜	菠菜 pu²¹tsʰɛ⁵⁵
0199	芹菜	川⁼葱 tɕʰye²¹tsʰoŋ⁵⁵
0200	莴笋	莴苣笋 u⁵³tɕy⁵⁵ɕin²¹³
0201	韭菜	韭菜 tɕiɤɯ²¹tsʰɛ⁵⁵
0202	香菜_{芫荽}	香菜 ɕiɑŋ³³tsʰɛ⁵⁵
0203	葱	葱 tsʰoŋ⁵³
0204	蒜	大蒜 tʰɑ⁵⁵sɛ³³
0205	姜	生姜 sɛ⁵³tɕie²¹³
0206	洋葱	洋葱头 nie³³tsʰoŋ²¹tɤɯ⁵⁵
0207	辣椒_{统称}	番椒 fɛ⁵³tɕio²¹³
0208	茄子_{统称}	落苏 lo²¹su⁵³
0209	西红柿	番茄 fɛ⁵³kɑ⁵⁵
0210	萝卜_{统称}	萝卜 lo³³pu³³

续表

编 号	词 条	方 言
0211	胡萝卜	红萝卜 oŋ³³ lo³³ pu³³
0212	黄瓜	黄瓜 ŋo³³ ko⁵³
0213	丝瓜无棱的	丝瓜 sɿ⁵³ ko²¹³
0214	南瓜扁圆形或梨形,成熟时赤褐色	北瓜 pɐʔ⁵ ko⁵³
0215	荸荠	荸荠 piɐʔ¹² ɕi³³
0216	红薯统称	番芋 fɛ⁵³ y²¹³
0217	马铃薯	洋芋头 ȵiɛ³³ y²¹ tɤɯ⁵⁵
0218	芋头	芋头 y²¹ tɤɯ⁵⁵
0219	山药圆柱形的	山药 sɛ̃³³ iɐʔ¹²
0220	藕	藕 ŋɤɯ²¹³

四、动 物

编 号	词 条	方 言
0221	老虎	老虎 lɔ⁵⁵ hu²¹³
0222	猴子	猴狲 hɤɯ³³ sən⁵³
0223	蛇统称	蛇 so³³
0224	老鼠家里的	老鼠 lɔ⁵⁵ tsʰɿ²¹³
0225	蝙蝠	偷油老鼠 tʰɤɯ⁵³ iɤɯ³³ lɔ⁵⁵ tsʰɿ²¹³
0226	鸟儿飞鸟,统称	鸟儿 tiɔ⁵⁵ nⁿ⁰
0227	麻雀	麻雀 mo³³ tɕʰiɐʔ⁵
0228	喜鹊	喜鹊 ɕi⁵⁵ tɕʰiɐʔ⁵
0229	乌鸦	乌老鸦 u⁵³ lɔ²¹ o⁵⁵

续表

编 号	词 条	方 言
0230	鸽子	鸽子 ki^{55}tsʅ^{0}
0231	翅膀鸟的，统称	翼消=半= i^{21}ɕiɔ^{53}pɛ^{33}
0232	爪子鸟的，统称	脚爬= tɕiɑ^{55}pɔ^{33}
0233	尾巴	尾巴 mi^{55}pɔ^{53}
0234	窝鸟的	窠 kʰu^{53}
0235	虫子统称	虫 tsoŋ^{33} 虫子 tsoŋ^{33}tsʅ^{213}
0236	蝴蝶统称	蝴蝶儿 u^{33}tie^{33}n^{55}
0237	蜻蜓统称	蜻蜓 tɕʰin^{21}tin^{55}
0238	蜜蜂	蜜蜂 miɐʔ^{12}foŋ^{53}
0239	蜂蜜	蜂蜜 foŋ^{53}miɐʔ^{12} 蜂糖 foŋ^{53}to^{55}
0240	知了统称	知要=儿 tsʅ^{21}iɔ^{33}n^{55}
0241	蚂蚁	蚂蚁 mo^{55}i^{0}
0242	蚯蚓	蛐蟮儿 tɕʰyɐʔ^{3}sɛ^{55}n^{0}
0243	蚕	蚕 sɛ^{33}
0244	蜘蛛会结网的	蜘蛛 tsʅ^{53}tɕy^{213}
0245	蚊子统称	蚊虫 mən^{33}tsoŋ^{33}
0246	苍蝇统称	苍蝇 tsʰo^{53}in^{213}
0247	跳蚤咬人的	圪蚤 kɐʔ^{5}tsɔ^{213}
0248	虱子	虱 sɐʔ^{5}
0249	鱼	鱼 n^{33}
0250	鲤鱼	鲤鱼 li^{55}n^{33}
0251	鳙鱼胖头鱼	鲢胖头 nie^{33}pʰo^{21}tɤɯ^{55}
0252	鲫鱼	鲫鱼 tɕiɐʔ^{3}n^{55}

续表

编　号	词　条	方　言
0253	甲鱼	鳖 pi⁵⁵
0254	鳞鱼的	厣 ȵie²¹³
0255	虾统称	虾公 ho⁵³koŋ²¹³
0256	螃蟹统称	蟹 hɑ²¹³
0257	青蛙统称	田鸡 tie³³tɕi⁵³
0258	癞蛤蟆表皮多疙瘩	癞蛤宝⁼ lɑ⁵⁵kɐʔ⁵pɔ²¹³
0259	马	马 mo²¹³
0260	驴	驴狗子 li³³kɤɯ⁵⁵tsʅ²¹³
0261	骡	（无）
0262	牛	牛 ȵiɤɯ³³
0263	公牛统称	雄牛 ioŋ³³ȵiɤɯ³³
0264	母牛统称	母牛 m⁵⁵ȵiɤɯ³³ 雌牛 tɕʰi⁵³ȵiɤɯ³³
0265	放牛	吆⁼牛 iɔ⁵³ȵiɤɯ³³
0266	羊	羊 ȵiɛ³³
0267	猪	猪 tsʅ⁵³
0268	种猪配种用的公猪	猪公 tsʅ²¹koŋ⁵⁵
0269	公猪成年的,已阉的	肉猪 ȵyɐʔ¹²tsʅ⁵³
0270	母猪成年的,未阉的	猪娘 tsʅ⁵³ȵie⁵⁵
0271	猪崽	细猪 ɕie³³tsʅ⁵³
0272	猪圈	猪栏 tsʅ²¹nɛ⁵⁵
0273	养猪	养猪 ȵiɛ²¹tsʅ⁵³
0274	猫	猫 mɔ⁵³
0275	公猫	雄猫 ioŋ³³mɔ⁵³

续表

编　号	词　条	方　言
0276	母猫	雌猫 tɕʰi⁵³mɔ⁵³
0277	狗统称	狗 kɤɯ²¹³
0278	公狗	雄狗 ioŋ³³kɤɯ²¹³
0279	母狗	雌狗 tɕʰi⁵³kɤɯ²¹³
0280	叫狗～	叫 tɕiɔ³³
0281	兔子	兔儿 tʰu³³n⁵⁵
0282	鸡	鸡 tɕi⁵³
0283	公鸡成年的，未阉的	雄鸡 ioŋ³³tɕi⁵³
0284	母鸡已下过蛋的	母鸡 m⁵⁵tɕi⁵³
0285	叫公鸡～（即打鸣儿）	叫 tɕiɔ³³
0286	下鸡～蛋	生 sɛ⁵³
0287	孵～小鸡	伏 pʰu⁵⁵
0288	鸭	鸭 o⁵⁵
0289	鹅	鹅 ŋu³³
0290	阉～公的猪	羯 tɕi⁵⁵
0291	阉～母的猪	羯 tɕi⁵⁵
0292	阉～鸡	镦 ɕie³³
0293	喂～猪	供 tsoŋ⁵³
0294	杀猪统称	杀猪 so⁵⁵tsʅ⁵³
0295	杀～鱼	破 pʰɑ³³

五、房舍器具

编　号	词　条	方　言
0296	村庄一个~	村坊 tsʰən²¹fo⁵⁵ 老 村 tsən⁵³ 新
0297	胡同统称:一条~	弄堂 loŋ²¹to⁵⁵
0298	街道	街 kɑ⁵³
0299	盖房子	造屋 sɔ²¹uɐʔ⁵
0300	房子整座的，不包括院子	屋 uɐʔ⁵
0301	屋子房子里分隔而成的，统称	房间 fo⁵⁵kɛ⁵³
0302	卧室	房间 fo⁵⁵kɛ⁵³
0303	茅屋茅草等盖的	茅棚屋 mɔ³³poŋ³³uɐʔ⁵
0304	厨房	镬灶下 u²¹tsɔ³³ho⁵⁵
0305	灶统称	镬灶 u²¹tsɔ³³
0306	锅统称	食镬 sɐʔ¹²u²¹³
0307	饭锅煮饭的	食镬 sɐʔ¹²u²¹³
0308	菜锅炒菜的	食镬 sɐʔ¹²u²¹³
0309	厕所旧式的，统称	东司 toŋ⁵³sɿ²¹³
0310	檩左右方向的	桁条 he³³ciɔ³³
0311	柱子	柱子 tɕy²¹tsɿ²¹³
0312	大门	大门 tʰu²¹mən⁵⁵
0313	门槛儿	门床 mən³³kʰɛ²¹³
0314	窗旧式的	床门 kʰɛ⁵⁵mən³³
0315	梯子可移动的	湖＝梯 u³³tʰe⁵³
0316	扫帚统称	筲帚 ciɔ³³tsɤu²¹³

续表

编 号	词 条	方 言
0317	扫地	扫地 $sɔ^{21}t^hi^{55}$
0318	垃圾	里=字= $li^{21}sɹ^{55}$
0319	家具统称	家伙 $ko^{53}hu^{213}$
0320	东西我的~	东西 $toŋ^{53}ɕi^{213}$
0321	炕土、砖砌的,睡觉用	（无）
0322	床木制的,睡觉用	床铺 $so^{33}pu^{33}$ "铺"音殊
0323	枕头	枕头 $tsən^{55}tɤɯ^{33}$
0324	被子	被 pi^{213}
0325	棉絮	棉花絮 $mie^{33}ho^{53}ɕi^{55}$
0326	床单	毯子 $t^hɛ^{21}tsɹ^{55}$
0327	褥子	褥子 $yɐʔ^{12}tsɹ^{213}$
0328	席子	草席 $ts^hɔ^{55}ɕiɐʔ^{12}$ 草编的 竹席 $tɕyɐʔ^5ɕiɐʔ^{12}$ 竹编的
0329	蚊帐	帐子 $tsɛ^{33}tsɹ^{55}$
0330	桌子统称	桌儿 $tsu^{55}n^0$
0331	柜子统称	柜 k^hue^{55}
0332	抽屉桌子的	抽斗 $ts^hɤɯ^{53}tɤɯ^{213}$
0333	案子长条形的	搁儿 $ku^{55}tɕi^{53}$
0334	椅子统称	椅子 $i^{21}tsɹ^{55}$
0335	凳子统称	凳 $tən^{33}$
0336	马桶有盖的	马桶 $mo^{55}t^hoŋ^{213}$
0337	菜刀	薄刀 $pu^{21}tɔ^{53}$
0338	瓢舀水的	瓢 $piɔ^{33}$ 木勺 $mɐʔ^{12}so^{33}$
0339	缸	缸 ko^{53}

续表

编 号	词 条	方 言
0340	坛子装酒的～	掇＝ti⁵⁵
0341	瓶子装酒的～	瓶 pin³³
0342	盖子杯子的～	盖儿 kɛ³³n⁵⁵
0343	碗统称	碗 uɛ²¹³
0344	筷子	筷儿 kʰuɑ³³n⁵⁵
0345	汤匙	瓢羹 piɔ³³kən⁵³
0346	柴火统称	柴 sɑ³³
0347	火柴	洋火 ȵiɛ³³hu²¹³
0348	锁	锁 su²¹³
0349	钥匙	钥匙 iɑ²¹sʅ³³
0350	暖水瓶	热水壶 ȵi²¹ɕye⁵⁵u³³
0351	脸盆	面盆 mie²¹pən⁵⁵
0352	洗脸水	汏面水 tʰɑ³³mie⁵⁵ɕye²¹³
0353	毛巾洗脸用	面布 mie⁵⁵pu³³
0354	手绢	手巾 sɤɯ⁵⁵tɕin⁵³
0355	肥皂洗衣服用	洋肥皂 ȵiɛ³³fi³³sɔ³³老 肥皂 fi³³sɔ³³新
0356	梳子旧式的，不是篦子	木梳 mɐʔ¹²ɕy⁵³
0357	缝衣针	艺＝线 ȵi²¹ɕie³³
0358	剪子	剪刀 tɕie⁵⁵tɔ⁵³
0359	蜡烛	蜡烛 lo²¹tɕyɐʔ⁵
0360	手电筒	电筒 tie²¹toŋ³³
0361	雨伞挡雨的，统称	洋伞 ȵiɛ³³sɛ³³老 雨伞 y²¹sɛ³³新
0362	自行车	脚踏车 tɕiɑ⁵⁵tɐʔ¹²tsʰo⁵³

六、服饰饮食

编　号	词　条	方　言
0363	衣服统称	衣裳 $i^{53}so^{213}$
0364	穿～衣服	穿 $t\varphi^{h}ye^{53}$
0365	脱～衣服	脱 $t^{h}i^{55}$
0366	系～鞋带	缚 fu^{213}
0367	衬衫	衬衫 $ts^{h}\partial n^{33}s\varepsilon^{53}$
0368	背心带两条杠的,内衣	背心 $pe^{33}\varphi in^{53}$
0369	毛衣	毛线衣 $m\mathfrak{o}^{33}\varphi ie^{33}i^{53}$
0370	棉衣	棉袄 $mie^{33}\mathfrak{o}^{213}$
0371	袖子	衫袖 $s\varepsilon^{53}\varphi ix\mathrm{w}^{213}$
0372	口袋衣服上的	袋 $t^{h}\varepsilon^{55}$
0373	裤子	裤 $k^{h}u^{33}$
0374	短裤外穿的	短脚裤 $t\varepsilon^{21}t\varphi ia^{55}k^{h}u^{33}$
0375	裤腿	裤脚 $k^{h}u^{33}t\varphi ia^{55}$
0376	帽子统称	帽 $m\mathfrak{o}^{55}$
0377	鞋子	鞋 $h\mathrm{a}^{33}$
0378	袜子	洋袜 $\mathrm{\eta}ie^{33}mo^{213}$
0379	围巾	围巾 $ue^{33}t\varphi in^{53}$
0380	围裙	围身布 $y^{33}s\partial n^{21}pu^{55}$
0381	尿布	尿片 $\varphi i^{21}p^{h}ie^{55}$
0382	扣子	扣儿 $k^{h}x\mathrm{w}^{33}n^{55}$
0383	扣～扣子	扣 $k^{h}x\mathrm{w}^{33}$

续表

编　号	词　条	方　言
0384	戒指	戒指 kɑ³³tsʅ⁵⁵
0385	手镯	手镯 sɤɯ⁵⁵tɕyɐʔ¹²
0386	理发	剃头 tʰi³³tɤɯ³³
0387	梳头	梳头 ɕy⁵³tɤɯ³³
0388	米饭	饭 fɛ⁵⁵
0389	稀饭用米熬的,统称	粥 tɕyɐʔ⁵
0390	面粉麦子磨的,统称	麦粉 mɑ²¹fən²¹³
0391	面条统称	面 mie⁵⁵
0392	面儿玉米~,辣椒~	粉 fən²¹³
0393	馒头无馅的,统称	馒头 mɛ³³tɤɯ³³
0394	包子	包子 pɔ⁵³tsʅ²¹³
0395	饺子	饺儿 tɕiɔ⁵⁵n⁰
0396	馄饨	馄饨 uen³³tən³³
0397	馅儿	馅 hɛ²¹³
0398	油条长条形的,旧称	油煠鬼 iɤɯ³³tsɐʔ¹²kue²¹³
0399	豆浆	浆 tɕie⁵³
0400	豆腐脑	豆腐花 tʰɤɯ⁵⁵fu³³hɔ⁵³
0401	元宵食品	汤团 tʰo²¹tɛ⁵⁵
0402	粽子	粽 tsoŋ³³
0403	年糕用黏性大的米或米粉做的	年糕 ȵie³³kɔ⁵³
0404	点心统称	点心 tie⁵⁵ɕin⁵³
0405	菜吃饭时吃的,统称	菜 tsʰɛ³³
0406	干菜统称	干菜 kɛ⁵³tsʰɛ⁵⁵
0407	豆腐	豆腐 tʰɤɯ⁵⁵fu³³

编　号	词　条	方　言
0408	猪血_{当菜的}	猪血 tsʅ⁵³ɕy⁵⁵
0409	猪蹄_{当菜的}	猪脚爪 tsʅ⁵³tɕiɑ⁵⁵tsɔ²¹³
0410	猪舌头_{当菜的}	猪舌头 tsʅ⁵³sʅ²¹tɤɯ³³
0411	猪肝_{当菜的}	猪肝 tsʅ⁵³kɛ⁵³
0412	下水_{猪牛羊的内脏}	肚里货 tu²¹li³³hu³³
0413	鸡蛋	鸡蛋 tɕi⁵³tʰɛ²¹³
0414	松花蛋	皮蛋 pi³³tʰɛ⁵⁵
0415	猪油	脂油 tsʅ²¹iɤɯ⁵⁵
0416	香油	麻油 mo³³iɤɯ³³
0417	酱油	酱油 tɕie²¹iɤɯ⁵⁵
0418	盐_{名词}	咸盐 hɛ³³ȵie³³_老 盐 ȵie³³_新
0419	醋	醋 tsʰu³³
0420	香烟	香烟 ɕie²¹ȵie⁵⁵
0421	旱烟	黄烟 ŋo³³ȵie⁵³
0422	白酒	烧酒 sɔ⁵³tɕiɤɯ²¹³
0423	黄酒	黄酒 ŋo³³tɕiɤɯ²¹³
0424	江米酒_{酒酿,醪糟}	酒娘 tɕiɤɯ⁵⁵ȵie³³
0425	茶叶	茶叶 tso³³i³³
0426	沏_{~茶}	泡 pʰɔ³³
0427	冰棍儿	棒冰 paŋ²¹pin⁵⁵
0428	做饭_{统称}	烧饭 sɔ⁵³fɛ⁵⁵
0429	炒菜_{统称,和做饭相对}	炒菜 tsʰɔ²¹tsʰɛ³³
0430	煮_{~带壳的鸡蛋}	煠 so²¹³

续表

编　号	词　条	方　言
0431	煎~鸡蛋	煎 tɕie⁵³
0432	炸~油条	飞⁼ fi⁵³
0433	蒸~鱼	蒸 tsən⁵³
0434	揉~面做馒头等	□ ȵy⁵⁵
0435	擀~面,~皮儿	勴 le⁵⁵
0436	吃早饭	吃五更饭 tɕʰiɐʔ³ n⁵⁵ kɛ³³ fɛ⁵⁵
0437	吃午饭	吃午饭 tɕʰiɐʔ⁵ n²¹ fɛ⁵⁵
0438	吃晚饭	吃夜饭 tɕʰiɐʔ³ iɑ⁵⁵ fɛ³³
0439	吃~饭	吃 tɕʰiɐʔ⁵
0440	喝~酒	吃 tɕʰiɐʔ⁵
0441	喝~茶	吃 tɕʰiɐʔ⁵
0442	抽~烟	吃 tɕʰiɐʔ⁵
0443	盛~饭	兜 tɣɯ⁵³
0444	夹用筷子~菜	钳 tɕie³³
0445	斟~酒	倒 tɔ²¹³ 筛 sɑ⁵³
0446	渴口~	口燥 kʰɣɯ¹³ sɔ³³
0447	饿肚子~	肚皮饥 tʰu⁵⁵ pi³³ tɕi⁵³
0448	噎吃饭~着了	夜⁼ iɑ⁵⁵

七、身体医疗

编　号	词　条	方　言
0449	头人的，统称	头 tɤɯ³³
0450	头发	头发 tɤɯ³³ fo⁵⁵
0451	辫子	辫儿 pie²¹ n⁵⁵
0452	旋	旋 ɕie⁵⁵
0453	额头	额头 ŋɑ²¹ tɤɯ³³
0454	相貌	相貌 ɕie²¹ mɔ⁵⁵ 面相 mie⁵⁵ ɕie³³ 样子 ȵie⁵⁵ tsʅ²¹³
0455	脸洗～	面 mie⁵⁵
0456	眼睛	眼睛 ŋɛ⁵⁵ tɕin⁵³
0457	眼珠统称	眼睛子 ŋɛ⁵⁵ tɕin⁵³ tsʅ²¹³ 眼睛乌珠 ŋɛ⁵⁵ tɕin⁵³ u⁵³ tɕy²¹³
0458	眼泪哭的时候流出来的	眼泪 ŋɛ²¹ li³³
0459	眉毛	眉毛 mi³³ mɔ³³
0460	耳朵	耳朵 n⁵⁵ tu²¹³
0461	鼻子	鼻头 piɐʔ¹² tɤɯ³³
0462	鼻涕统称	鼻涕 piɐʔ¹² tʰi³³
0463	擤～鼻涕	擤 hən²¹³
0464	嘴巴人的，统称	嘴脯﹦ tɕye⁵⁵ pu³³
0465	嘴唇	嘴唇皮 tɕye⁵⁵ sən³³ pi³³
0466	口水～流出来	馋露﹦水 sɛ³³ lu⁵⁵ ɕye²¹³老 口水 kʰɤɯ⁵⁵ ɕye²¹³新
0467	舌头	舌头 sʅ²¹ tɤɯ³³

续表

编　号	词　　条	方　　言
0468	牙齿	牙齿 ŋo^{33} tsʰʅ^{213}
0469	下巴	下巴 ho^{55} po^{33}
0470	胡子嘴周围的	胡子 u^{33} tsʅ^{213}
0471	脖子	头颈 tʰɤɯ^{33} tɕin^{213} "头"声殊
0472	喉咙	喉咙 hɤɯ^{33} loŋ^{33}
0473	肩膀	肩膀 tɕie^{53} pʰɛ^{213}
0474	胳膊	手梗 sɤɯ^{55} kuɛ^{213}
0475	手他的~摔断了	手 sɤɯ^{213} 包括臂
0476	左手	反手 fɛ^{55} sɤɯ^{213}
0477	右手	顺手 ɕyn^{55} sɤɯ^{213}
0478	拳头	拳头 tɕye^{33} tɤɯ^{33}
0479	手指	手指头 sɤɯ^{55} tsʅ^{33} tɤɯ^{33}
0480	大拇指	大骂= 手指头 tʰu^{55} mo^{55} sɤɯ^{55} tsʅ^{33} tɤɯ^{33}
0481	食指	（无）
0482	中指	（无）
0483	无名指	（无）
0484	小拇指	细骂= 手指头 ɕie^{33} mo^{55} sɤɯ^{55} tsʅ^{33} tɤɯ^{33}
0485	指甲	指阔= tsʅ^{55} kʰo^{55}
0486	腿	腿 tʰe^{213}
0487	脚他的~压断了	脚 tɕiɑ^{55} 包括小腿和大腿
0488	膝盖指部位	脚膝髁 tɕiɑ^{55} ɕiɐʔ^{5} kʰu^{53}
0489	背名词	背脊 pe^{33} tɕiɐʔ^{5}
0490	肚子腹部	肚皮 tʰu^{55} pi^{33}
0491	肚脐	肚脐眼 tʰu^{55} ɕi^{33} ŋɛ^{213}

续表

编　号	词　条	方　言
0492	乳房_{女性的}	奶奶 na³³na⁵⁵
0493	屁股	屁股 pʰi³³ku⁵⁵
0494	肛门	屁股洞 pʰi³³ku³³tʰoŋ⁵⁵
0495	阴茎_{成人的}	八= 鸟 pɐʔ⁵tiɔ²¹³
0496	女阴_{成人的}	老屄 lɔ²¹pi⁵⁵ 老胒 lɔ²¹pʰiɐʔ⁵
0497	肏_{动词}	入 sɐʔ¹² 弄 loŋ⁵³调殊
0498	精液	屟 soŋ³³
0499	来月经	身上来 sən⁵³so¹³lɛ³³婉称
0500	拉屎	射涴 tsʰɑ⁵⁵u³³
0501	撒尿	射尿 tsʰɑ⁵⁵ɕi⁵³
0502	放屁	射屁 tsʰɑ⁵⁵pʰi³³
0503	相当于"他妈的"的口头禅	卖个贼屄 mɑ⁵⁵kɐʔ⁵sɐʔ¹²pi⁵³
0504	病了	生毛病罢 sɛ⁵³mɔ³³pʰin⁵⁵pɐʔ⁰ 生病罢 sɛ⁵³pʰin⁵⁵pɐʔ⁰
0505	着凉	冻去 toŋ³³kʰi⁵⁵
0506	咳嗽	呛 tɕʰie³³
0507	发烧	烧热 sɔ⁵³n̠i²¹³
0508	发抖	发抖 fo⁵⁵tɤɯ²¹³
0509	肚子疼	肚皮痛 tʰu⁵⁵pi³³tʰoŋ³³
0510	拉肚子	肚皮射 tʰu⁵⁵pi³³tsʰɑ⁵⁵
0511	患疟疾	打半工头 tɛ²¹pɛ³³koŋ⁵³tɤɯ⁵⁵
0512	中暑	犯痧 fɛ²¹sɔ⁵³
0513	肿	肿 tsoŋ²¹³

续表

编 号	词 条	方 言
0514	化脓	灌脓 kuɛ³³loŋ⁵⁵
0515	疤好了的	疤 po⁵³
0516	癣	癣 ɕie²¹³
0517	痣凸起的	痣 tsʅ³³
0518	疙瘩蚊子咬后形成的	鼻⁼piɐʔ¹²
0519	狐臭	狐臭 u³³tsʰɤɯ³³
0520	看病	看病 kʰɛ³³pʰin⁵⁵
0521	诊脉	搭脉 to⁵⁵mɑ²¹³
0522	针灸	针灸 tsən³³tɕiɤɯ⁵⁵
0523	打针	打针 tɛ²¹tsən⁵³
0524	打吊针	挂葡萄糖 ko³³pu³³tɔ³³to³³
0525	吃药统称	吃药 tɕʰiɐʔ⁵iɑ²¹³
0526	汤药	中药 tsoŋ⁵³iɑ²¹³
0527	病轻了	病好点罢 pʰin⁵⁵hɔ²¹tie⁵⁵pɐʔ⁰

八、婚丧信仰

编 号	词 条	方 言
0528	说媒	做媒 tsu³³me³³
0529	媒人	媒人 me³³in³³统称 媒婆 me³³pu³³女性 媒公公 me³³koŋ⁵³koŋ²¹³男性
0530	相亲	看人家 kʰɛ³³in³³ko⁵³
0531	订婚	订婚 tin³³huen⁵³

续表

编 号	词 条	方 言
0532	嫁妆	嫁资＝ko³³tsɿ⁵³老 嫁妆 ko³³tso⁵³新
0533	结婚统称	结婚 tɕiɐʔ⁵huen⁵³
0534	娶妻子男子~,动宾	讨老嬷 tʰɔ²¹lɔ²¹mo⁵⁵
0535	出嫁女子~	嫁老公 ko³³lɔ⁵⁵koŋ⁵³ 嫁人 ko³³in³³
0536	拜堂	拜堂 pɑ³³to³³
0537	新郎	新老官 ɕin²¹lɔ⁵⁵kuɛ⁵³
0538	新娘子	新娘子 ɕin²¹ȵie⁵⁵tsɿ²¹³
0539	孕妇	大肚皮 tʰu⁵⁵tʰu⁵⁵pi³³
0540	怀孕	有得生 iɤɯ²¹tɐʔ⁵sɛ⁵³
0541	害喜妊娠反应	病儿 pʰin⁵⁵n³³
0542	分娩	生细人家 sɛ⁵³ɕie²¹in³³ko⁵³
0543	流产	脱掉 tʰɐʔ³tʰiɔ⁵⁵ 小产 ɕiɔ⁵⁵tsʰɛ²¹³
0544	双胞胎	双生 so⁵³sɛ⁵³ 双胞胎 so⁵³pɔ¹³tʰe⁵³
0545	坐月子	做产妇 tsu³³tsɛ²¹fu³³"产"声殊
0546	吃奶	吃奶奶 tɕʰiɐʔ⁵nɑ³³nɑ⁵⁵
0547	断奶	摘奶奶 tsɑ⁵⁵nɑ³³nɑ⁵⁵
0548	满月	满月 mɛ²¹y²¹³
0549	生日统称	生日 sɛ⁵³ȵiɐʔ¹²
0550	做寿	做寿 tsu³³sɤɯ⁵⁵
0551	死统称	死 ɕi²¹³
0552	死婉称,最常用的几种,指老人:他~了	过辈 ku³³pe³³

续表

编 号	词 条	方 言
0553	自杀	寻死 ɕin³³ɕi²¹³
0554	咽气	脱气 tʰɐʔ⁵tɕʰi³³
0555	入殓	落材 lo²¹sɛ³³
0556	棺材	棺材 kuɛ²¹sɛ⁵⁵
0557	出殡	出殡 tɕʰyɐʔ⁵pin³³
0558	灵位	灵位 lin³³ue⁵⁵
0559	坟墓单个的，老人的	坟头 fən³³tɤɯ³³
0560	上坟	上坟 so²¹fən³³
0561	纸钱	买路钿 mɑ²¹lu⁵⁵tie³³
0562	老天爷	老天 lɔ⁵⁵tʰie⁵³
0563	菩萨统称	菩萨 pu³³so⁵⁵
0564	观音	观音菩萨 kuɛ⁵³in⁵⁵pu³³so⁵⁵
0565	灶神口头的叫法	灶司菩萨 tsɔ³³sɿ³³pu²¹so⁵⁵
0566	寺庙	庙 miɔ⁵⁵
0567	祠堂	祠堂 sɿ³³to³³
0568	和尚	和尚 u³³so⁵⁵
0569	尼姑	尼姑 ȵi³³ku⁵³
0570	道士	道士 tɔ²¹sɿ³³
0571	算命统称	算命 sɛ³³min⁵⁵
0572	运气	运气 yn⁵⁵tɕʰi³³
0573	保佑	保佑 pɔ²¹iɤɯ⁵⁵

九、人品称谓

编　号	词　条	方　言
0574	人一个~	人 in^{33}
0575	男人成年的，统称	男人家 nɛ^{33} in^{33} ko^{53}
0576	女人三四十岁已婚的，统称	女人家 y^{55} in^{33} ko^{53}
0577	单身汉	光棍 ko^{53} kuen^{213}
0578	老姑娘	老囡儿 lɔ^{21} no^{55} n^{0}
0579	婴儿	奶鸦＝儿 nɑ^{55} o^{53} n^{213} 月份更小 毛毛头 mɔ^{33} mɔ^{55} tɤɯ^{33}
0580	小孩三四岁的，统称	细人家 ɕie^{21} in^{33} ko^{53}
0581	男孩统称：外面有个~在哭	鬼儿 kue^{55} n^{0} 细鬼头 ɕie^{33} kue^{21} tɤɯ^{33}
0582	女孩统称：外面有个~在哭	细囡儿 ɕie^{33} no^{55} n^{0}
0583	老人七八十岁的，统称	老个家 lɔ^{21} in^{33} ko^{53}
0584	亲戚统称	亲戚 tɕʰin^{53} tɕʰiɐʔ^{5}
0585	朋友统称	朋友 poŋ^{33} iɤɯ^{33}
0586	邻居统称	隔壁邻舍 kɑ^{33} piɐʔ^{5} lin^{33} so^{55} 邻舍隔壁 lin^{33} so^{55} kɑ^{33} piɐʔ^{5}
0587	客人	客人 kʰɑ^{55} in^{55}
0588	农民	农民 loŋ^{33} min^{33}
0589	商人	做生意个 tsu^{33} se^{53} i^{21} kɐʔ^{5}
0590	手艺人统称	匠人师父 ɕie^{21} in^{55} sʅ^{53} fu^{0} 做手艺个 tsu^{33} sɤɯ^{21} ȵi^{55} kɐʔ^{5}
0591	泥水匠	泥水匠 ȵi^{33} ɕye^{21} ɕie^{55}
0592	木匠	木匠师父 mɐʔ^{12} ɕie^{55} sʅ^{53} fu^{213} 尊称 木匠 mɐʔ^{12} ɕie^{55}

续表

编　号	词　条	方　言
0593	裁缝	裁缝师父 sɛ³³foŋ³³sʅ⁵³fu²¹³
0594	理发师	剃头师父 tʰi³³tɤɯ³³sʅ⁵³fu²¹³
0595	厨师	厨师 tɕy³³sʅ⁵³
0596	师傅	师父 sʅ⁵³fu²¹³
0597	徒弟	徒弟 tu³³ti³³
0598	乞丐统称，非贬称	讨饭子 tʰɔ²¹fɛ⁵⁵tsʅ²¹³
0599	妓女	婊子 piɔ⁵⁵tsʅ²¹³
0600	流氓	流氓 liɤɯ²¹maŋ⁵⁵
0601	贼	贼骨头 sɐʔ¹²kuɐʔ³tɤɯ⁵⁵
0602	瞎子统称，非贬称	瞎子 ho⁵⁵tsʅ⁰
0603	聋子统称，非贬称	聋子 loŋ³³tsʅ²¹³
0604	哑巴统称，非贬称	哑子 o²¹tsʅ⁵⁵
0605	驼子统称，非贬称	驼背 tu³³pe³³
0606	瘸子统称，非贬称	跷子 tɕʰiɔ⁵³tsʅ²¹³
0607	疯子统称，非贬称	痴鬼 tsʰʅ⁵³kue²¹³
0608	傻子统称，非贬称	呆子 ŋɛ³³tsʅ²¹³
0609	笨蛋蠢的人	木大 mɐʔ²¹tu²¹³
0610	爷爷呼称，最通用的	爷爷 ia²¹ia⁵⁵
0611	奶奶呼称，最通用的	娘娘 ȵie²¹ȵie⁵⁵
0612	外祖父叙称	外公 ua⁵⁵koŋ⁵³
0613	外祖母叙称	外婆 ua³³pu⁵⁵
0614	父母合称	爷娘 ia³³ȵie³³
0615	父亲叙称	爷 ia³³
0616	母亲叙称	姆妈 m²¹ma⁵⁵

续表

编 号	词 条	方 言
0617	爸爸 呼称，最通用的	伯伯 pa²¹pa⁵⁵
0618	妈妈 呼称，最通用的	姆妈 m²¹ma⁵⁵
0619	继父 叙称	后爷 hɤɯ²¹ia³³
0620	继母 叙称	后娘 hɤɯ²¹ȵie³³ 晚娘 mɛ⁵⁵ȵie³³ 含贬义
0621	岳父 叙称	丈人 tsʰɛ⁵⁵in³³
0622	岳母 叙称	丈母 tsɛ²¹m³³
0623	公公 叙称	公 koŋ⁵³
0624	婆婆 叙称	婆 pu³³
0625	伯父 呼称，统称	老伯 lɔ²¹pa⁵⁵
0626	伯母 呼称，统称	老母 lɔ²¹m⁵⁵
0627	叔父 呼称，统称	叔叔 ɕyɐʔ³ɕyɐʔ⁵
0628	排行最小的叔父 呼称，如"幺叔"	细叔叔 ɕie³³ɕyɐʔ³ɕyɐʔ⁵
0629	叔母 呼称，统称	婶婶 sən⁵⁵sən²¹³
0630	姑 呼称，统称	五⁼娘 n⁵⁵ȵie⁵⁵
0631	姑父 呼称，统称	姑父 ku⁵³fu²¹³
0632	舅舅 呼称	舅舅 tɕiɤɯ²¹tɕiɤɯ³³
0633	舅妈 呼称	舅母 tɕiɤɯ²¹m³³
0634	姨 呼称，统称	大姨 tʰu²¹i⁵⁵ 比母大 细姨 ɕie²¹i⁵⁵ 比母小
0635	姨父 呼称，统称	姨父 i³³fu⁵³
0636	弟兄 合称	兄弟 soŋ⁵³ti²¹³ 弟兄 ti²¹soŋ⁵³
0637	姊妹 合称	姊妹 tɕi²¹me⁵⁵ 不包括男性
0638	哥哥 呼称，统称	大哥 ta²¹ku⁵⁵

续表

编　号	词　条	方　言
0639	嫂子_{呼称,统称}	嫂嫂 sɔ⁵⁵ sɔ⁵³
0640	弟弟_{叙称}	弟 ti²¹³
0641	弟媳_{叙称}	弟新妇 ti²¹ ɕin⁵³ fu²¹³ 弟妇 ti²¹ fu³³
0642	姐姐_{呼称,统称}	大姊 tɑ²¹ tɕi⁵⁵
0643	姐夫_{呼称}	姊夫 tɕi⁵⁵ fu⁵³
0644	妹妹_{叙称}	妹 me⁵⁵
0645	妹夫_{叙称}	妹夫 me⁵⁵ fu⁵³
0646	堂兄弟_{叙称,统称}	叔伯兄弟 ɕyʁʔ³ pa⁵⁵ soŋ⁵³ ti²¹³
0647	表兄弟_{叙称,统称}	表兄弟 piɔ⁵⁵ soŋ⁵³ ti²¹³
0648	妯娌_{弟兄妻子的合称}	叔伯母 ɕyʁʔ³ pa⁵⁵ m⁵⁵
0649	连襟_{姊妹丈夫的关系,叙称}	大细姨父 tʰu⁵⁵ ɕie³³ i³³ fu⁵³
0650	儿子_{叙称}	鬼儿 kue⁵⁵ n⁰
0651	儿媳妇_{叙称}	新妇 ɕin⁵³ fu²¹³
0652	女儿_{叙称}	囡儿 no⁵⁵ n⁰
0653	女婿_{叙称}	囡婿 no²¹ ɕi³³
0654	孙子_{儿子之子}	孙儿 sən⁵³ n²¹³
0655	重孙子_{儿子之孙}	玄孙 ȵye³³ sən⁵³
0656	侄子_{弟兄之子}	侄郎 tsʁʔ¹² no³³
0657	外甥_{姐妹之子}	外甥 uɑ⁵⁵ sʁ⁵³
0658	外孙_{女儿之子}	外甥 uɑ⁵⁵ sʁ⁵³
0659	夫妻_{合称}	两老嬷 nie⁵⁵ lɔ²¹ mo³³
0660	丈夫_{叙称,最通用的,非贬称}	老公 lɔ⁵⁵ koŋ⁵³
0661	妻子_{叙称,最通用的,非贬称}	老嬷 lɔ²¹ mo³³

编　号	词　条	方　言
0662	名字	名字 min³³sʅ⁵⁵
0663	绰号	绰号 tsʰo⁵⁵hɔ⁵⁵

十、农工商文

编　号	词　条	方　言
0664	干活儿_{统称：在地里～}	做生活 tsu³³sɛ⁵³o²¹³
0665	事情_{一件～}	事干 sʅ⁵⁵kɛ³³
0666	插秧	种田 tsoŋ³³tie³³
0667	割稻	割谷 ki³³kuɐʔ⁵
0668	种菜	种菜 tsoŋ³³tsʰɛ³³
0669	犁_{名词}	犁 li³³
0670	锄头	锄头 sʅ³³tɤɯ³³
0671	镰刀	钐镲 so⁵³tɕi²¹³
0672	把儿_{刀～}	柄 pin³³
0673	扁担	扁担 pie⁵⁵tɛ³³
0674	箩筐	箩 lu³³
0675	筛子_{统称}	筛 sɑ⁵³
0676	簸箕_{农具，有梁的}	粪箕 fən³³tɕi⁵³
0677	簸箕_{簸米用}	畚斗 pən⁵³tɤɯ²¹³
0678	独轮车	独轮车 tɐʔ¹²lən³³tsʰo⁵³
0679	轮子_{旧式的，如独轮车上的}	轮盘 lən³³pɛ³³
0680	碓_{整体}	水碓 ɕye²¹te⁵⁵

续表

编　号	词　条	方　言
0681	臼	舂臼 so⁵³ tɕiɤɯ²¹³
0682	磨名词	磨 m⁵⁵
0683	年成	年间 ȵie³³ kɛ⁵³
0684	走江湖统称	走江湖 tsɤɯ²¹ ko⁵³ u⁵⁵ 闯江湖 tsʰo⁵⁵ ko⁵³ u⁵⁵
0685	打工	打工 tɛ²¹ koŋ⁵³
0686	斧子	斧头 fu⁵⁵ tɤɯ³³
0687	钳子	钳 tɕie³³ 老虎钳 lɔ⁵⁵ hu²¹ tɕie³³
0688	螺丝刀	起子 tɕʰi³³ tsʅ⁵⁵
0689	锤子	铁锤 tʰie⁵⁵ tɕye³³
0690	钉子	洋钉 ȵie³³ tin⁵³老 铁钉 tʰie⁵⁵ tin⁵³新 钉 tin⁵³新
0691	绳子	绳 sən³³ 索 so⁵⁵较粗
0692	棍子	棍子 kuen²¹ tsʅ⁵⁵
0693	做买卖	做生意 tsu³³ sɛ⁵³ i²¹³
0694	商店	店 tie³³
0695	饭馆	饭店 fɛ⁵⁵ tie³³
0696	旅馆旧称	客栈 kʰɑ⁵⁵ tsɛ²¹³
0697	贵	贵 kue³³
0698	便宜	贱 ɕie⁵⁵老 便宜 pie³³ i³³新
0699	合算	划算 o³³ sɛ³³ 有划算 iɤɯ²¹ o³³ sɛ³³
0700	折扣	折头 tsʅ⁵⁵ tɤɯ³³

续表

编　号	词　条	方　言
0701	亏本	折本 $sʅ^{21}pən^{213}$老 亏本 $kʰue^{53}pən^{213}$新
0702	钱统称	洋钿 ȵiɛ^{33}tie^{33}老 钞票 tsʰɔ^{21}pʰiɔ^{55}新
0703	零钱	散票 sɛ^{21}pʰiɔ^{33}
0704	硬币	铅角子 kʰɛ^{53}ku^{55}tsʅ^{213}
0705	本钱	本钿 pən^{55}tie^{33}
0706	工钱	工钿 koŋ^{53}tie^{55}
0707	路费	盘缠 pɛ^{33}ɕye^{33}老 路费 lu^{55}fi^{33}新
0708	花～钱	用 ioŋ^{55}
0709	赚卖一斤能～一毛钱	趁 tsʰən^{33}
0710	挣打工～了一千块钱	趁 tsʰən^{33}
0711	欠～他十块钱	欠 tɕʰie^{33}
0712	算盘	算盘 sɛ^{21}pɛ^{55}
0713	秤统称	秤 tsʰən^{33}
0714	称用秆秤～	称 tsʰən^{53}
0715	赶集	（无）
0716	集市	（无）
0717	庙会	（无）
0718	学校	学堂 hu^{21}to^{33}
0719	教室	教室 tɕiɔ^{55}sɐʔ^{5}
0720	上学	上学 so^{21}hu^{213}
0721	放学	放学 fo^{33}hu^{213}
0722	考试	考试 kʰɔ^{21}sʅ^{55}

续表

编　号	词　条	方　言
0723	书包	书包袋 ɕy⁵³ pɔ²¹ tʰɛ⁵⁵ 书包 ɕy⁵³ pɔ²¹³
0724	本子	簿子 pu²¹ tsɿ²¹³
0725	铅笔	铅笔 kʰɛ⁵³ piɐʔ⁵
0726	钢笔	钢笔 ko⁵³ piɐʔ⁵
0727	圆珠笔	圆珠笔 yɛ̃²¹ tɕy³³ piɐʔ⁵
0728	毛笔	墨笔 mɐʔ¹² piɐʔ⁵ 老 毛笔 mɔ³³ piɐʔ⁵ 新
0729	墨	墨 mɐʔ¹²
0730	砚台	砚瓦 mie²¹ o⁵⁵ "砚"声殊
0731	信—封～	信 ɕin³³
0732	连环画	菩萨书 pu³³ so⁵⁵ ɕy⁵³
0733	捉迷藏	躲猫儿 tu²¹ mɔ⁵³ n²¹³
0734	跳绳	跳绳 tʰiɔ³³ sən³³
0735	毽子	钿ᐧ子 tie³³ tsɿ⁵⁵
0736	风筝	纸鹞儿 tsɿ²¹ iɔ³³ n⁵⁵
0737	舞狮	吊狮子 tiɔ³³ sɿ⁵³ tsɿ²¹³ 用线拉的 舞狮子 u²¹ sɿ⁵³ tsɿ²¹³ 人舞动的
0738	鞭炮 统称	响炮 ɕie²¹ pʰɔ⁵⁵
0739	唱歌	唱歌儿 tsʰo³³ ku⁵³ n²¹³
0740	演戏	做戏 tsu³³ ɕi³³
0741	锣鼓 统称	锣鼓 lu³³ ku²¹³
0742	二胡	胡琴 u³³ tɕin³³
0743	笛子	箫 ɕiɔ⁵³
0744	划拳	豁拳 huɑ⁵⁵ tɕye³³

续表

编 号	词 条	方 言
0745	下棋	走棋 $\text{ts}\gamma\text{w}^{21}\text{t}\varepsilon\text{i}^{33}$
0746	打扑克	打老 K $\text{t}\varepsilon^{21}\text{l}\mathfrak{o}^{21}\text{k}^\text{h}\text{e}^{55}$
0747	打麻将	搓麻雀 $\text{ts}^\text{h}\text{o}^{53}\text{mo}^{33}\text{t}\varepsilon\text{i}\text{e}\text{ʔ}^5$
0748	变魔术	变把戏 $\text{pie}^{33}\text{po}^{21}\varepsilon\text{i}^{55}$
0749	讲故事	讲故事 $\text{ko}^{21}\text{ku}^{55}\text{s}\mathfrak{l}^{213}$
0750	猜谜语	猜□ $\text{ts}^\text{h}\varepsilon^{53}\text{i}^{55}$
0751	玩儿游玩：到城里~	嬉 εi^{53}
0752	串门儿	嬉 εi^{53}
0753	走亲戚	嬉 εi^{53}

十一、动作行为

编 号	词 条	方 言
0754	看~电视	看 $\text{k}^\text{h}\varepsilon^{33}$
0755	听用耳朵~	听 $\text{t}^\text{h}\text{in}^{53}$
0756	闻嗅：用鼻子~	闻 mən^{33}
0757	吸~气	吸 $\varepsilon\text{i}\text{e}\text{ʔ}^5$
0758	睁~眼	撑 $\text{ts}^\text{h}\varepsilon^{53}$
0759	闭~眼	合 ki^{55}
0760	眨~眼	眨 tsa^{55}
0761	张~嘴	脈 $\text{p}^\text{h}\text{a}^{55}$
0762	闭~嘴	门= mən^{213}
0763	咬狗~人	咬 ŋo^{213}

续表

编　号	词　条	方　言
0764	嚼把肉~碎	咬 ŋɔ²¹³
0765	咽~下去	吞 tʰən⁵³
0766	舔人用舌头~	舔 tʰie²¹³
0767	含~在嘴里	含 he³³
0768	亲嘴	北⁼嘴 pɐʔ⁵ tɕye²¹³
0769	吮吸用嘴唇聚拢吸取液体,如吃奶时	㪫 tɕyɐʔ⁵
0770	吐上声,把果核儿~掉	吐 tʰu²¹³
0771	吐去声,呕吐:喝酒喝~了	吐 tʰu³³
0772	打喷嚏	打阿欠⁼tɛ²¹ ɐʔ⁵ tɕʰie²¹³
0773	拿用手把苹果~过来	担 tɛ⁵³
0774	给他~我一个苹果	八⁼po⁵⁵
0775	摸~头	摸 m⁵⁵
0776	伸~手	伸 sən⁵³
0777	挠~痒痒	抓 tsɔ⁵³ □ nɔ⁵³
0778	掐用拇指和食指的指甲~皮肉	扚 tiɐʔ⁵
0779	拧~螺丝	旋 ɕye⁵⁵
0780	拧~毛巾	绞 kɔ²¹³
0781	捻用拇指和食指来回~碎	搣 mi²¹³
0782	掰把橘子~开,把馒头~开	脈 pʰɑ⁵⁵
0783	剥~花生	剥 pu⁵⁵
0784	撕把纸~了	撕 tsʰ̩⁵³声殊
0785	折把树枝~断	压⁼ŋɑ⁵⁵
0786	拔~萝卜	摒 pe³³

编 号	词 条	方 言
0787	摘~花	摘 tsɑ⁵⁵
0788	站站立:~起来	徛 kɛ²¹³
0789	倚斜靠:~在墙上	隑 kʰɛ⁵⁵
0790	蹲~下	蹲 tən⁵³
0791	坐~下	坐 su²¹³
0792	跳青蛙~起来	跳 tʰiɔ³³
0793	迈跨过高物:从门槛上~过去	超 pʰɑ⁵⁵
0794	踩脚~在牛粪上	踩 tsʰɑ²¹³
0795	翘~腿	搁 ku⁵⁵
0796	弯~腰	覆 pʰɐʔ⁵
0797	挺~胸	挺 tʰin²¹³
0798	趴~着睡	覆 pʰɐʔ⁵
0799	爬小孩在地上~	爬 po³³
0800	走慢慢儿~	走 tsɣɯ²¹³
0801	跑慢慢儿走,别~	趨 piɐʔ¹²
0802	逃逃跑:小偷~走了	逃 tɔ³³
0803	追追赶:~小偷	追 tɕye⁵³
0804	抓~小偷	搭 kʰo³³
0805	抱把小孩~在怀里	抱 pɔ²¹³
0806	背~孩子	背 pe³³
0807	搀~老人	搀 tsʰɛ⁵³
0808	推几个人一起~汽车	缴 =tɕiɔ²¹³
0809	摔跌:小孩~倒了	核 =hɐʔ¹²
0810	撞人~到电线杆上	撞 tsʰo⁵⁵

续表

编　号	词　条	方　言
0811	挡你～住我了,我看不见	拦 nɛ³³
0812	躲躲藏:他～在床底下	躲 tu²¹³
0813	藏藏放,收藏:钱～在枕头下面	园 kʰo³³
0814	放把碗～在桌子上	园 kʰo³³
0815	摞把砖～起来	叠 tiɐʔ¹²
0816	埋～在地下	埋 mɑ³³
0817	盖把茶杯～上	盖 kɛ³³
0818	压用石头～住	压 ŋɑ⁵⁵
0819	摁用手指按:～图钉	揿 tɕʰin³³
0820	捅用棍子～鸟窝	捅 tʰoŋ²¹³ 毅 tɐʔ⁵
0821	插把香～到香炉里	插 tsʰo⁵⁵
0822	戳～个洞	戳 tsʰu⁵⁵ 毅 tɐʔ⁵
0823	砍～树	斫 tso⁵⁵
0824	剁把肉～碎做馅儿	斩 tsɛ⁵³ 调殊
0825	削～苹果	刨 pʰɔ⁵⁵ 用刨 削 ɕia⁵⁵ 用刀
0826	裂木板～开了	碱 kuɑ⁵⁵
0827	皱皮～起来	皱 tsɤɯ⁵³
0828	腐烂死鱼～了	烂 nɛ⁵⁵
0829	擦用毛巾～手	揩 kʰɑ⁵³
0830	倒把碗里的剩饭～掉	倒 tɔ²¹³
0831	扔丢弃:这个东西坏了,～了它	掼 kʰuɛ⁵⁵
0832	扔投掷:比一比谁～得远	掼 kʰuɛ⁵⁵

续表

编　号	词　　条	方　　言
0833	掉掉落,坠落:树上~下一个梨	脱 tʰɐʔ⁵
0834	滴水~下来	渧 tie³³
0835	丢丢失:钥匙~了	脱 tʰɐʔ⁵
0836	找寻找:钥匙~到	寻 ɕin³³
0837	捡~到十块钱	拾 ɕiɐʔ¹²
0838	提用手把篮子~起来	拎 lin⁵³
0839	挑~担	挑 tʰiɔ⁵³
0840	扛把锄头~在肩上	背 pe³³
0841	抬~轿	抬 tɛ³³
0842	举~旗子	迎＝in³³
0843	撑~伞	撑 tsʰɛ⁵³
0844	撬把门~开	撬 tɕʰiɔ²¹³
0845	挑挑选,选择:你自己~一个	择 tsɑ²¹³老 挑 tʰiɔ²¹³新
0846	收拾~东西	集 ɕiɐʔ¹² 收拾 sɤɯ⁵³sɐʔ⁵
0847	挽~袖子	卷 tɕye²¹³
0848	涮把杯子~一下	荡 to²¹³
0849	洗~衣服	汰 tʰɑ⁵⁵
0850	捞~鱼	捞 liɔ³³
0851	拴~牛	吊 tiɔ³³
0852	捆~起来	缚 fu²¹³
0853	解~绳子	解 kɑ²¹³
0854	挪~桌子	移 i³³
0855	端~碗	捧 pʰoŋ²¹³

续表

编　号	词　条	方　言
0856	摔碗~碎了	敲 $k^h ɔ^{53}$
0857	掺~水	冲 $ts^h oŋ^{53}$
0858	烧~柴	烧 $sɔ^{53}$
0859	拆~房子	拆 $ts^h ɑ^{55}$
0860	转~圈儿	旋 $ɕye^{55}$
0861	捶用拳头~	敲 $k^h ɔ^{53}$
0862	打统称:他~了我一下	敲 $k^h ɔ^{53}$
0863	打架动手:两个人在~	打架 $tɛ^{21} ko^{33}$
0864	休息	歇力 $ɕi^{55} liɐʔ^{12}$
0865	打哈欠	打花=海= $tɛ^{21} ho^{53} hɛ^{213}$
0866	打瞌睡	打瞌脘 $tɛ^{21} k^h ɐʔ^3 ts^h oŋ^{55}$
0867	睡他已经~了	睏 $k^h uen^{33}$
0868	打呼噜	打呼 $tɛ^{21} hu^{53}$
0869	做梦	做梦 $tsu^{33} moŋ^{55}$
0870	起床	爬[起来] $po^{33} tɕ^h iɛ^{213}$
0871	刷牙	汏牙齿 $t^h ɑ^{55} ŋo^{33} ts^h ʅ^{213}$
0872	洗澡	汏浴 $t^h ɑ^{55} yɐʔ^{12}$
0873	想思索:让我~一下	忖 $ts^h ən^{213}$
0874	想想念:我很~他	忖 $ts^h ən^{213}$ 想 $ɕie^{213}$
0875	打算我~开个店	划算 $o^{33} sɐ^{33}$ 想 $ɕie^{213}$
0876	记得	记着 $tɕi^{33} tsɐ^{55}$
0877	忘记	忘记 $mo^{55} tɕi^{33}$
0878	怕害怕:你别~	怕 $p^h o^{33}$

编 号	词 条	方 言
0879	相信我~你	相信 ɕie²¹ ɕin³³
0880	发愁	愁 sɣɯ³³
0881	小心过马路要~	小心 ɕiɔ⁵⁵ ɕin⁵³
0882	喜欢~看电视	欢喜 huɛ⁵³ ɕi²¹³
0883	讨厌~这个人	讨厌 tʰɔ⁵⁵ ȵie³³ 看弗来 kʰɛ³³ fɐʔ⁵ lɛ³³
0884	舒服凉风吹来很~	舒服 ɕy⁵³ fɐʔ⁵
0885	难受生理的	难过 nɛ³³ ku³³ 弗得过 fɐʔ⁵ tɐʔ⁵ ku³³
0886	难过心理的	难过 nɛ³³ ku³³
0887	高兴	开心 kʰɛ⁵³ ɕin⁵³ 高兴 kɔ²¹ ɕin³³
0888	生气	生气 sɛ⁵³ tɕʰi³³
0889	责怪	怪 kuɑ³³
0890	后悔	悔 huɛ³³
0891	忌妒	眼热 ŋɛ²¹ i³³ 旧 眼睛红 ŋɛ⁵⁵ tɕin⁵³ oŋ³³ 今
0892	害羞	怕倒霉 pʰo³³ tɔ⁵⁵ me³³
0893	丢脸	倒霉 tɔ⁵⁵ me³³ 弗有面子 fɐʔ⁵ iɣɯ²¹ mie⁵⁵ tsʅ²¹³
0894	欺负	欺负 tɕʰi⁵³ fu²¹³
0895	装~病	诈 tso⁵³
0896	疼~小孩儿	值钿 tsɐʔ¹² tie³³
0897	要我~这个	要 iɔ³³
0898	有我~一个孩子	有 iɣɯ²¹³
0899	没有他~孩子	弗有 fɐʔ⁵ iɣɯ²¹³

续表

编　号	词　　条	方　　言
0900	是我～老师	是 tsɿ²¹³
0901	不是他～老师	弗是 fɐʔ⁵tsɿ²¹³
0902	在他～家	对⁼ te²¹³
0903	不在他～家	弗对⁼ fɐʔ⁵te²¹³
0904	知道我～这件事	晓得 ɕiɔ²¹tɐʔ⁵
0905	不知道我～这件事	弗晓得 fɐʔ⁵ɕiɔ²¹tɐʔ⁵
0906	懂我～英语	懂 toŋ²¹³
0907	不懂我～英语	弗懂 fɐʔ⁵toŋ²¹³
0908	会我～开车	会 ue⁵⁵ …得来…tɐʔ⁵lɛ³³
0909	不会我～开车	［弗会］fe⁵⁵ 弗会 fɐʔ³ue⁵⁵ …弗来…fɐʔ⁵lɛ³³
0910	认识我～他	认着 in⁵⁵tsɑ⁰
0911	不认识我～他	认弗着 in⁵⁵fɐʔ⁵tsɑ²¹³
0912	行应答语	好个 hɔ²¹kɐʔ⁵
0913	不行应答语	弗好 fɐʔ⁵hɔ²¹³
0914	肯～来	肯 kʰən²¹³
0915	应该～去	应该 in⁵⁵kɛ⁵³
0916	可以～去	好 hɔ²¹³
0917	说～话	讲 ko²¹³
0918	话说～	白话 pɑ²¹o⁵⁵
0919	聊天儿	谈天 tɛ³³tʰie⁵³
0920	叫～他一声儿	讴 ɤɯ⁵³
0921	吆喝大声喊	□ yɑ⁵³

编 号	词 条	方 言
0922	哭 小孩~	哭 kʰʊɐʔ⁵
0923	骂 当面~人	骂 mo⁵⁵
0924	吵架 动嘴:两个人在~	争口 tsɛ⁵³ kʰɤɯ²¹³
0925	骗 ~人	骗 pʰie³³
0926	哄 ~小孩	骗 pʰie³³
0927	撒谎	生鬼话 sɛ⁵³ kue²¹ o⁵⁵
0928	吹牛	吹牛皮 tɕʰye⁵³ ɲiɤɯ³³ pi³³
0929	拍马屁	拍马屁 pʰɐʔ⁵ mo²¹ pʰi³³ 托马屁 tʰo⁵⁵ mo²¹ pʰi³³
0930	开玩笑	搞嬉嬉 kɔ¹³ ɕi⁵³ ɕi²¹³ 老 开玩笑 kʰɛ⁵³ uɛ̃²¹ ɕio⁵⁵ 新
0931	告诉 ~他	对…讲 te³³…ko²¹³
0932	谢谢 致谢语	谢谢 ɕie⁵⁵ ɕie⁵⁵
0933	对不起 致歉语	对弗住 te³³ fɐʔ³ tɕʰy⁵⁵
0934	再见 告别语	再会 tsɛ³³ ue⁵⁵

十二、性质状态

编 号	词 条	方 言
0935	大苹果~	大 tʰu⁵⁵
0936	小苹果~	细 ɕie³³
0937	粗绳子~	粗 tsʰu⁵³
0938	细绳子~	细 ɕi³³
0939	长线~	长 tsɛ³³

续表

编 号	词 条	方 言
0940	短线~	短 tɛ²¹³
0941	长时间~	长 tsɛ³³
0942	短时间~	短 tɛ²¹³
0943	宽路~	阔 kʰo⁵⁵
0944	宽敞房子~	宽空 kʰuɛ⁵³ kʰoŋ²¹³
0945	窄路~	狭 ho²¹³
0946	高飞机飞得~	高 kɔ⁵³
0947	低鸟飞得~	低 ti⁵³
0948	高他比我~	长 tsɛ³³老 高 kɔ⁵³新
0949	矮他比我~	短 tɛ²¹³老 矮 ŋɑ²¹³新
0950	远路~	远 ȵye²¹³
0951	近路~	近 tɕin²¹³
0952	深水~	深 sən⁵³
0953	浅水~	浅 tɕʰie²¹³
0954	清水~	清 tɕʰin⁵³
0955	浑水~	浑 uen³³
0956	圆	圆 ȵye³³
0957	扁	扁 pie²¹³
0958	方	方 fo⁵³
0959	尖	尖 tɕie⁵³
0960	平	平 pin³³
0961	肥~肉	肥 fi³³
0962	瘦~肉	精 tɕin⁵³

编　号	词　条	方　言
0963	肥形容猪等动物	壮 tso³³
0964	胖形容人	壮 tso³³
0965	瘦形容人、动物	瘦 sɤɯ³³
0966	黑黑板的颜色	黑 hʁʔ⁵
0967	白雪的颜色	白 pɑ²¹³
0968	红国旗的主颜色,统称	红 oŋ³³
0969	黄国旗上五星的颜色	黄 ŋo³³
0970	蓝蓝天的颜色	蓝 nɛ³³
0971	绿绿叶的颜色	绿 lɐʔ¹²
0972	紫紫药水的颜色	紫 tsɿ²¹³
0973	灰草木灰的颜色	灰 hue⁵³
0974	多东西～	多 tu⁵³ 木佬佬 mɐʔ¹²lɔ⁵⁵lɔ⁰
0975	少东西～	少 sɔ²¹³
0976	重担子～	重 tsoŋ²¹³
0977	轻担子～	轻 tɕʰin⁵³
0978	直线～	直 tsɐʔ¹²
0979	陡坡～,楼梯～	竖 ɕy²¹³
0980	弯弯曲:这条路是～的	弯 uɛ⁵³
0981	歪帽子戴～了	歪 uɑ⁵³
0982	厚木板～	厚 hɤɯ²¹³
0983	薄木板～	薄 pu²¹³
0984	稠稀饭～	厚 hɤɯ²¹³
0985	稀稀饭～	薄 pu²¹³

续表

编　号	词　条	方　言
0986	密菜种得～	密 miɐʔ^{12}
0987	稀稀疏:菜种得～	稀 ɕi^{53}
0988	亮指光线,明亮	亮 nie^{55}
0989	黑指光线,完全看不见	黑 hɐʔ^{5}
0990	热天气～	热 ȵi^{213}
0991	暖和天气～	暖和 ne^{21} u^{55}
0992	凉天气～	凉快 nie^{33} kʰuɑ^{33}
0993	冷天气～	冷 ne^{213}
0994	热水～	热 ȵi^{213}
0995	凉水～	凉 nie^{33}
0996	干干燥:衣服晒～了	燥 sɔ^{33}
0997	湿潮湿:衣服淋～了	湿 sɐʔ^{5}
0998	干净衣服～	干净 ke^{53} ɕin^{213}
0999	脏肮脏,不干净,统称:衣服～	齷齪 u^{55} tsʰu^{33}
1000	快锋利:刀子～	快 kʰuɑ^{33}
1001	钝刀～	钝 tʰən^{55}
1002	快坐车比走路～	快 kʰuɑ^{33}
1003	慢走路比坐车～	慢 mɛ^{55}
1004	早来得～	早 tsɔ^{213}
1005	晚来～了	迟 tsʅ^{33}
1006	晚天色～	迟 tsʅ^{33}
1007	松捆得～	松 soŋ^{53}
1008	紧捆得～	紧 tɕin^{213}

续表

编　号	词　条	方　言
1009	容易这道题~	容易 ioŋ³³i⁵⁵ 简单 tɕie⁵⁵tɛ⁵³
1010	难这道题~	难 nɛ³³
1011	新衣服~	新 ɕin⁵³
1012	旧衣服~	旧 tɕʰiɤɯ⁵⁵
1013	老人~	老 lɔ²¹³ 年纪大 ȵie³³tɕi³³tʰu⁵⁵
1014	年轻人~	年纪轻 ȵie³³tɕi³³tɕʰin⁵³
1015	软糖~	软 ȵye²¹³
1016	硬骨头~	硬 ŋɛ⁵⁵
1017	烂肉煮得~	霉⁼me³³
1018	糊饭烧~了	焦 tɕiɔ⁵³
1019	结实家具~	扎制⁼tso⁵⁵tsɿ⁵⁵ 牢 lɔ³³
1020	破衣服~	破 pʰɑ³³
1021	富他家很~	有 iɤɯ²¹³
1022	穷他家很~	穷 tsoŋ³³
1023	忙最近很~	忙 mɔ³³
1024	闲最近比较~	空 kʰoŋ³³
1025	累走路走得很~	吃力 tɕʰiɐʔ⁵liɐʔ¹²
1026	疼摔~了	痛 tʰoŋ³³
1027	痒皮肤~	痒 ȵiɛ²¹³
1028	热闹看戏的地方很~	闹热 nɔ³³ȵi⁵⁵
1029	熟悉这个地方我很~	熟 ɕyɐʔ¹²
1030	陌生这个地方我很~	陌生 mɑ²¹sɛ⁵³

续表

编　号	词　条	方　言
1031	味道尝尝~	味道 fi²¹ tɔ⁵⁵
1032	气味闻闻~	气息 tɕʰi³³ ɕiɐʔ⁵
1033	咸菜~	咸 hɛ³³
1034	淡菜~	淡 tɛ²¹³
1035	酸	酸 suɛ⁵³
1036	甜	甜 tie³³
1037	苦	苦 kʰu²¹³
1038	辣	辣 lo²¹³
1039	鲜鱼汤~	鲜味 ɕie⁵³ fi⁵⁵
1040	香	香 ɕie⁵³
1041	臭	臭 tsʰɤɯ³³
1042	馊饭~	馊气 sɤɯ⁵³ tɕʰi⁵⁵
1043	腥鱼~	腥气 ɕin⁵³ tɕʰi⁵⁵
1044	好人~	好 hɔ²¹³
1045	坏人~	坏 uɑ⁵⁵
1046	差东西质量~	差 tsʰo⁵³ 疲 ɕiɐʔ⁵ 蹩脚 piɐʔ¹² tɕiɐʔ¹²
1047	对账算~了	对 te³³
1048	错账算~了	错 tsʰu³³
1049	漂亮形容年轻女性的长相:她很~	齐整 ɕi³³ tsən²¹³ 老 漂亮 pʰiɔ²¹ nie⁵⁵ 新 好看 hɔ⁵⁵ kʰɛ³³ 新
1050	丑形容人的长相:猪八戒很~	难看 nɛ³³ kʰɛ³³
1051	勤快	勤力 tɕin³³ liɐʔ¹²

续表

编 号	词 条	方 言
1052	懒	懒病 nɛ²¹ pʰin⁵⁵
1053	乖	听白话 tʰin⁵³ pɑ²¹o⁵⁵
1054	顽皮	顽皮 uɛ³³ pi³³ 蛮 mɛ³³
1055	老实	老实 lɔ²¹ sɐʔ¹²
1056	傻痴呆	呆 ŋɛ³³
1057	笨蠢	木 mɐʔ¹²
1058	大方不吝啬	大气 tʰu⁵⁵ tɕʰi³³
1059	小气吝啬	小气 ɕiə²¹ tɕʰi⁵⁵ 小毛 ɕiə⁵⁵ mɔ³³
1060	直爽性格~	直爽 tsɐʔ¹² so²¹³ 爽快 so²¹ kʰuɑ⁵⁵
1061	犟脾气~	犟 tɕie²¹³

十三、数 量

编 号	词 条	方 言
1062	一~二三四五……,下同	一 iɐʔ⁵
1063	二	两 nie²¹³
1064	三	三 sɛ⁵³
1065	四	四 ɕi³³
1066	五	五 n̩²¹³
1067	六	六 lɐʔ¹²
1068	七	七 tɕʰiɐʔ⁵
1069	八	八 po⁵⁵

续表

编　号	词　条	方　言
1070	九	九 tɕiɤɯ²¹³
1071	十	十 sɐʔ¹²
1072	二十有无合音	二十 n⁵⁵sɐʔ⁰
1073	三十有无合音	三十 sɛ⁵³sɐʔ⁵ "十"调殊
1074	一百	一百 iɐʔ³pɑ⁵⁵
1075	一千	一千 iɐʔ⁵tɕʰie⁵³
1076	一万	一万 iɐʔ³uɛ⁵⁵
1077	一百零五	一百零五 iɐʔ³pɑ⁵⁵lin³³n²¹³
1078	一百五十	一百五十 iɐʔ³pɑ⁵⁵n²¹sɐʔ¹²
1079	第一~,第二	第一 tʰi⁵⁵iɐʔ⁵
1080	二两重量	二两 n⁵⁵nie⁰
1081	几个你有~孩子?	几个 tɕi¹³kɑ³³
1082	俩你们~	两个 nie²¹kɑ³³
1083	仨你们~	三个 sɛ⁵³kɑ⁵⁵
1084	个把	个把 kɑ³³po⁵⁵
1085	个一~人	个 kɐʔ⁵
1086	匹一~马	匹 pʰiɐʔ⁵
1087	头一~牛	只 tsɑ⁵⁵
1088	头一~猪	只 tsɑ⁵⁵
1089	只一~狗	只 tsɑ⁵⁵
1090	只一~鸡	只 tsɑ⁵⁵
1091	只一~蚊子	个 kɐʔ⁵
1092	条一~鱼	个 kɐʔ⁵
1093	条一~蛇	根 kən⁵³

续表

编　号	词　条	方　言
1094	张一～嘴	张 tsɛ⁵³
1095	张一～桌子	张 tsɛ⁵³
1096	床一～被子	条 tiɔ³³
1097	领一～席子	领 lin²¹³
1098	双一～鞋	双 so⁵³
1099	把一～刀	把 po²¹³
1100	把一～锁	把 po²¹³
1101	根一～绳子	根 kən⁵³
1102	支一～毛笔	支 tsʅ⁵³
1103	副一～眼镜	副 fu³³
1104	面一～镜子	面 mie⁵⁵
1105	块一～香皂	块 kʰue³³
1106	辆一～车	部 pu²¹³
1107	座一～房子	退 tʰe³³
1108	座一～桥	座 su²¹³ 条 tiɔ³³
1109	条一～河	条 tiɔ³³
1110	条一～路	条 tiɔ³³
1111	棵一～树	根 kən⁵³
1112	朵一～花	朵 tu³³ 调殊
1113	颗一～珠子	颗 kʰu⁵³
1114	粒一～米	颗 kʰu⁵³
1115	顿一～饭	餐 tsʰɛ⁵³
1116	剂一～中药	帖 tʰie⁵⁵

续表

编　号	词　　条	方　　言
1117	股一~香味	股 ku^{33}
1118	行一~字	埭 t^{h}ɑ^{55}
1119	块一~钱	块 k^{h}ue^{33}
1120	毛角:一~钱	角 ku^{55}
1121	件一~事情	样 ȵie^{55}
1122	点儿一~东西	点点儿 tie^{33}tie^{55}n^{0}
1123	些一~东西	些 sɐʔ^{5}
1124	下打一~,动量词,不是时量词	下 ho^{55}
1125	会儿坐了一~	下儿 ho^{55}n^{0}
1126	顿打一~	操＝ts^{h}ɔ^{53} 顿 tən^{33}
1127	阵下了一~雨	阵 ts^{h}ən^{55}
1128	趟去了一~	趟 t^{h}o^{33} 回 ue^{33}

十四、代副介连词

编　号	词　　条	方　　言
1129	我~姓王	卬 ɑŋ^{213}
1130	你~也姓王	尔 n^{213}
1131	您尊称	（无）
1132	他~姓张	渠 ki^{33}
1133	我们不包括听话人:你们别去,~去	我拉 ɑ^{21}lɑ^{55}
1134	咱们包括听话人:他们不去,~去吧	尔下＝n^{21}ho^{55}

续表

编　号	词　条	方　言
1135	你们~去	尔拉 n²¹ nɑ²¹³
1136	他们~去	渠拉 ki³³ la⁵³ / ki³³ la⁰
1137	大家~一起干	大家 tʰa⁵⁵ ko⁵³
1138	自己我~做的	自盖= ɕi⁵⁵ kɛ³³
1139	别人这是~的	别个 pi²¹ kɑ³³
1140	我爸~今年八十岁	卬伯伯 aŋ¹³ pɑ²¹ pɑ⁵⁵
1141	你爸~在家吗?	尔伯伯 n¹³ pɑ²¹ pɑ⁵⁵
1142	他爸~去世了	渠伯伯 ki³³ pɑ²¹ pɑ⁵⁵
1143	这个我要~,不要那个	葛个 kɐʔ³ kɑ⁵⁵
1144	那个我要这个,不要~	末个 mɐʔ¹² kɑ⁵⁵
1145	哪个你要~杯子?	哪个 la⁵⁵ kɑ³³
1146	谁你找~?	哪个 la⁵⁵ kɑ³³
1147	这里在~,不在那里	葛里 kɐʔ³ li⁵⁵
1148	那里在这里,不在~	末里 mɐʔ¹² li⁵⁵
1149	哪里你到~去?	哪里 la⁵⁵ li⁰
1150	这样事情是~的,不是那样的	葛吤 kɐʔ³ tɕiɛ²¹³
1151	那样事情是这样的,不是~的	末吤 mɐʔ¹² tɕiɛ²¹³
1152	怎样什么样:你要~的?	核=吤样子 hɐʔ¹² tɕiɛ²¹ ȵiɛ⁵⁵ tsɿ²¹³ 啥哩样子 so⁵⁵ li⁰ ȵiɛ⁵⁵ tsɿ²¹³
1153	这么~贵啊	葛吤 kɐʔ³ tɕiɛ²¹³
1154	怎么这个字~写?	核=吤 hɐʔ¹² tɕiɛ²¹³
1155	什么这个是~字?	啥哩 so⁵⁵ li⁰
1156	什么你找~?	啥哩 so⁵⁵ li⁰ 啥哩东西 so⁵⁵ li⁰ toŋ⁵³ ɕi²¹³
1157	为什么你~不去?。	为啥哩 ue³³ so⁵⁵ li⁰

续表

编 号	词 条	方 言
1158	干什么你在~?	做啥哩 tsu³³ sɔ⁵⁵ li⁰
1159	多少这个村有~人?	多少 tu⁵³ sɔ²¹³
1160	很今天~热	有点 iɤɯ²¹ tie⁵⁵
1161	非常比上条程度深:今天~热	交关 tɕiɔ²¹ kuɛ⁵⁵
1162	更今天比昨天~热	还要 uɑ³³ iɔ⁵⁵
1163	太这个东西~贵,买不起	忒 tʰɐʔ⁵ 老 太 tʰɛ⁵⁵ 新
1164	最弟兄三个中他~高	顶 tin²¹³
1165	都大家~来了	统 tʰoŋ⁵⁵ 都 tu⁵⁵
1166	一共~多少钱?	一共 iɐʔ⁵ koŋ²¹³
1167	一起我和你~去	一起 iɐʔ⁵ tɕʰi²¹³
1168	只我~去过一趟	就 ɕiɤɯ⁵⁵
1169	刚这双鞋我穿着~好	刚刚好 kɛ⁵³ kɛ¹³ hɔ²¹³
1170	刚我~到	还置⁼ uɑ³³ tsʅ⁵⁵ 老 刚刚 kɛ⁵³ kɛ²¹³ 新
1171	才你怎么~来啊?	还置⁼ uɑ³³ tsʅ⁵⁵
1172	就我吃了饭~去	就 ɕiɤɯ⁵⁵
1173	经常我~去	专门 tɕye⁵³ mən⁵⁵
1174	又他~来了	又 iɤɯ⁵⁵
1175	还他~没回家	还 ɐʔ⁵
1176	再你明天~来	再 tsɛ³³
1177	也我~去;我~是老师	也 iɛ⁵⁵
1178	反正不用急,~还来得及	反正 fɛ̃⁵⁵ tsən⁵⁵
1179	没有昨天我~去	还未 ɐʔ³ mi⁵⁵

编　号	词　条	方　言
1180	不 明天我~去	弗 fɐʔ⁵
1181	别 你~去	弗要 fɐʔ³ iɔ⁵⁵
1182	甭 不用,不必:你~客气	弗用 fɐʔ³ ioŋ⁵⁵ 弗要 fɐʔ³ iɔ⁵⁵
1183	快 天~亮了	快 kʰuɑ³³
1184	差点儿 ~摔倒了	推扳一点 tʰe⁵³ pɛ²¹ iɐʔ³ tie⁵⁵
1185	宁可 ~买贵的	情愿 ɕin³³ n̠ye⁵⁵
1186	故意 ~打破的	特意 tɐʔ¹² i⁵⁵
1187	随便 ~弄一下	随便 ɕye³³ pʰie⁵⁵ /ye³³ pʰie⁵⁵
1188	白 ~跑一趟	白 pɑ²¹³
1189	肯定 ~是他干的	一定 iɐʔ³ tʰin⁵⁵
1190	可能 ~是他干的	可能 kʰo⁵⁵ lən⁰
1191	一边 ~走,~说	边 pie⁵³ 一边 iɐʔ⁵ pie⁵³
1192	和我 ~他都姓王	对 te³³
1193	和我昨天 ~他去城里了	对 te³³
1194	对他 ~我很好	对 te³³
1195	往 ~东走	毛= mɔ³³
1196	向 ~他借一本书	问 mən⁵⁵
1197	按 ~他的要求做	根据 kən⁵³ tɕy⁵⁵
1198	替 ~他写信	帮衬 pɛ⁵³ tsʰən²¹³ 帮 pɛ⁵³
1199	如果 ~忙你就别来了	如果 y³³ ku³³
1200	不管 ~怎么劝他都不听	弗管 fɐʔ⁵ kuɛ²¹³

第四章　语　法

0001　小张昨天钓了一条大鱼，我没有钓到鱼。

小张昨日钓着一个大鱼，卬未钓着。

ɕiɔ⁵⁵ tsaŋ³³ so²¹ ieʔ¹² ciɔ³³ tsɑ³³ ieʔ³ keʔ⁵ tʰu⁵⁵ n³³ , ɑŋ²¹³ mi⁵⁵ tiɔ³³ tsɑ⁵⁵ 。

0002　a. 你平时抽烟吗？ b. 不，我不抽烟。

a. 尔平时吃烟弗个？/尔平时吃弗吃烟个？ b. 卬弗吃烟个。

a. n²¹³ pin³³ sɿ³³ tɕʰieʔ⁵ ie⁵³ feʔ³ keʔ⁵ ？ /n²¹³ pin³³ sɿ³³ tɕʰieʔ⁵ feʔ³ tɕʰieʔ⁵

ie⁵³ keʔ⁰ ？ b. ɑŋ²¹³ feʔ⁵ tɕʰieʔ⁵ ie⁵³ keʔ⁰ 。

0003　a. 你告诉他这件事了吗？ b. 是，我告诉他了。

a. 葛个事干尔对渠讲过未？ b. 卬对渠讲过罢。

a. keʔ³ keʔ⁵ sɿ⁵⁵ kɛ³³ n²¹ te⁵⁵ ki³³ ko²¹ ku⁵⁵ mi⁵⁵ ？

b. ɑŋ²¹³ te⁵⁵ ki³³ ko²¹ ku⁵⁵ peʔ⁵ 。

0004　你吃米饭还是吃馒头？

尔吃饭还是吃馒头？

n²¹³ tɕʰieʔ³ fɛ⁵⁵ ua⁵⁵ tsɿ³³ tɕʰieʔ⁵ me³³ tɤɯ³³ ？

0005　你到底答应不答应他？

尔到底答弗答应渠？

n²¹³ tɔ⁵⁵ ti⁰ to⁵⁵ feʔ⁵ to⁵⁵ in⁵⁵ ki³³ ？

0006　a. 叫小强一起去电影院看《刘三姐》。

b. 这部电影他看过了。/他这部电影看过了。/他看过这部

电影了。

a. 讴小强一起去电影院看《刘三姊》。b. 葛个电影渠看过

罢。/渠葛个电影看过罢。/渠看过葛个电影罢。

a. ɣɯ⁵³ɕiɔ⁵⁵tɕʰiaŋ⁰ieʔ⁵tɕʰi²¹kʰi³³tiɛ̃²¹in⁵⁵yɛ̃²¹³kʰɛ³³liɣɯ²¹sɛ̃³³tɕi⁵⁵。

b. kɐʔ³kɐʔ⁵tiɛ̃²¹in⁵⁵ki³³kʰɛ³³ku⁵⁵pɐʔ⁰。/ki³³kɐʔ³kɐʔ⁵tiɛ̃²¹in⁵⁵

kʰɛ³³ku⁵⁵pɐʔ⁰。/ki³³kʰɛ³³ku⁵⁵kɐʔ³kɐʔ⁵tiɛ̃²¹in⁵⁵pɐʔ⁰。

0007　你把碗洗一下。

尔八＝碗汰一下。

n²¹³po⁵⁵uɛ²¹³tʰa⁵⁵ieʔ⁵ho⁰。

0008　他把橘子剥了皮，但是没吃。

渠八＝橘子皮剥掉，就是还未吃。

ki³³po⁵⁵tɕyɐʔ⁵tsɿ²¹pi³³pu⁵⁵tʰiɔ⁵⁵，ɕiɣɯ⁵⁵tsɿ²¹³ɐʔ³mi⁵⁵tɕʰieʔ⁵。

0009　他们把教室都装上了空调。

渠拉八＝教室里都装上空调。

ki³³la⁰po⁵⁵tɕɕiɔ⁵⁵sɐʔ⁵li⁵⁵tu⁵⁵tso⁵³so²¹kʰoŋ³³tʰiɔ²¹¹。

0010　帽子被风吹走了。

帽让风吹掉罢。

mɔ⁵⁵ȵiɛ⁵⁵foŋ⁵³tɕʰye⁵³tʰiɔ²¹pɐʔ⁵。

0011　张明被坏人抢走了一个包，人也差点儿被打伤。

张明让坏人抢去一个包，人也推扳一点让别个敲伤。

tsaŋ³³min²¹¹ȵiɛ⁵⁵ua⁵⁵in³³tɕʰie²¹kʰi³³ieʔ³kɐʔ⁵pɔ⁵³，in³³iɛ⁵⁵tʰe⁵³

pɛ²¹ieʔ³tie⁵⁵ȵiɛ⁵⁵pi²¹ka³³kʰɔ⁵³so⁵³。

0012 快要下雨了，你们别出去了。

快落雨罢，尔拉弗要出去。

kʰuɑ³³lɔʔ²¹y²¹pɐʔ⁰,n²¹nɑ²¹³fɐʔ³iɔ⁵⁵tɕʰyɐʔ⁵kʰi³³。

0013 这毛巾很脏了，扔了它吧。

葛块面布齷齪罢，掼掉渠。

kɐʔ³kʰue⁵⁵mie⁵⁵pu³³u⁵⁵tsʰu³³pɐʔ⁰,kʰue⁵⁵tʰiɔ⁰ki³³。

0014 我们是在车站买的车票。

卬拉是对⁼车站里买个车票。

ɑŋ²¹lɑ²¹³tsʅ²¹te²¹tsʰo⁵³tsɛ²¹li⁵⁵mɑ²¹kɐʔ³tsʰo⁵³pʰiɔ³³。

0015 墙上贴着一张地图。

一张地图贴得墙壁上。/墙壁上贴一张地图。

iɐʔ⁵tsɛ⁵³ti¹³tʰu²¹¹tʰie⁵⁵tɐʔ⁵ɕie³³piɐʔ⁵so⁵⁵。/ɕie³³piɐʔ⁵so⁵⁵tʰie⁵⁵
iɐʔ⁵tsɛ⁵³ti¹³tʰu²¹¹。

0016 床上躺着一个老人。

一个老人家眠得床铺上。/床铺上眠一个老人家。

iɐʔ³kɐʔ⁵lɔ²¹in³³ko⁵³kʰuen³³tɐʔ⁵so³³pu³³so⁵⁵。/so³³pu³³so⁵⁵kʰuen³³
iɐʔ³kɐʔ⁵lɔ²¹in³³ko⁵³。

0017 河里游着好多小鱼。

有木佬佬细鱼对⁼墈⁼板⁼里游来游去。/磡⁼板⁼里有木佬
佬细鱼游来游去。

iɤɯ²¹mɐʔ¹²lɔ⁵⁵lɔ⁰ɕie³³n³³te²¹kʰɛ²¹pɐ⁵⁵li⁵⁵iɤɯ³³lɛ³³iɤɯ³³kʰi³³。/
kʰɛ²¹pɐ⁵⁵li⁵⁵iɤɯ²¹mɐʔ¹²lɔ⁵⁵lɔ⁰ɕie³³n³³iɤɯ³³lɛ³³iɤɯ³³kʰi³³。

0018 前面走来了一个胖胖的小男孩。

前头走来一个滚壮个鬼儿。

ɕie³³tɤɯ³³tsɤɯ²¹lɛ³³iɐʔ³kɐʔ⁵kuen¹³tso³³kɐʔ³kue⁵⁵n⁰。

0019　他家一下子死了三头猪。

渠家里一下儿死掉三只猪。

ki³³ko⁵³li²¹³iɐʔ³ho⁵⁵n̥⁰ɕi²¹tʰiɔ⁵⁵sɛ⁵³tsɑ⁵⁵tsʅ⁵³。

0020　这辆汽车要开到广州去。/这辆汽车要开去广州。

葛部汽车要开到广州去。

kɐʔ³pu¹³tɕʰi³³tsʰo⁵³iɔ³³kʰɛ⁵³tɔ³³kuaŋ⁵⁵tsɤɯ³³kʰi³³。

0021　学生们坐汽车坐了两整天了。

葛些学生坐汽车坐了两日两夜。

kɐʔ³sɐʔ⁵hu²¹sɛ⁵³su²¹tɕʰi³³tsʰo⁵³su²¹lɐʔ⁵nie²¹iɐʔ¹²nie²¹iɑ⁵⁵。

0022　你尝尝他做的点心再走吧。

尔尝尝渠做个点心再去。

n²¹³so³³so³³ki³³tsu³³kɐʔ³tie⁵⁵ɕin⁰tsɛ³³kʰi³³。

0023　a. 你在唱什么？ b. 我没在唱，我放着录音呢。

a. 尔对＝末里唱啥哩？ b. 卬还未唱，卬对＝葛里放录音。

a. n²¹³te²¹mɐʔ¹²li⁵⁵tsʰo³³so⁵⁵li⁰？

b. ɑŋ²¹³ɐʔ³mi⁵⁵tsʰo³³，ɑŋ²¹³te²¹kɐʔ³li⁵⁵fo³³lɐʔ¹²in³³。

0024　a. 我吃过兔子肉，你吃过没有？ b. 没有，我没吃过。

a. 卬吃过兔儿肉，尔吃过未？ b. 还未，卬还未吃过。

a. ɑŋ²¹³tɕʰiɐʔ³ku⁵⁵tʰu³³n⁵⁵n̠yɐʔ¹²，n²¹³tɕʰiɐʔ³ku⁵⁵mi⁵⁵？

b. ɐʔ³mi⁵⁵，ɑŋ²¹³ɐʔ³mi⁵⁵tɕʰiɐʔ⁵ku³³。

0025　我洗过澡了，今天不打篮球了。

卬浴汏过罢，今朝弗去打篮球。

ɑŋ²¹³yɐʔ¹²tʰɑ⁵⁵ku⁵⁵pɐʔ⁵，tɕin⁵³tsɔ²¹³fɐʔ⁵kʰi³³tɛ²¹nɛ³³tɕiɤɯ³³。

0026　我算得太快算错了，让我重新算一遍。

卬算得忒快算错罢，让卬算遍过。/卬算得忒快算错罢，让

卬再算一遍。

aŋ²¹³ sɛ³³ teʔ⁵ tʰeʔ⁵ kʰua³³ sɛ³³ tsʰu³³ peʔ⁵，ȵie⁵⁵ aŋ²¹³ sɛ³³ pie⁵⁵ ku³³。／
aŋ²¹³ sɛ³³ teʔ⁵ tʰeʔ⁵ kʰua³³ sɛ³³ tsʰu³³ peʔ⁵，ȵie⁵⁵ aŋ²¹³ tsɛ⁵⁵ sɛ³³ ieʔ⁵ pie³³

0027　他一高兴就唱起歌来了。

渠一高兴就唱歌儿罢。"儿"音殊

ki³³ ieʔ⁵ kɔ³³ ɕin⁵⁵ ɕiɤɯ⁵⁵ tsʰo³³ ku⁵³ m²¹ peʔ⁵。

0028　谁刚才议论我老师来着？

还置⁼葛下哪个对⁼葛里谈论卬个老师？

ua³³ tsɿ⁵⁵ keʔ⁵ ho⁵⁵ la⁵⁵ ka³³ te²¹ keʔ⁵ li⁵⁵ tɛ³³ lən⁵⁵ aŋ²¹ keʔ⁵ lɔ⁵⁵ sɿ³³？

0029　只写了一半，还得写下去。

还置⁼写嘚一半，还要写落去。

ua³³ tsɿ⁵⁵ ɕie²¹ teʔ⁵ ieʔ⁵ pɛ³³，ua³³ iɔ⁵⁵ ɕie²¹ lo¹³ kʰi³³。

0030　你才吃了一碗米饭，再吃一碗吧。

尔还置⁼吃一碗饭，吃一碗添。

n²¹³ ua³³ tsɿ⁵⁵ tɕʰieʔ⁵ ieʔ⁵ ue²¹ fɛ⁵⁵，tɕʰieʔ⁵ ieʔ⁵ ue²¹ tʰie⁵³。

0031　让孩子们先走，你再把展览仔仔细细地看一遍。

让细人家先走起，尔再八⁼展览会仔仔细细个看一遍。

ȵie⁵⁵ ɕie²¹ in³³ ko⁵³ ɕie⁵³ tsɤɯ¹³ tɕʰi²¹³，n²¹³ tsɛ⁵⁵ po⁵⁵ tsɛ̃³³ nɛ⁵⁵ ue²¹³
tsɿ²¹ tsɿ⁵⁵ ɕi³³ ɕi⁵⁵ keʔ⁵ kʰɛ³³ ieʔ⁵ pie³³。

0032　他在电视机前看着看着睡着了。

渠看电视，看去看去看睏着罢。

ki³³ kʰɛ³³ tiɛ̃¹³ sɿ²¹³，kʰɛ³³ kʰi⁵⁵ kʰɛ³³ kʰi⁵⁵ kʰɛ³³ kʰuen³³ tsa²¹ peʔ⁵。

0033　你算算看，这点钱够不够花？

尔算算看，葛点钞票够弗够用？

n²¹³ sɛ³³ sɛ⁵⁵ kʰɛ⁵⁵，keʔ⁵ tie⁵⁵ tsʰɔ²¹ pʰiɔ⁵⁵ kɤɯ³³ feʔ⁵ kɤɯ³³ ioŋ⁵⁵？

0034　老师给了你一本很厚的书吧？

　　　老师是弗是八〓尔一本交关厚个书？

　　　lɔ⁵⁵ sɿ³³ tsɿ²¹ fɐʔ⁵ tsɿ²¹³ po⁵⁵ n²¹³ iɐʔ⁵ pən²¹³ tɕiɔ²¹ kuɛ⁵⁵ hɤɯ²¹ kɐʔ⁵ ɕy⁵³ ?

0035　那个卖药的骗了他一千块钱呢。

　　　末个卖药个骗渠一千块钞票。

　　　mɐʔ¹² kɐʔ⁵ ma⁵⁵ ia²¹ kɐʔ⁵ pʰie³³ ki³³ iɐʔ⁵ tɕʰie⁵³ kʰue³³ tsʰɔ²¹ pʰiɔ⁵⁵ 。

0036　a. 我上个月借了他三百块钱。借入

　　　b. 我上个月借了他三百块钱。借出

　　　a. 卬上个月问渠借三百块钞票。

　　　b. 卬上个月借八〓渠三百块钞票。

　　　a. ɑŋ²¹³ so²¹ kɐʔ⁵ y²¹³ mən⁵⁵ ki³³ tɕie³³ sɛ⁵³ pa⁵⁵ kʰue³³ tsʰɔ²¹ pʰiɔ⁵⁵ 。

　　　b. ɑŋ²¹³ so²¹ kɐʔ⁵ y²¹³ tɕie³³ po⁵⁵ ki³³ sɛ⁵³ pa⁵⁵ kʰue³³ tsʰɔ²¹ pʰiɔ⁵⁵ 。

0037　a. 王先生的刀开得很好。施事

　　　b. 王先生的刀开得很好。受事

　　　a. 王先生刀开得交关好。b. 同 a。

　　　a. ŋo³³ ɕie⁵³ sɛ²¹³ tɔ⁵³ kʰɛ⁵³ tɐʔ⁵ tɕiɔ²¹ kuɛ⁵⁵ hɔ²¹³ 。

　　　b. 同 a。

0038　我不能怪人家，只能怪自己。

　　　卬弗好怪别个，只好怪自盖〓。

　　　ɑŋ²¹³ fɐʔ⁵ hɔ²¹³ kua³³ pi²¹ ka³³ ,tsɿ⁵⁵ hɔ²¹³ kua³³ ɕi⁵⁵ kɛ³³ 。

0039　a. 明天王经理会来公司吗？b. 我看他不会来。

　　　a. 明朝王经理会弗会来公司？b. 卬看渠〔弗会〕来。

　　　a. mən³³ tsɔ⁵³ ŋo³³ tɕin⁵³ li²¹³ ue⁵⁵ fɐʔ⁵ ue⁵⁵ lɛ³³ koŋ⁵³ sɿ⁵⁵ ?

　　　b. ɑŋ²¹³ kʰɛ³³ ki³³ fe⁵⁵ lɛ³³ 。

0040　我们用什么车从南京往这里运家具呢？

尔下⁼用啥哩车从南京毛⁼葛里运家伙呢？

n²¹ho⁵⁵ioŋ⁵⁵so⁵⁵li⁰tsʰo⁵³tsoŋ³³nɛ³³tɕin⁵³mɔ³³kɐʔ³li⁵⁵yn⁵⁵ko⁵³
hu²¹ne⁰？

0041　他像个病人似的靠在沙发上。

渠像个病人样个靠得沙发上。

ki³³ɕie²¹kɐʔ⁵pʰin⁵⁵in³³iɛ⁵⁵kɐʔ⁰kʰɔ³³tɐʔ⁵so⁵³fɐʔ⁵so⁵⁵。

0042　这么干活连小伙子都会累坏的。

像葛眄做生活连后生家都吃弗落个。

ɕie²¹kɐʔ³tɕie²¹³tsu³³sɛ⁵³o²¹³nie³³hɤɯ⁵⁵sɛ⁵³ko²¹³tu⁵⁵tɕʰiɐʔ⁵fɐʔ⁵
lo²¹kɐʔ⁵。

0043　他跳上末班车走了。我迟到一步，只能自己慢慢走回学校了。

渠爬上顶后头一班车走罢。卬推扳一步，只好自盖⁼慢慢走
回学堂里。

ki³³po³³so²¹tin²¹hɤɯ⁵⁵tɤɯ³³iɐʔ⁵pɛ³³tsʰo⁵³tsɤɯ²¹pɐʔ⁵。aŋ²¹³
tʰe⁵³pɛ²¹³iɐʔ³pʰu⁵⁵，tsʅ⁵⁵hɔ²¹³ɕi⁵⁵kɛ³³mɛ⁵⁵mɛ⁵⁵tsɤɯ²¹ue³³hu²¹
to³³li⁵⁵。

0044　这是谁写的诗？谁猜出来我就奖励谁十块钱。

葛个诗是哪个写个？哪个猜出来卬就赏渠十块钞票。

kɐʔ³kɐʔ⁵sʅ⁵³tsʅ²¹lɑ⁵⁵kɑ³³ɕie²¹kɐʔ⁵？　lɑ⁵⁵kɑ³³tsʰɛ⁵³tɕʰyɐʔ⁵lɛ³³
aŋ²¹³ɕiɤɯ⁵⁵so²¹ki³³sɐʔ¹²kʰue³³tsʰɔ²¹pʰiɔ⁵⁵。

0045　我给你的书是我教中学的舅舅写的。

卬八⁼尔个书是卬教中学堂个舅舅写个。

aŋ²¹³po⁵⁵n²¹kɐʔ⁵ɕy⁵³tsʅ¹³aŋ²¹³kɔ³³tsoŋ⁵³hu¹³to³³kɐʔ⁵tɕiɤɯ²¹tɕɤɯ³³
ɕie²¹kɐʔ⁵。

0046　你比我高，他比你还要高。

尔比印长些，渠比尔还要长。

n²¹³ pi⁵⁵ aŋ²¹³ tsɛ³³ sɐʔ⁵ , ki³³ pi⁵⁵ n²¹³ uɑ³³ iɔ⁵⁵ tsɛ³³ 。

0047　老王跟老张一样高。

老王对老张一样长。

lɔ⁵⁵ ŋo³³ te³³ lɔ⁵⁵ tsɛ⁵³ iɐʔ³ ȵie⁵⁵ tsɛ³³ 。

0048　我走了，你们俩再多坐一会儿。

印去罢，尔拉两个再坐下添。

aŋ²¹³ kʰi³³ pɐʔ⁵ , n²¹ na²¹³ nie²¹ kɐʔ⁵ tsɛ⁵⁵ su²¹ ho⁵⁵ tʰie⁵³ 。

0049　我说不过他，谁都说不过这个家伙。

印讲渠弗过，随便哪个都讲弗过葛个家伙。

aŋ²¹³ ko²¹ ki³³ fɐʔ⁵ ku³³ , ye³³ pʰie⁵⁵ la⁵⁵ ka³³ tu⁵⁵ ko²¹ fɐʔ⁵ ko⁵⁵ kɐʔ³
kɐʔ⁵ ko⁵³ hu²¹³ 。

印讲弗过渠，随便哪个都讲弗过葛个家伙。

aŋ²¹³ ko²¹ fɐʔ⁵ ku³³ ki³³ , ye³³ pʰie⁵⁵ la⁵⁵ ka³³ tu⁵⁵ ko²¹ fɐʔ⁵ ko⁵⁵ kɐʔ³
kɐʔ⁵ ko⁵³ hu²¹³ 。

印讲弗渠过，随便哪个都讲弗过葛个家伙。

aŋ²¹³ ko²¹ fɐʔ⁵ ki³³ ku³³ , ye³³ pʰie⁵⁵ la⁵⁵ ka³³ tu⁵⁵ ko²¹ fɐʔ⁵ ko⁵⁵ kɐʔ³
kɐʔ⁵ ko⁵³ hu²¹³ 。

0050　上次只买了一本书，今天要多买几本。

上次只买一本书，今朝要多买两本。

so²¹ tsʰʅ³³ tsʅ⁵⁵ ma²¹³ iɐʔ⁵ pən²¹ ɕy⁵³ , tɕin⁵³ tsɔ²¹³ iɔ³³ tu⁵³ ma²¹³ nie⁵⁵
pən⁰ 。

第五章　话　语

一、讲　述

(一)方言老男

工作情况

叩，梅城①人，姓胡，名字叫尚武。66 年参加工作，对⸗基层供销社。

aŋ²¹³，me²¹¹tsən²¹¹in⁵⁵，ɕin³³u³³，min³³sʅ⁵⁵tɕiɔ³³saŋ²¹u⁵⁵。lɐʔ¹²lɐʔ¹²n̠iɛ̃²¹¹tsʰɛ̃³³tɕiɑ³³koŋ⁵³tsɐʔ⁵，te²¹tɕi³³tsʰən²¹¹koŋ³³ɕiɔ³³se²¹³。

我是梅城人，姓胡，名叫尚武。1966 年参加工作，在基层供销社。

当时去个时候，是三个人。有一个人呢，是对⸗森工站里蹲过咯。到供销社之后，领导高头，就分配渠到外头去收柴去罢。因为葛一个地区是靠江边个，渠到末里收柴。其余我拉两个人留落来呢，就对⸗末里收茶叶罢。对⸗葛个收茶叶个过程中，就是讲，人呢

---

① 胡尚武"梅城"之"城"字读不送气声母，其他发音人一般读送气声母。

比较多。有品茶员，有过磅个，有统计啊，有出纳，有葛个计算个。有葛旷一些人。印呢，具体是分管葛个进仓个。八˭茶叶呢，就是讲，按照等级，八˭渠摆得仓库里。是葛旷一个工作。

to⁵³sʅ⁵⁵kʰi³³kɐʔ⁰sʅ³³hɤɯ³³，tsʅ²¹sɛ⁵³kɐʔ⁰in³³。iu²¹iɐʔ³kɐʔ⁵in³³ne⁰，sʅ²¹te²¹sən³³koŋ³³tsɛ̃²¹³li⁰tən⁵³ku⁰kɔ⁰。tao³³koŋ³³ɕiɔ³³se²¹³tsʅ³³hɤɯ²¹³，lin⁵⁵tɔ²¹³kɔ⁵³tɤɯ²¹³，ɕiɤɯ⁵⁵fən⁵³pʰe⁵⁵ki³³tɔ³³ua⁵⁵tɤɯ³³kʰi³³sɤɯ⁵³sa³³kʰi³³pɐʔ⁰。in³³ue⁰kɐʔ³iɐʔ³kɐʔ⁵ti²¹tɕʰy⁵³sʅ²¹kʰɔ⁵⁵tɕiaŋ³³piɛ̃³³kɐʔ⁰，ki³³tɔ³³mɐʔ¹²li⁵⁵sɤɯ⁵³sa³³。tɕʰi²¹y⁵⁵ɑ²¹la⁵⁵nie²¹kɐʔ⁰in³³liɤɯ³³lo²¹lɛ³³ne⁰，ɕiɤɯ⁵⁵te²¹mɐʔ¹²li⁵⁵sɤɯ⁵³tso³³i³³pɐʔ⁰。te²¹kɐʔ³kɐʔ⁵sɤɯ⁵³tso³³i³³kɐʔ⁰ku³³tsʰən²¹tsoŋ³³，ɕiɤɯ⁵⁵tsʅ²¹ko²¹³，in³³ne⁰pi⁵⁵tɕiɔ³³tu⁵³。iɤɯ²¹pʰin²¹tsʰɑ²¹yɛ̃²¹¹，iɤɯ²¹ku³³paŋ⁵⁵kɐʔ⁰，iɤɯ²¹tʰoŋ⁵⁵tɕi³³ɑ⁰，iɤɯ²¹tɕʰyɐʔ⁵nɐʔ¹²，iɤɯ²¹kɐʔ³kɐʔ⁵tɕi⁵⁵suɛ̃⁵⁵kɐʔ⁰。iɤɯ²¹kɐʔ³tɕiɛ²¹³iɐʔ³sɐʔ⁵in³³。aŋ²¹ne⁰，tɕy²¹tʰi⁵⁵sʅ²¹³fən³³kuɛ⁵⁵kɐʔ³kɐʔ⁵tɕin³³tsʰaŋ³³kɐʔ⁰。po⁵⁵tso³³i³³ne⁰，ɕiɤɯ⁵⁵tsʅ²¹ko²¹³，ɛ̃³³tsɔ⁵⁵tən⁵⁵tɕiɐʔ⁰，po⁵⁵ki³³pɑ²¹tɐʔ⁰tsʰaŋ³³kʰu³³li⁰。tsʅ²¹kɐʔ³tɕiɛ²¹³iɐʔ³kɐʔ⁵koŋ⁵³tsɐʔ⁵。

当时去的时候是三个人，其中有个人是在森工站里待过的。到供销社以后，领导就派他到下面收柴火去了，因为这个地区是靠江的，他到那里收柴火。剩下我们两个，就在那里收茶叶。在这个收茶叶的过程中，人比较多。有品茶员，有称重的，有统计的，有出纳，有计算的。有这么多人。我具体分管进仓。把茶叶按等级存放在仓库里。是这样一个工作。

当时去个时候呢，就是讲，工作高头比较轻松。茶叶还未开始收。到后来个时候，茶叶旺季个时候呢，工作高头比较辛苦。日上要八˭茶叶进仓，夜里头要八˭渠按照葛个类别，都整理好。第两日可以继续工作。

taŋ³³sʅ²¹¹kʰi³³kɐʔ⁰sʅ³³hɣɯ³³ne⁰,ɕiɣɯ⁵⁵tsʅ²¹ko²¹³,koŋ³³tsɐʔ⁵kɔ⁵³tɣɯ²¹³
pi⁵⁵tɕiɔ³³tɕʰin³³soŋ³³。tso³³i³³ɐʔ³mi⁵⁵kʰɛ⁵³sʅ²¹³sɣɯ⁵³。tɔ³³hɣɯ²¹lɛ²¹
kɐʔ⁰sʅ³³hɣɯ³³,tso³³i³³uaŋ¹³tɕi⁵⁵kɐʔ⁰sʅ³³hɣɯ³³ne⁰,koŋ⁵³tsɐʔ⁵kɔ⁵³tɣɯ²¹³
pi⁵⁵tɕiɔ³³ɕin⁵³kʰu²¹³。ȵiɐʔ¹²so⁵⁵iɔ⁵⁵po⁵⁵tso³³i³³tɕin³³tsʰaŋ³³,ia⁵⁵li⁰
tɣɯ²¹³iɔ³³po⁵⁵ki³³ɛ̃³³tsɔ⁵⁵kɐʔ³kɐʔ⁵ne¹³piɐʔ¹²,tu⁵⁵tsən⁵⁵li⁵⁵hɔ²¹³。tʰi⁵⁵
nie²¹ȵiɐʔ¹²kʰo⁵⁵i⁵⁵tɕi⁵⁵ɕyɐʔ¹²koŋ⁵³tsɐʔ⁵。

当时去的时候,工作比较轻松,因为还没开始收茶叶。到了茶
叶旺季时,工作比较辛苦。白天要让茶叶进库,晚上要按照类别把
茶叶都整理好。第二天可以继续工作。

对＝收茶叶个过程中,也学得弗少东西。跟品茶员师父,葛么就
学得一些茶叶高头个基本知识。就是讲,茶叶核＝吥算老个? 核＝
吥算嫩个? 对＝末种炒出来个过程高头,都能够看得出来。末个老
茶叶炒[起来]之后呢,渠末个叶子黄咯。嫩茶叶炒[起来]呢,渠末
个叶子黑些咯。葛末,通过葛吥个学习,就是讲,自盖＝呢也增长一
点点,葛个茶叶高头个知识。

te²¹sɣɯ⁵³tso³³i³³kɐʔ⁰ku³³tsʰən²¹tsoŋ³³,iɛ⁵⁵hu²¹tɐʔ⁰fɐʔ⁵sɔ²¹³toŋ⁵³
ɕi⁰。kən⁵³pʰin²¹tsʰa²¹yɛ̃²¹sʅ⁵³fu²¹³,kɐʔ³mɐʔ¹²ɕiɣɯ⁵⁵hu²¹tɐʔ⁰iɐʔ³sɐʔ⁵
tso³³i³³kɔ⁵³tɣɯ²¹kɐʔ⁰tɕi³³pən²¹tsʅ³³sɐʔ⁵。ɕiɣɯ⁵⁵tsʅ²¹ko²¹³,tso³³i³³hɐʔ¹²
tɕiɛ²¹³sɛ³³lɔ²¹kɐʔ⁰? hɐʔ¹²tɕiɛ²¹³sɛ³³lən⁵⁵kɐʔ⁰? te²¹mɐʔ¹²tsoŋ¹³tsʰɔ²¹
tɕʰyɐʔ⁵lɛ⁰kɐʔ⁰ku³³tsʰən²¹kɔ⁵³tɣɯ²¹³,tu⁵⁵nən²¹kɣɯ²¹³kʰɛ³³tɐʔ⁰tɕʰyɐʔ⁵lɛ⁰。
mɐʔ¹²kɐʔ⁵lɔ²¹tso³³i³³tsʰɔ²¹ɕiɛ⁰tsʅ³³hɣɯ²¹ne⁰,ki³³mɐʔ¹²kɐʔ⁵i²¹tsʅ⁵⁵ŋo³³
kɔ⁰。lən⁵⁵tso³³i³³tsʰɔ²¹ɕiɛ⁰ne⁰,ki³³mɐʔ¹²kɐʔ⁵i²¹tsʅ⁵⁵hɐʔ⁵sɐʔ⁰kɔ⁰。kɐʔ⁵
mɐʔ⁵,tʰoŋ⁵³ku³³kɐʔ¹²tɕiɛ²¹kɐʔ⁰ɕiɐʔ¹²tɕiɐʔ¹²,ɕiɣɯ⁵⁵tsʅ²¹ko²¹³,ɕi⁵⁵kɛ³³
ne⁰iɛ⁵⁵tsən³³tsaŋ⁵⁵iɐʔ⁵tie³³tie⁵⁵,kɐʔ³kɐʔ⁵tso³³i³³kɔ⁵³tɣɯ²¹kɐʔ⁰tsʅ³³sɐʔ⁵。

在收茶叶的过程中,我也学到不少东西。跟着品茶员师傅,就

学到一些茶叶方面的基本知识。例如,茶叶怎样算老的? 怎样算嫩的? 在炒制过程中都能够看出来。老茶叶炒出来,叶子是黄的。嫩茶叶炒出来,叶子更黑一些。那么,通过这样的学习,自己也增长了一点茶叶方面的知识。

再另外一个呢,当时分配去个时候呢,搞葛个统计略。搞统计去个时候,渠末一下,还未茶叶到旺季。就是讲,渠末个工作呢,相当轻松。一日弗有几张票。葛么,渠也应付得过去。到后来,末个茶叶旺季个时候,渠甚至于一日六百多票。对˭末吖忙个时候呢,渠日上,渠只能够应付开票。但统计葛个工作呢,一定要到夜里头做。葛么在葛吖个情况之下,仓库里头,就是讲,夜里头是弗有生活个。葛么两个人相互之间帮衬。

tsɛ³³ lin⁵⁵ uɛ³³ iɐʔ⁵ ka³³ ne⁰ , taŋ³³ sʅ³³ fən⁵³ pʰe³³ kʰi³³ kɐʔ⁰sʅ³³ h ɣɯ³³ ne⁰ ,kɔ²¹³ kɐʔ³kɐʔ⁵tʰoŋ⁵⁵ tɕi³³ kɔ⁰ 。 kɔ²¹³ tʰoŋ⁵⁵ tɕi³³ kʰi³³ kɐʔ⁰sʅ³³ h ɣɯ³³ , ki³³ mɐʔ¹² iɐ³³ho⁵⁵ , ɐʔ³mi⁵⁵ tso³³ i³³ tɔ³³ uaŋ²¹ tɕi⁵⁵ 。 ɕi ɣɯ⁵⁵ tsʅ²¹ ko²¹³ , ki³³ mɐʔ¹² kɐʔ⁵koŋ⁵³ tsɐʔ⁵ne⁰ , ɕiaŋ³³ taŋ⁵⁵ tɕʰin³³ soŋ³³ 。 iɐʔ⁵ ȵiɐʔ¹² fɐʔ⁵i ɣɯ²¹³ tɕi²¹tsɛ⁵³ pʰiɔ³³ 。 kɐʔ⁵mɐʔ⁵ , ki³³ iɛ³³ in⁵⁵ fu⁰tɐʔ⁰ku³³ kʰi⁰ 。 tɔ³³ h ɣɯ⁵⁵ lɛ³³ , mɐʔ¹² kɐʔ⁵tso³³ i³³ uaŋ²¹ tɕi⁵⁵ kɐʔ⁰sʅ³³ h ɣɯ³³ , ki³³ sən²¹ tsʅ³³ y²¹¹ iɐʔ⁵ ȵiɐʔ¹² lɐʔ¹² pa⁵⁵ tu⁵³ pʰiɔ³³ 。 te²¹ mɐʔ¹² tɕiɛ²¹³ mo³³ kɐʔ⁰sʅ³³ h ɣɯ³³ ne⁰ , ki³³ ȵiɐʔ¹² so²¹³ , ki³³ tsʅ⁵⁵ nən⁰k ɣɯ⁰in⁵⁵ fu⁰kʰɛ⁵³ pʰiɔ³³ 。 t ɛ̃²¹³ tʰoŋ⁵⁵ tɕi³³ kɐʔ³kɐʔ⁵ koŋ⁵³tsɐʔ⁵ne⁰ , iɐʔ³tʰin⁵⁵ iɔ³³ tɔ³³ ia⁵⁵ li⁰t ɣɯ²¹³ tsu³³ 。 kɐʔ⁵mɐʔ⁵tsɛ²¹ kɐʔ⁵ tɕiɛ²¹kɐʔ⁰tɕʰin²¹ kʰuaŋ⁵⁵ tsʅ³³ ho²¹³ , tsʰaŋ³³ kʰu³³ li⁵⁵t ɣɯ⁰ , ɕi ɣɯ⁵⁵ tsʅ²¹ ko²¹³ , ia⁵⁵ li⁰t ɣɯ²¹³ tsʅ²¹ fɐʔ⁵i ɣɯ²¹³ sɛ⁵³ o²¹ kɐʔ⁰ 。 kɐʔ⁵mɐʔ⁵nie²¹ kɐʔ⁰in³³ ɕiaŋ³³u³³ tsʅ³³ tɕi ɛ̃³³ pɛ⁵³ tsʰən²¹³ 。

另外一人,当时分配去的时候,是搞统计的。去的时候,还没到茶叶旺季,他那个工作就相当轻松,一天没有几张票,他也应付得过去。到后来茶叶旺季时,一天甚至有六百多张票。在忙的时候,他白天只能应付开票。统计这个工作,只得等到晚上才能做。在这种情况之下,仓库里晚上是没有活儿的。于是我们两个人互相帮忙。

　　对⁼整个茶季收落来,大概将近呢三个多月时间。三个多月收好之后,末个,印呢,就是讲,接到葛个领导高头个一个通知。外头收柴葛一个人呢,渠自盖⁼,因为葛个交通弗方便,落来上去,收柴呢,都需要走路咯。渠年纪大呢,渠自盖⁼自动离职罢。渠弗对⁼末里罢。葛末外头个收柴需要人。讴①印②到外头去收柴去罢。葛吧,在葛吤个情况之下,印呢,也服从领导分配,到外头收柴去罢。

　　te²¹tsən⁵⁵ kɐʔ⁰tsʰa²¹tɕi⁵⁵ sɤɯ⁵³lo²¹lɛ³³ , ta²¹kɛ⁵⁵tɕiaŋ³³tɕin²¹ne⁰sɛ⁵³kɐʔ⁰tu⁵³y²¹³sʅ³³tɕiɛ̃³³ 。 sɛ⁵³kɐʔ⁰tu⁵³y²¹³sɤɯ⁵³hɔ²¹³tsʅ³³h ɤɯ²¹³ , mɐʔ¹²kɐʔ⁵ ,aŋ²¹ne⁰ , ɕiɤɯ⁵⁵tsʅ²¹ko²¹³ , tɕi⁵⁵tɔ⁰kɐʔ³kɐʔ⁵lin⁵⁵tɔ²¹³kɔ⁵³tɤɯ²¹kɐʔ⁰iɐʔ³kɐʔ⁵tʰoŋ⁵³tsʅ⁰ 。 ua⁵⁵tɤɯ³³sɤɯ⁵³sa³³kɐʔ³iɐʔ³kɐʔ⁵in³³ne⁰ , ki³³ɕi⁵⁵kɛ³³ , in³³ue⁰kɐʔ³kɐʔ⁵tɕiɔ³³tʰoŋ³³fɐʔ⁵faŋ³³pie²¹³ ,lo²¹lɛ³³so²¹kʰi³³ ,sɤɯ⁵³sa³³ne⁰ ,tu⁵⁵ɕy³³iɔ³³tsɤɯ²¹lu⁵⁵kɔ⁰ 。 ki³³ȵie³³tɕi³³tʰu⁵⁵ne⁰ , ki³³ɕi⁵⁵kɛ³³tsʅ²¹toŋ²¹³li²¹tsɐʔ⁵pɐʔ⁰ 。 ki³³fɐʔ⁵te²¹³mɐʔ¹²li⁵⁵pɐʔ⁰ 。 kɐʔ⁵mɐʔ⁵ua⁵⁵tɤɯ³³kɐʔ⁰sɤɯ⁵³sa³³ɕy³³iɔ³³in³³ 。 ŋɤɯ⁵³aŋ²¹³tɔ³³ua⁵⁵tɤɯ³³kʰi³³sɤɯ⁵³sa³³kʰi³³pɐʔ⁰ 。 kɐʔ⁵pɐʔ⁵ ,tsɛ²¹kɐʔ³tɕiɛ²¹kɐʔ⁰tɕʰin²¹kʰuaŋ⁵⁵tsʅ³³hɔ²¹³ ,aŋ²¹ne⁰ ,iɛ⁵⁵fɐʔ³tsʰoŋ³³lin⁵⁵tɔ²¹³fən⁵³pʰe³³ ,tɔ³³ua⁵⁵tɤɯ³³sɤɯ⁵³sa³³kʰi³³pɐʔ⁰ 。

　　整个茶叶季大概有三个多月。三个多月后,我接到领导的通知,说是外头收柴火那个人,因为交通不便,下来上去,收柴火都要走路。他年纪大了,自动离职了,他不在那里干了,因此外头收柴火

---

①　"讴"有[ŋɤɯ⁵³][ɤɯ⁵³]两读。
②　"印"有时读作[ɑ²¹³]。

需要人手，叫我去外头收柴火。在这种情况之下，我服从领导分配，到外头收柴火去了。

对⁼收柴个过程中，向葛个，原来供销社里，还有老同志对⁼末里呢，也向渠拉请教。因为末里个柴，也有多种多样咯。渠弗是光是，都只是葛个烧镬个柴。葛就是讲，每一种柴，都有每一种个规格。必须要按照葛个规格来收。

te^{21} sɤɯ^{53} sɑ^{33} kɐʔ^{0} ku^{33} tsʰən^{21} tsoŋ^{33}，ɕiɑŋ^{33} kɐʔ^{3} kɐʔ^{5}，ye^{33} lɛ^{33} koŋ^{55} ɕiɔ^{33} se^{213} li^{55}，uɑ^{33} iɤɯ^{213} lɔ^{55} tʰoŋ^{21} tsɿ^{33} te^{213} mɐʔ^{12} li^{55} ne^{0}，iɛ^{21} ɕiɑŋ^{33} ki^{33} lɑ^{0} tɕʰin^{21} tɕiɔ^{33}。in^{33} ue^{0} mɐʔ^{12} li^{55} kɐʔ^{0} sɑ^{33}，iɛ^{55} iɯ^{213} tu^{33} tsoŋ^{53} tu^{33} iɑŋ^{213} kɔ^{0}。ki^{33} fɐʔ^{5} tsɿ^{213} kuɑŋ^{33} tsɿ^{55}，tu^{33} tsɿ^{33} tsɿ^{213} kɐʔ^{3} kɐʔ^{5} sɔ^{53} u^{21} kɐʔ^{0} sɑ^{33}。kɐʔ^{5} ɕiɤɯ^{55} tsɿ^{21} ko^{213}，me^{21} iɐʔ^{5} tsoŋ^{213} sɑ^{33}，tu^{55} iɤɯ^{213} me^{21} iɐʔ^{5} tsoŋ^{213} kɐʔ^{0} kue^{33} kɐʔ^{5}。piɐʔ^{5} ɕy^{33} iɔ^{33} ɛ̃^{33} tsɔ^{33} kɐʔ^{3} kɐʔ^{5} kue^{33} kɐʔ^{5} lɛ^{33} sɤɯ^{53}。

我在收柴火的过程中，向供销社里的老同志学习请教。因为柴火也是多种多样的，不仅仅是烧火用的。就是说，每种柴都有各自的规格，必须按规格来收。

葛当时，按照渠末个，物价高头也好，啥东西也好，规格高头也好，都有葛吤一本簿子。葛个是市里头渠规定咯。渠规定好咯，要核⁼吤个规格、要求。渠各样东西都有个。

kɐʔ^{5} tɑŋ^{33} sɿ^{213}，ɛ̃^{33} tsɔ^{53} ki^{33} mɐʔ^{12} kɐʔ^{5}，uɐʔ^{12} tɕiɑ^{33} kɔ^{53} tɤɯ^{213} iɛ^{55} hɔ^{213}，so^{55} toŋ^{53} ɕi^{213} iɛ^{55} hɔ^{213}，kue^{33} kɐʔ^{5} kɔ^{53} tɤɯ^{213} iɛ^{55} hɔ^{213}，tu^{55} iɤɯ^{213} kɐʔ^{3} tɕiɛ^{213} iɐʔ^{5} pən^{213} pu^{21} tsɿ^{213}。kɐʔ^{3} kɐʔ^{5} tsɿ^{213} sɿ^{21} li^{55} tɤɯ^{0} ki^{33} kue^{53} tʰin^{21} kɔ^{0}。ki^{33} kue^{53} tʰin^{213} hɔ^{21} kɔ^{0}，iɔ^{33} hɐʔ^{12} tɕiɛ^{213} kɐʔ^{0} kue^{33} kɐʔ^{5}、iɔ^{33} tɕʰiɤɯ^{33}。ki^{33} kɐʔ^{5} iɑŋ^{55} toŋ^{53} ɕi^{213} tu^{55} iɤɯ^{21} kɐʔ^{0}。

在当时，柴火的物价、种类、规格等方面，都要写在一个本子上，这是市里的规定。市里定好了规格和要求。各个方面都有的。

　　再末一下，叩出去收柴呢，就是讲，顶远个地方，来回趄一埭，需要三十里路。近个，三五里路。葛个是顶近罢。所以讲，对＝葛个过程当中呢，体力消耗是蛮大咯。

　　tsɛ³³ mɐʔ¹² iɐʔ³ ho⁵⁵ , aŋ²¹³ tɕʰyɐʔ⁵ kʰi³³ s ɤɯ⁵³ sɑ³³ ne⁰ , ɕi ɤɯ⁵⁵ tsʅ²¹ ko²¹³ , tin¹³ ye²¹ kɐʔ⁰tʰi⁵⁵ fo⁰ , lɛ³³ ue³³ piɐʔ¹² iɐʔ³tʰɑ⁵⁵ , ɕy³³ iɔ³³ sɛ⁵³ sɐʔ⁵ li²¹ lu²¹³ 。tɕin²¹ kɐʔ⁰ , sɛ⁵³ n²¹ li²¹ lu²¹³ 。kɐʔ³kɐʔ⁵tsʅ²¹³ tin¹³ tɕin²¹ pɐʔ⁰ 。so⁵⁵ i⁰ko²¹³ , te²¹ kɐʔ³ kɐʔ⁵ ku³³ tsʰən²¹ taŋ³³ tsoŋ³³ ne⁰ , tʰi⁵⁵ liɐʔ¹² ɕiɔ³³ hɔ⁵⁵ tsʅ²¹³ me⁵³tʰu²¹kɔ⁰ 。

　　那时我出去收柴，最远的地方来回跑一趟要三十里。近的也要三五里，这算是最近的了。所以说，在这个过程中，体力消耗是挺大的。

　　再叩总记得，还有葛吟一桩事干。就是讲，有一年，快将近葛个春节边罢。有一个大队，渠是对＝山上个。葛个大队对＝山上呢，渠到过年个时候，结果渠有一批柴要担来卖。可是葛个老天呢，弗作美。渠要八＝①渠落一告＝大雪。末个山上个柴挑弗落来罢。在葛吟个情况之下，老百姓交关急个。渠拉还等牢＝葛个钞票过年个。葛像葛种情况，葛叩只好想办法。

　　tse³³ aŋ²¹³ tsoŋ⁵⁵ tɕi³³ tɐʔ⁰ , ua³³ i ɤɯ²¹³ kɐʔ³tɕiɛ²¹³ iɐʔ⁵tso⁵³ sʅ⁵⁵ kɛ³³ 。ɕi ɤɯ⁵⁵tsʅ²¹ ko²¹³ , i ɤɯ²¹ iɐʔ⁵ȵie³³ , kʰua³³ tɕiaŋ³³ tɕin²¹³ kɐʔ³ kɐʔ⁵tɕʰyn³³ tɕiɐʔ⁵ pie⁵³ pɐʔ⁰ 。i ɤɯ²¹³ iɐʔ³ kɐʔ⁵tɑ²¹ te²¹³ , ki³³ tsʅ²¹³ te²¹³ sɛ⁵³ so²¹ kɐʔ⁰ 。kɐʔ³ kɐʔ⁵tɑ²¹ te²¹³ te²¹³ sɛ⁵³ so²¹ ne⁰ , ki³³ tɔ³³ ku³³ ȵie³³ kɐʔ⁵sʅ³³ h ɤɯ³³ , tɕiɐʔ⁵

---

　　① 表示"给、把、被"义的"八＝"[po⁵⁵]在语流中常读作[pɐʔ⁵]。下同。

ku²¹³ ki³³ i ɤɯ²¹³ iɐʔ⁵ pʰi⁵³ sa³³ iɔ³³ tɛ⁵³ le³³ ma⁵⁵。kʰo⁵⁵ tsɹ²¹³ kɐʔ³ kɐʔ⁵ lɔ⁵⁵ tʰie⁵³ ne⁰，fɐʔ³ tsɐʔ³ me⁵⁵。ki³³ iɔ³³ pɐʔ⁵ ki³³ lo²¹ iɐʔ⁵ kɔ³³ tʰu⁵⁵ ɕi⁵⁵。mɐʔ¹² kɐʔ⁵ sɛ⁵³ so²¹ kɐʔ⁰ sɑ³³ tʰiɔ⁵³ fɐʔ⁵ lo²¹ le³³ pɐʔ⁰。tsɛ²¹ kɐʔ³ tɕie²¹ kɐʔ⁰ tɕʰin²¹ kʰuaŋ⁵⁵ tsɹ³³ ho²¹³，lɔ²¹ pa⁵⁵ ɕin³³ tɕiɔ²¹ kuɛ⁵⁵ tɕiɐʔ⁵ kɐʔ⁰。ki³³ la⁰ ua³³ tən²¹ lɔ³³ kɐʔ³　kɐʔ⁵ tsʰɔ²¹ pʰiɔ³³ ku³³ ȵie³³ kɐʔ⁰。kɐʔ⁵ ɕie²¹³ kɐʔ³ tsoŋ⁵⁵ tɕʰin²¹ kʰuaŋ⁵⁵，kɐʔ⁵ aŋ²¹³ tsɹ⁵⁵ hɔ²¹³ ɕie²¹³ pʰɛ⁵⁵ fo⁰。

　　我一直记着这样一件事。有一年，临近春节的时候，有一个在山上的大队，想在年前把柴火挑出来卖。可是天公不作美，下了一场大雪，山上的柴火就挑不下来了。村民非常焦急，他们还等着拿这个钱过年呢。在这种情况下，我只好想办法解决。

　　葛么核⁼吖办呢？农民提出来呢，渠讲，先支钞票。先支钞票，等到雪烊掉，渠讲渠再挑出来。葛吧印向单位领导请示。讲还未看见柴，是弗好付钞票个。对⁼葛吖个情况之下，葛吧农民渠讲：“柴对⁼山上，要让尔拉看见，葛必须要挑落来吧。渠讲印就是讲，挑弗落来。一定要去看，尔拉。葛么，哪个去看呢？”印对⁼末里收柴，只好印去看。再印讲，印第两日印去看。

kɐʔ⁵ mɐʔ⁵ hɐʔ¹² tɕie²¹³ pʰɛ⁵⁵ ne⁰？loŋ³³ min³³ ti³³ tɕʰyɐʔ⁵ le⁰ ne⁰，ki³³ ko²¹³，ɕie⁵³ tsɹ⁵³ tsʰɔ²¹ pʰiɔ⁵⁵。ɕie⁵³ tsɹ⁵³ tsʰɔ²¹ pʰiɔ⁵⁵，tən²¹ tɔ³³ ɕi⁵⁵ ȵiɐ³³ tʰiɔ²¹³，ki³³ ko²¹³ ki³³ tsɛ³³ tʰiɔ⁵³ tɕʰyɐʔ⁵ le⁰。kɐʔ⁵ pɐʔ⁵ aŋ²¹³ ɕiaŋ⁵⁵ tɛ⁵³ ue²¹³ lin⁵⁵ tɔ²¹³ tɕʰin⁵⁵ sɹ²¹³。ko²¹³ ɐʔ³ mi⁵⁵ kʰɛ³³ tɕie⁵⁵ sa³³，tsɹ²¹³ fɐʔ⁵ hɔ²¹³ fu³³ tsʰɔ²¹ pʰiɔ⁵⁵ kɐʔ⁰。te²¹³ kɐʔ³ tɕie²¹ kɐʔ⁰ tɕʰin²¹ kʰuaŋ⁵⁵ tsɹ³³ ho²¹³，kɐʔ⁵ pɐʔ⁵ loŋ³³ min³³ ki³³ ko²¹³：“sɑ³³ te²¹³ sɛ⁵³ so²¹³，iɔ³³ ȵiɛ⁵⁵ n²¹ na²¹³ kʰɛ³³ tɕie³³，kɐʔ⁵ piɐʔ⁵ ɕy³³ iɔ³³ tʰiɔ⁵³ lo²¹ le³³ pɐʔ⁰。ki³³ ko²¹³ aŋ²¹³ ɕiɤɯ⁵⁵ tsɹ²¹ ko²¹³，tʰiɔ⁵³ fɐʔ⁵ lo²¹ le³³。iɐʔ⁵ tʰin⁵⁵ iɔ³³ kʰi³³ kʰɛ³³，n²¹ na²¹³。kɐʔ³ mɐʔ³，la⁵⁵ ka³³ kʰi³³ kʰɛ³³ ne⁰？”aŋ²¹³ te²¹³ mɐʔ¹² li⁵⁵ sɤɯ⁵³ sa³³，tsɹ⁵⁵ hɔ²¹³ aŋ²¹³ kʰi³³ kʰɛ³³。tsɛ³³ aŋ²¹³ ko²¹³， aŋ²¹³tʰi⁵⁵nie²¹ȵiɐʔ¹²aŋ²¹³kʰi³³kʰɛ³³。

　　那怎么办呢？村民提出先预支钱，等雪化了再把柴火挑出来。于是我向单位领导请示。领导答复说，未见柴火，没法付钱。在这种情况之下，村民说："柴火在山上，要让你们看见，就必须挑下山来，但挑不下来。你们一定要去看看的话，那么，谁去看呢？"只好我去看。于是我说，第二天去看。

　　葛印为了解决渠拉葛一种困难，葛吧去吧也只好去一下。葛些农民渠讲："印来接尔，到路上来接。"印讲接倒尔拉弗要接。印吧年纪还轻，爬山还爬过咯，印还会来。再答应渠拉之后吧，第两日，就准备，到葛个大队里去吧。对꞊葛吤个情况之下呢，还要做好一切准备工作。套鞋外头，八꞊渠捆得一双草鞋。再还寻得一根棍子，葛走山路呢，一边走一边得꞊①得꞊。葛吤走进去。

　　kɐʔ⁵aŋ²¹³ue⁵⁵liɔ⁵⁵tɕie⁵⁵tɕyɐʔ⁵ki³³la⁰kɐʔ⁵iɐʔ³tsoŋ⁵⁵kʰuen³³nɛ³³，kɐʔ⁵pɐʔ⁵kʰi³³pɐʔ⁵iɛ⁵⁵tsʅ⁵⁵hɔ²¹³kʰi³³iɐʔ³ho⁵⁵。kɐʔ⁵sɐʔ⁵loŋ³³min³³ki³³ko²¹³："aŋ²¹³lɛ³³tɕi⁵⁵n²¹³，tɔ³³lu⁵⁵so⁰lɛ³³tɕi⁵⁵。"aŋ²¹³ko²¹³tɕi⁵⁵tɔ⁵⁵n²¹na²¹³fɐʔ³iɔ³³tɕi⁵⁵。aŋ²¹pɐʔ⁰ȵie³³tɕi³³ua³³tɕʰin⁵³，po³³sɛ⁵³ua³³po³³ku⁰kɔ⁰，aŋ²¹³ua³³ue⁵⁵lɛ³³。tsɛ³³to⁵⁵in⁵⁵ki³³la⁰tsʅ³³hɣɯ²¹³pɐʔ⁰，tʰi⁵⁵nie²¹ȵiɐʔ¹²，ɕiɣɯ⁵⁵tɕyn⁵⁵pe²¹³，tɔ³³kɐʔ³kɐʔ⁵ta²¹te²¹³li⁵⁵kʰi³³pɐʔ⁰。te²¹³kɐʔ³tɕiɛ²¹³kɐʔ⁰tɕʰin²¹kʰuaŋ⁵⁵tsʅ³³ho²¹³ne⁰，ɐʔ¹²iɔ³³tsu³³hɔ²¹³iɐʔ⁵tɕʰiɐʔ⁵tɕyn⁵⁵pe²¹³koŋ³³tsɐʔ⁵。tʰɔ²¹xa³³ua⁵⁵tɣɯ³³，pɐʔ⁵ki³³kʰuen²¹tɐʔ⁰iɐʔ⁵so⁵³tsʰɔ⁵⁵xa³³。tsɛ³³ua⁵⁵ɕin³³tɐʔ⁰iɐʔ⁵kən⁵³kuen²¹tsʅ⁵⁵，kɐʔ⁵tsɣɯ²¹³sɛ⁵³lu⁵⁵ne⁰，iɐʔ³pie⁵³tsɣɯ²¹³iɐʔ⁵pie⁵³tɐʔ³tɐʔ⁵。kɐʔ³tɕiɛ²¹³tsɣɯ²¹tɕin³³kʰi⁰。

　　我为了解决这个困难，只好去一下。这些农民说："我来接你，

────────────

① 得꞊：拄。

到路上接你。"我说接倒不用接，我年纪还轻，也爬过山，我还行。我答应他们之后，第二天就准备去这个大队。去之前要做好一切准备工作，我在雨鞋外面又捆了一双草鞋，又找到一根棍子，走山路时，一边走一边挂着，这样上山。

去个时候，哪里晓得，葛个雪太大，路都看弗见罢。再吧，从葛个单位出发，到渠末个大队，一直要走，大概将近八里光景路，才能够到。葛个八里路呢，全部都是山路。

kʰi³³ kɐʔ⁰ sʅ³³ hɤɯ³³, lɑ⁵⁵ li⁰ ɕiɔ²¹ tɐʔ⁰, kɐʔ³ kɐʔ⁵ ɕi⁵⁵ tʰɛ³³ tʰu⁵⁵, lu⁵⁵ tu⁵⁵ kʰɛ³³ fɐʔ³ tɕie⁰ pɐʔ⁰。tsɛ³³ pɐʔ⁰, tsʰoŋ³³ kɐʔ³ kɐʔ⁵ tɛ⁵³ ue⁵⁵ tɕʰyɐʔ³ fɐʔ⁵, tɔ³³ ki³³ mɐʔ¹² kɐʔ⁵ tɑ²¹ te²¹³, iɐ⁵⁵ tsɐʔ¹² iɔ³³ tsɤɯ²¹³, tɑ²¹ kɛ³³ tɕiaŋ³³ tɕin²¹³ po⁵⁵ li²¹³ ko⁵³ tɕin²¹³ lu⁵⁵, tsɛ³³ lən²¹ kɤɯ³³ tɔ³³。kɐʔ³ kɐʔ⁵ po⁵⁵ li²¹³ lu⁵⁵ ne⁰, tɕʰyɛ̃²¹ pu²¹³ tu⁵⁵ tsʅ²¹³ sɛ⁵³ lu⁵⁵。

谁知道，去的时候雪太大，路都看不见了。从单位出发到那个大队，要走将近八里路才能到。这八里路全部都是山路。

再葛个路上走去走去。走平路个地方还好，快要到上山个时候，末个山壁竖个，看弗见山路。再只好用棍子，一边得꞊去，一边走去。原来葛条老路印是走过咯。葛，稍微有点印象，葛条路核꞊吥走。对꞊葛吥个情况之下吧，渠拉高头呢，也派人来接罢，一起走上去。

tsɛ³³ kɐʔ³ kɐʔ⁵ lu⁵⁵ soʔ⁰ tsɤɯ²¹ kʰi³³ tsɤɯ²¹ kʰi³³。tsɤɯ²¹ pin³³ lu⁵⁵ kɐʔ⁰ tʰi⁵⁵ foʔ⁰ uɑ³³ hɔ²¹³, kʰuɑ²¹ iɔ⁵⁵ tɔ³³ so²¹ sɛ⁵³ kɐʔ⁰ sʅ³³ hɤɯ³³, mɐʔ¹² kɐʔ⁵ sɛ⁵³ piɐʔ⁵ ɕy²¹ kɐʔ⁰, kʰɛ³³ fɐʔ⁵ tɕie³³ sɛ⁵³ lu⁵⁵。tsɛ³³ tsʅ⁵⁵ hɔ²¹³ ioŋ⁵⁵ kun²¹ tsʅ⁵⁵, iɐʔ³ pie⁵³ tɐʔ³ kʰi³³, iɐʔ³ pie⁵³ tsɤɯ²¹ kʰi³³。ȵye³³ le³³ kɐʔ³ tiɔ³³ lɔ²¹ lu⁵⁵ ɑŋ²¹³ tsʅ²¹ tsɤɯ²¹ ku³³ kɔ⁰。kɐʔ⁵, sɔ⁵³ ue³³ iɤɯ²¹ tie²¹³ in⁵⁵ ɕiaŋ⁰, kɐʔ³ tiɔ³³ lu⁵⁵ hɐʔ¹²

tɕiɛ²¹³tsɤɯ²¹³。te²¹³ kɐʔ³tɕiɛ²¹ kɐʔ⁰tɕʰin²¹ kʰuaŋ⁵⁵ tsʅ³³ho²¹ pɐʔ⁰，ki³³ lɑ⁰ kɔ⁵³tɤɯ²¹ne⁰，iɛ³³ pʰɑ³³in³³ lɛ³³tɕi⁵⁵ pɐʔ⁰，iɐʔ⁵tɕʰi²¹³tsɤɯ²¹so²¹ kʰi⁰。

我就一路走去。走平路还好，快上山时，山很陡，看不见路，我只好一边走一边用棍子拄着。这条路我原来走过，稍微有点印象。在这种情况之下，他们上边也派人来接了，接到我后，我们一起走上去。

走上去，到末个地方，已经是吃饭后罢。末阶漂亮个雪景，也根本弗有啥哩心思去看。只好，对⁼末里吧，赶紧吃饭。葛赶紧吃饭吃啥哩呢？渠拉末一下，末个，60年代个时候，农村里确实也还，生活条件也比较艰苦。根本就弗有饭吃。渠拉吃个都是末种，山包芦个，包芦粉，做［起来］个干馃儿。葛种干馃儿做［起来］呢，菜也弗有个。就是加里一点，末个，霉腐乳。葛个干馃儿吧，一边烘得末里。烘好之后，高头涂一层脂油。涂一层脂油，再搭一点点盐，再吧弄点葛个腐乳，一下涂。葛阶吃一餐咯。

tsɤɯ²¹ so²¹ kʰi⁰，tɔ³³ mɐʔ¹²kɐʔ⁵tʰi⁵⁵fo⁰，i⁵⁵ tɕin³³ tsʅ²¹³ tɕʰiɐʔ³fɛ⁵⁵ hɤɯ²¹pɐʔ⁰。mɐʔ¹²tɕiɛ²¹³pʰiɔ²¹ nie⁵⁵ kɐʔ⁰ɕyɐʔ³tɕin⁵⁵，iɛ³³ kən⁵³ pən²¹³ fɐʔ⁵iɤɯ²¹³ so⁵⁵ li⁰ɕin⁵³ sʅ³³ kʰi³³ kʰɛ³³。tsʅ⁵⁵ hɔ²¹³，te²¹³ mɐʔ²¹li⁵⁵ pɐʔ⁰，kɛ¹³ tɕin²¹³ tɕʰiɐʔ³fɛ⁵⁵。kɐʔ⁵kɛ¹³ tɕin²¹³ tɕʰiɐʔ³fɛ⁵⁵ tɕʰiɐʔ³so⁵⁵ li⁰ne⁰？ki³³ lɑ⁰mɐʔ¹²iɐʔ⁵ho⁰，mɐʔ¹² kɐʔ⁵，loʔ¹² sɐʔ¹² ɲi ɛ̃²¹ tɛ²¹³ kɐʔ⁰sʅ³³ hɤɯ³³，loŋ³³ tsʰən⁵³li⁰tɕʰyɐʔ⁵sɐʔ¹²iɛ³³ uɑ³³，sən³³ uɐʔ¹²tʰiɔ²¹ tɕi ɛ̃²¹³ iɛ³³ pi⁵⁵ tɕiɛ³³ tɕi ɛ̃²¹³ kʰu⁵⁵。kən⁵³ pən²¹³ ɕiɤɯ⁵⁵ fɐʔ⁵iɤɯ²¹³ fɛ⁵⁵ tɕʰiɐʔ⁵。ki³³ lɑ⁰tɕʰiɐʔ⁵kɐʔ⁵tu⁵⁵ tsʅ²¹³mɐʔ¹²tsoŋ²¹³，sɛ⁵³ pɔ²¹ lu⁵⁵ kɐʔ⁰，pɔ²¹ lu⁵⁵ fən²¹³，tsu³³ ɕiɛ³³ kɐʔ⁵ kɛ⁵³ ku⁵⁵ n⁰。kɐʔ³tsoŋ²¹³ kɛ⁵³ ku⁵⁵ n⁰tsu³³ ɕiɛ³³ ne⁰，tsʰɛ³³ iɛ³³ fɐʔ⁵iɤɯ²¹³ kɐʔ⁰。ɕiɤɯ⁵⁵ tsʅ²¹³ko⁵³li²¹³ iɐʔ³tie⁵⁵，mɐʔ¹²kɐʔ⁵，me³³fu³³y²¹³。kɐʔ³ kɐʔ⁵kɛ⁵³ ku⁵⁵ n⁰pɐʔ⁰，iɐʔ⁵pie⁵³hoŋ⁵³tɐʔ⁰mɐʔ¹²li⁵⁵。hoŋ⁵³hɔ²¹³tsʅ³³ hɤɯ²¹³，kɔ⁵³tɤɯ²¹³tu³³ iɐʔ⁵

sən³³tsʅ²¹iɤɯ⁵⁵。tu³³iɐʔ⁵sən³³tsʅ²¹iɤɯ⁵⁵,tsɛ³³kʰo³³iɐʔ³tie⁵⁵tie⁵⁵ȵie³³,tsɛ³³pɐʔ⁰loŋ⁵⁵tie²¹³kɐʔ³kɐʔ⁵fu³³y²¹³,iɐʔ³ho⁵⁵tu³³。kɐʔ³tɕiɛ²¹³tɕʰiɐʔ⁵iɐʔ⁵tsʰɛ⁵³kɔ⁰。

　　上山之后已经过了饭点。那么漂亮的雪景我也根本没心思看，在那里赶紧吃饭。吃什么呢? 20世纪60年代的时候,农村生活条件确实还很艰苦,根本就没有米饭吃。他们吃的都是那种玉米粉做的干饼。吃这种饼没有菜,就是加点豆腐乳。干饼烤好之后,上面涂一层猪油,再放一点盐,再涂点豆腐乳。我就这样吃了一顿。

　　葛吤饭吃过之后呢,再吧,每一户人家,都要去看。有多少柴,八⸗渠记落来。再吧,再回供销社呢,好付钞票。否则个白话,弗好付钞票个。再葛吤,葛些柴看过来之后吧,葛些农民交关感激。渠讲像葛种情况呢,渠讲:"也多亏尔上来。"实在讲,末一趟,走是走得交关吃力。人呢,对⸗末吤个大雪之下,感到好像身上都是汗了。回到供销社,连夜汰浴①。

　　kɐʔ³tɕiɛ²¹³fɛ⁵⁵tɕʰiɐʔ⁵ku⁰tsʅ³³hɤɯ²¹³ne⁰,tsɛ³³pɐʔ⁰,me²¹³iɐʔ⁵u²¹³in³³ko⁵³,tu⁵⁵iɔ³³kʰi³³kʰɛ³³。iɤɯ²¹³tu⁵³sɔ²¹³sa³³,pɐʔki³³tɕi³³lo²¹lɛ³³。tsɛ³³pɐʔ⁰,tsɛ³³ue³³koŋ⁵³ɕiɔ³³se²¹³ne⁰,hɔ⁵⁵fu³³tsʰɔ²¹pʰiɔ⁵⁵。fɤɯ⁵⁵tsɐʔ⁵kɐʔ⁵pa²¹o⁵⁵,fɐʔ⁵hɔ²¹³fu³³tsʰɔ²¹pʰiɔ⁵⁵kɐʔ⁰。tsɛ³³kɐʔ³tɕiɛ²¹³,kɐʔ³sɐʔ⁵sa³³kʰɛ³³ku⁵⁵lɛ³³tsʅ³³hɤɯ²¹³pɐʔ⁰,kɐʔ³sɐʔ⁵loŋ³³min³³tɕiɔ²¹kuɛ⁵⁵kɛ̃⁵⁵tɕiɐʔ⁵。ki³³ko²¹³ɕie²¹³kɐʔ³tsoŋ⁵⁵tɕʰin²¹kʰuaŋ⁵⁵ne⁰,ki³³ko²¹³:"iɛ³³tu⁵³kʰue⁵³n²¹³sɔ²¹lɛ³³。"sɐʔ¹²tsɛ¹³ko²¹³,mɐʔ¹²iɐʔ⁵tʰo³³,tsɤɯ²¹³tsʅ²¹³tsɤɯ²¹tɐʔ⁰tɕiɔ²¹kuɛ⁵⁵tɕʰiɐʔ⁵liɐʔ¹²。in³³ne⁰,te²¹³mɐʔ¹²tɕie²¹³kɐʔtʰu⁵⁵ɕi⁵⁵tsʅ³³hɤɯ²¹³,kɛ̃⁵⁵tɔ³³hɔ⁵⁵ɕie²¹³sən⁵³sɔ²¹³tu⁵⁵tsʅ²¹³hɛ⁵⁵lɐʔ⁰。ue³³tɔ³³koŋ⁵³ɕiɔ³³se²¹³,nie³³

----

①　汰浴:洗澡。

ia⁵⁵ tʰa⁵⁵ yɐʔ¹²。

　　吃过饭以后，我挨家挨户去看，有多少柴火，都记下来，以便回供销社后付钱。否则的话，没法付钱。我看了这些柴火以后，农民们很感激，说："多亏你上来了。"说实话，那一趟走得确实很累。在那样的大雪天爬完山路，我感到身上好像都是汗了，回到供销社，连夜洗了个澡。

　　卬对⁼外头，收柴收掉三年多点。由于葛个富春江，蓄水罢，富春江大坝蓄水之后呢，水位太高。水位太高，八⁼周围个，农田、地葛些頩掉罢。頩掉呢，沿江葛一些农民呢，渠拉都移民罢。有些呢，移得吴兴、长兴，有些移得江西。葛吥移掉之后，外头葛一个收购点呢，基本上就撤销罢。再单位领导安排，卬到另外一个综合门市部去。

　　aŋ²¹³ te²¹³ ua⁵⁵ tɤɯ³³，sɤɯ⁵³ sa³³ sɤɯ⁵³ tʰiɔ⁵⁵ sɛ⁵³ ɲie³³ tu⁵³ tie²¹³。iɤɯ²¹ y²¹¹ kɐʔ³ kɐʔ⁵ fu⁵⁵ tɕʰyn³³ tɕiaŋ³³，ɕyɐʔ⁵ ɕye²¹ pɐʔ⁰，fu⁵⁵ tɕʰyn³³ tɕiaŋ³³ ta²¹ pa³³ ɕyɐʔ⁵ ɕye²¹³ tsɿ³³ h ɤɯ²¹³ ne⁰，ɕye⁵⁵ ue²¹³ tʰɛ³³ kɔ⁵³。ɕye⁵⁵ ue²¹³ tʰɛ³³ kɔ⁵³，pɐʔ⁵ tsɤɯ³³ ue²¹³ kɐʔ⁰，loŋ³³ tʰie³³、tʰi⁵⁵ kɐʔ³ sɐʔ⁵ uɐʔ³tʰiɔ⁵⁵ pɐʔ⁰。uɐʔ³tʰiɔ⁵⁵ ne⁰，ɲi ɛ̃²¹ tɕiaŋ³³ kɐʔ³iɐʔ³sɐʔ⁵loŋ³³ min³³ ne⁰，ki³³ la⁰tu³³ i³³ min³³ pɐʔ⁰。iɤɯ²¹ sɐʔ⁵ ne⁰，i³³ tɐʔ⁰u²¹ ɕin³³、tsʰaŋ²¹ ɕin³³，iɤɯ²¹ sɐʔ⁵ i³³ tɐʔ⁰ tɕiaŋ³³ ɕi³³。kɐʔ³ tɕiɛ²¹³ i³³ tʰiɔ²¹³ tsɿ³³ hɤɯ²¹³，ua⁵⁵ tɤɯ³³ kɐʔ³iɐʔ³ kɐʔ⁵ sɤɯ³³ kɤɯ³³ tie⁵⁵ ne⁰，tɕi³³ pən⁵⁵ so⁰ɕi ɤɯ⁵⁵ tsʰɐʔ⁵ɕiɔ⁵³ pɐʔ⁰。tsɛ³³ tɛ⁵³ ue²¹³ lin⁵⁵ tɔ²¹³⁼ɛ̃³³ pʰɛ²¹¹，aŋ²¹³tɔ³³ lin⁵⁵ uɛ⁰iɐʔ³ kɐʔ⁵ tsoŋ³³ hɐʔ¹² mən²¹ sɿ¹³ pu²¹³ kʰi³³。

　　我在外头收柴收了三年多。后来由于富春江蓄水之后，水位太高，把周围的农田和地都淹了。淹了之后，沿江的农民都移民了。有些迁移到吴兴、长兴，有些迁移到江西。移掉之后，外头这个收购点就基本撤销了，然后，单位领导安排我到另一个综合门市部去。

　　渠一个综合门市部，当时㐌去个时候，只有四个人。渠一个综合门市部，渠包括生产资料、副食品、棉布、百货。葛些供应高头渠都有咯。葛去个时候呢，啥东西都弗懂，化肥、农药根本一点都弗懂。哪样东西是核＝阶样子个，弗晓得，都要向葛个老同志呢，请教。再，老同志呢，渠能够，八＝渠自盖＝晓得个东西，全部都会告诉我拉。葛葛阶对＝工作高头呢，尽量弗出差错。化肥、农药葛个东西，是绝对弗好出差错。因为农药有些是剧毒个。尔对＝使用过程当中也好，啥东西也好，都应该小小心心。

ki³³ iɐʔ⁵ kɐʔ⁵ tsoŋ³³ hɐʔ¹² mən²¹ sʅ¹³ pu²¹³，taŋ³³ sʅ²¹¹ aŋ²¹³ kʰi³³ kɐʔ⁰ sʅ³³ hɤɯ³³，tsʅ⁵⁵ iɤɯ²¹³ ɕi³³ kɐʔ⁵ in³³。 ki³³ iɐʔ⁵ kɐʔ⁵ tsoŋ³³ hɐʔ¹² mən²¹ sʅ¹³ pu²¹³，ki³³ pɔ⁵³ kuɐʔ⁵ sən³³ tsʰ ɛ̃⁵⁵ tsʅ³³ liɔ²¹³ 、fu³³ sɐʔ¹² pʰin²¹³ 、mi ɛ̃²¹ pu³³ 、pɐʔ³ hu⁵⁵。 kɐʔ³ sɐʔ⁵ koŋ⁵³ in⁵³ kɔ⁵³ tɤɯ²¹³ ki³³ tu⁵⁵ iɤɯ²¹³ kɔ⁰。 kɐʔ³ kʰi³³ kɐʔ⁰ sʅ³³ hɤɯ³³ ne⁰，so⁵⁵ toŋ⁵³ ɕi⁰ tu⁵⁵ fɐʔ⁵ toŋ²¹³，hua⁵⁵ fi⁰ 、loŋ²¹ iɐʔ¹² kən⁵³ pən²¹³ iɐʔ³ tie⁵⁵ tu⁵⁵ fɐʔ⁵ toŋ²¹³。 la⁵⁵ iaŋ⁵⁵ toŋ⁵³ ɕi⁰ tsʅ²¹³ hɐʔ¹² tɕiɛ²¹³ iaŋ⁵⁵ tsʅ⁰ kɐʔ⁰，fɐʔ⁵ ɕiɔ²¹ tɐʔ⁵，tu³³ iɔ³³ ɕiaŋ³³ kɐʔ³ kɐʔ⁵ lɔ⁵⁵ tʰoŋ²¹ tsʅ³³ ne⁰，tɕʰin⁵⁵ tɕiɔ³³。 tsɛ³³，lɔ⁵⁵ tʰoŋ²¹ tsʅ³³ ne⁰，ki³³ nən³³ kɤɯ³³，pɐʔ⁵ ki³³ ɕi⁵⁵ kɛ³³ ɕiɔ²¹ tɐʔ⁵ kɐʔ⁰ toŋ⁵³ ɕi⁰，tɕʰy ɛ̃²¹ pu²¹³ tu⁵⁵ ue⁵⁵ kɔ³³ su⁵⁵ a²¹ la⁵⁵。 kɐʔ⁵ kɐʔ³ tɕiɛ²¹³ te²¹³ koŋ⁵³ tsɐʔ⁵ kɔ⁵³ tɤɯ²¹³ ne⁰，tɕin¹³ liaŋ²¹³ fɐʔ⁵ tɕʰyɐʔ⁵ tsʰa³³ tsʰu³³。 hua⁵⁵ fi⁰ 、loŋ²¹ iɐʔ¹² kɐʔ³ kɐʔ⁵ toŋ⁵³ ɕi⁰，tsʅ²¹³ tɕiɐʔ¹² te³³ fɐʔ⁵ hɔ²¹³ tɕʰyɐʔ⁵ tsʰa³³ tsʰu³³。 in³³ ue⁰ loŋ²¹ iɐʔ¹² iɤɯ²¹ sɐʔ⁵ tsʅ²¹³ tɕiɐʔ¹² tɐʔ¹² kɐʔ⁰。 n²¹³ te²¹³ sʅ⁵⁵ ioŋ²¹³ ku³³ tsʰən²¹¹ taŋ³³ tsoŋ³³ iɛ³³ hɔ²¹³，so⁵⁵ toŋ⁵³ ɕi⁰ iɛ³³ hɔ²¹³，tu³³ in⁵⁵ kɛ³³ ɕiɔ³³ ɕiɔ³³ ɕin³³ ɕin⁵³。

　　我刚去的时候，那个综合门市部只有四个人。它供应生产资料、副食品、棉布、百货等，供应方面的都有。我刚去的时候，什么都不懂，对化肥、农药根本一窍不通。什么东西是什么样的，我都不知道，都要向老同志请教。老同志都能够把自己知道的东西全部告诉我。我在工作方面尽量不出差错,化肥、农药是绝对不能出差错的,因为有些农药是有剧毒的。你在使用过程中千万要小心。

　　葛之后,生产资料,到年底呢,比较空闲。县生产资料公司,组织呢,全县个从事生产资料葛个行业个人呢,到杭州去学习。葛个是杭州地区,渠组织略,每一下呢,是七县一市,从事生产资料个,都集中到杭州学习。每一年,大概都有一个月光景。葛单位里呢,就派卬去略。

　　kɐʔ⁵tsʅ³³hɤɯ²¹³ , sən³³tsʰɛ̃⁵⁵tsʅ³³liɔ²¹³ , tɔ³³ȵie³³ti²¹³ne⁰ , pi⁵⁵tɕiɔ³³kʰoŋ⁵³ɕie³³。 ɕiɛ̃²¹³sən³³tsʰɛ̃⁵⁵tsʅ³³liɔ²¹³koŋ³³sʅ³³ , tsu⁵⁵tsɐʔ⁵ne⁰ , tɕʰyɛ̃²¹ɕiɛ̃²¹³kɐʔ⁰tsʰoŋ²¹sʅ²¹³sən³³tsʰɛ̃⁵⁵tsʅ³³liɔ²¹³kɐʔ³kɐʔ⁵haŋ²¹ȵiɐʔ¹²kɐʔ⁰in³³ne⁰ , tɔ³³ho³³tsɤɯ⁵³kʰi³³ɕiɐʔ¹²tɕiɐʔ¹²。 kɐʔ³kɐʔ⁵tsʅ²¹³ho³³tsɤɯ⁵³ti²¹tɕʰy³³ , ki³³tsu⁵⁵tsɐʔ⁵kɔ⁰ , me²¹iɐʔ⁵ho⁵⁵ne⁰ , tsʅ²¹³tɕʰiɐʔ⁵ɕiɛ̃²¹³iɐʔ⁵sʅ²¹³ , tsʰoŋ²¹sʅ²¹³sən³³tsʰɛ̃⁵⁵tsʅ³³liɔ²¹³kɐʔ⁰ , tu⁵⁵tɕiɐʔ¹²tsoŋ³³tɔ³³ho³³tsɤɯ⁵³ɕiɐʔ¹²tɕiɐʔ¹²。 me²¹³iɐʔ⁵ȵie³³ , tɑ²¹kɛ³³tu⁵⁵iɤɯ²¹³iɐʔ⁵kɐʔ⁵y²¹³ko⁵³tɕin²¹³。 kɐʔ⁵tɛ⁵³ue²¹³li⁵⁵ne⁰ , ɕiɤɯ⁵⁵pʰɑ³³ɑŋ²¹³kʰi³³kɔ⁰。

　　生产资料方面的工作,到年底比较空闲。县生产资料公司组织全县从事生产资料行业工作的人到杭州学习。这种学习是杭州地区组织的,每次七县一市从事生产资料行业工作的人,都要集中到杭州学习。每年的学习大概有一个月左右。单位里就派我去。

　　对＝葛个一个月个学习过程当中,卬认真个学,因为葛个,有杭州农大个老师请来略。来八＝我拉讲课。再另外呢,葛一些对＝一起个,参加学习个,有些呢,参加生产资料葛一个工作呢,有多年略。葛么渠拉,工作经验呢比较丰富。跟我拉碰了一起个时候呢,就是讲,都相互之间,向渠拉请教。再卬八＝渠一些,听课听来个,向渠拉葛些请教来个，伲都认真呢，做了笔记。八〓葛本笔记呢，很好个保存落来，带过来咯。

te^{213} kɐ$ʔ^3$ kɐ$ʔ^5$ iɐ$ʔ^5$ kɐ$ʔ^5$ y^{213} kɐ$ʔ^0$ ɕiɐ$ʔ^{12}$ tɕiɐ$ʔ^{12}$ ku^{33} tsʰən^{211} taŋ^{33} tsoŋ^{33}, aŋ^{213} lən^{13} tsən^{33} kɐ$ʔ^0$ ɕiɐ$ʔ^{12}$, in^{33} ue^0 kɐ$ʔ^3$ kɐ$ʔ^5$, iɤɯ^{213} ho^{33} tsɤɯ^{53} loŋ^{33} tɑ^{213} kɐ$ʔ^0$ lɔ^{55} sɿ^{33} tɕʰin^{21} lɛ^{33} kɔ^0。lɛ^{33} pɐ$ʔ^5$ ɑ^{21} lɑ^{55} ko^{21} kʰu^{53}。tsɛ^{33} lin^{55} uɛ^{213} ne^0, kɐ$ʔ^3$ iɐ$ʔ^5$ sɐ$ʔ^5$ te^{213} iɐ$ʔ^5$ tɕʰi^{213} kɐ$ʔ^0$, tsʰ ɛ̃^{33} tɕia^{33} ɕiɐ$ʔ^{12}$ tɕiɐ$ʔ^{12}$ kɐ$ʔ^0$, iɤɯ^{21} sɐ$ʔ^5$ ne^0, tsʰ ɛ̃^{33} tɕia^{33} sən^{33} tsʰ ɛ̃^{55} tsɿ^{33} liɔ^{213} kɐ$ʔ^3$ iɐ$ʔ^3$ kɐ$ʔ^5$ koŋ^{53} tsɐ$ʔ^5$ ne^0, iɤɯ^{213} tu^{53} ȵie^{33} kɔ^0。kɐ$ʔ^5$ mɐ$ʔ^5$ ki^{33} lɑ^0, koŋ^{53} tsɐ$ʔ^5$ tɕin^{33} ȵi ɛ̃^{213} ne^0 pi^{55} tɕiɔ^{33} foŋ^{33} fu^{55}。kən^{53} ɑ^{21} lɑ^{55} pʰən^{55} lɐ$ʔ^0$ iɐ$ʔ^5$ tɕʰi^{213} kɐ$ʔ^0$ sɿ^{33} hɤɯ^{33} ne^0, ɕiɤɯ^{55} tsɿ^{213} ko^{213}, tu^{55} ɕian^{33} u^{213} tsɿ^{33} tɕi ɛ̃^{33}, ɕian^{33} ki^{33} lɑ^0 tɕʰin^{21} tɕiɔ^{33}。tsɛ^{33} aŋ^{213} po^{55} ki^{33} iɐ$ʔ^3$ sɐ$ʔ^5$, tʰin^{53} kʰu^{33} tʰin^{53} lɛ^{33} kɐ$ʔ^0$, ɕian^{33} ki^{33} lɑ^0 kɐ$ʔ^3$ sɐ$ʔ^5$ tɕʰin^{21} tɕiɔ^{33} lɛ^{33} kɐ$ʔ^0$, aŋ^{213} tu^{55} lən^{21} tsən^{33} ne^0, tsu^{33} lɐ$ʔ^0$ piɐ$ʔ^3$ tɕi^{55}。po^{55} kɐ$ʔ^3$ pən^{213} piɐ$ʔ^3$ tɕi^{55} ne^0, hən^{55} hɔ^{213} kɐ^0 po^{55} tsʰən^{33} lo^0 lɛ^0, tɑ^{33} ku^{55} lɛ^{33} kɔ^0。

在这一个月的学习过程之中，我认真学习，因为有杭州的农大的老师受邀来给我们上课。另外，一起参加学习的人中，有些参加工作多年了，工作经验比较丰富。我们遇到他们时，向他们请教。无论课堂上讲的，还是向他们这些人请教的知识，我都认真做笔记。我还把这本笔记很好地保存下来，带过来了。

对〓葛个生产资料工作高头，好像也马马虎虎，能够应付得几年。有一点，印象比较深个。就是讲，葛个，生产资料农药个分配。因为农药分配呢，比肥料分配，更加难。肥料分呢，尔只要施用落去，譬讲一亩田施多少，基本上问题弗大。尔葛个农药，尔担来，尔就是讲，产效期比较长个，也有产效期比较短个。葛个农药究竟应该核〓阶用。一亩田，尔譬讲，用多少农药，冲多少水，葛一些都是相当仔细咯，应该做好咯。

te²¹³ kɐʔ³ kɐʔ⁵ sən³³ tsʰ ɛ̃⁵⁵ tsʅ³³ liɔ²¹³ koŋ⁵³ tsɐʔ⁵ kɔ⁵³ t ɤɯ²¹³, hɔ⁵⁵ ɕie⁵⁵ iɛ³³ mɑ³³ mɑ⁵⁵ hu⁵⁵ hu⁰, nən²¹ k ɤɯ³³ in⁵⁵ fu⁰ tɐʔ² tɕi¹³ ȵie³³。i ɤɯ²¹³ iɐʔ⁵ tie²¹³, in³³ ɕiɑŋ⁰ pi⁵⁵ tɕiɔ³³ sən⁵³ kɐʔ⁵。ɕiɤɯ⁵⁵ tsʅ²¹ ko²¹³, kɐʔ³ kɐʔ⁵, sən³³ tsʰ ɛ̃⁵⁵ tsʅ³³ liɔ²¹³ loŋ³³ iɐʔ¹² kɐʔ⁰ fən⁵³ pʰe⁵⁵。in³³ ue⁰ loŋ³³ iɐʔ¹² fən⁵³ pʰe⁵⁵ ne⁰, pi⁵⁵ fi³³ liɔ⁵⁵ fən⁵³ pʰe⁵⁵, kən³³ ko⁵³ nɛ³³。fi³³ liɔ⁵⁵ fən⁵³ ne⁰, n²¹³ tsʅ⁵⁵ iɔ³³ sʅ⁵³ ioŋ²¹³ lo²¹ kʰi³³, pʰie⁵³ ko²¹³ iɐʔ⁵ m²¹ tie³³ sʅ⁵³ tu⁵³ sɔ²¹³, tɕi³³ pən⁵⁵ so⁰ uen²¹ tʰi²¹¹ fɐʔ⁵ tʰu⁵⁵。n²¹³ kɐʔ³ kɐʔ⁵ loŋ²¹ iɐʔ²¹³, n²¹³ tɛ⁵³ lɛ³³, n²¹³ ɕiɤɯ⁵⁵ tsʅ²¹ ko²¹³, tsʰ ɛ̃²¹ ɕiɔ⁵⁵ tɕʰi³³ pi⁵⁵ tɕiɔ³³ tsɛ³³ kɐʔ⁰, iɛ³³ i ɤɯ²¹³ tsʰ ɛ̃²¹ ɕiɔ⁵⁵ tɕʰi³³ pi⁵⁵ tɕiɔ³³ tɛ²¹³ kɐʔ⁰。kɐʔ³ kɐʔ⁵ loŋ³³ iɐʔ¹² tɕiɤɯ³³ tɕin³³ in⁵⁵ kɛ⁰ hɐʔ¹² tɕiɛ²¹³ ioŋ⁵⁵。iɐʔ⁵ m²¹ tie³³, n²¹³ pʰie⁵³ ko²¹³, ioŋ⁵⁵ tu⁵³ sɔ²¹³ loŋ³³ iɐʔ¹², tsʰ oŋ⁵³ tu⁵³ sɔ²¹³ ɕye²¹³, kɐʔ³ iɐʔ⁵ sɐʔ⁵ tu⁵⁵ tsʅ²¹³ ɕiɑŋ³³ tɑŋ³³ tsʅ²¹ ɕi³³ kɔ⁰, in⁵⁵ kɛ⁰ tsu³³ hɔ²¹³ kɔ⁰。

　　我在这个生产资料工作方面，好像也马马虎虎，应付了几年。有一点印象比较深。就是生产资料的分配。分配农药比分配肥料更难。分配的肥料，你只要用下去，例如一亩田施多少，基本上问题不大。农药有效期则有长有短，这个农药应该怎么用，例如一亩田用多少农药，兑多少水，这些都是相当重要的，应该做好。

　　　　　　　　　　（2015 年 11 月 29 日，建德，发音人：胡尚武）

（二）方言老女①

个人经历

　　卬嘞，讴胡霭云。梅城生，梅城大。我拉家里头呢，祖宗几代，都是梅城人。我拉爷爷娘娘嘞，生个四②个鬼儿，圆了渠拉"荣华富贵"葛个四个字个梦。是一个蛮土蛮土个一份人家，住得一个蛮土

---

　　①　方言老男、方言老女、方言青男、方言青女及口头文化发音人的发音略有差异。

　　②　"四"字胡霭云有［sʅ³³］［ɕi³³］异读。

蛮土个四合院里头。

ɑŋ²¹ le⁰，ŋɤɯ⁵³ u²¹ ɛ⁵⁵ yn²¹¹。me²¹¹ tsʰən²¹¹ sɛ⁵³，me²¹¹ tsʰən²¹¹ tʰu⁵⁵。ɑ²¹ lɑ⁵⁵ ko⁵³ li²¹ tɤɯ³³ ne⁰，tsu⁵⁵ tsoŋ⁰ tɕi²¹ tɛ²¹³，tu⁵⁵ tsʅ²¹³ me²¹¹ tsʰən²¹¹ in³³。ɑ²¹ lɑ⁵⁵ iɑ²¹ iɑ⁵⁵ n̠ie²¹ n̠ie⁵⁵ le⁰，sɛ⁵³ kɐʔ⁰ ɕi³³ kɐʔ⁵ kue⁵⁵ n⁰，ye³³ lɐʔ⁰ ki³³ lɑ⁰ "ioŋ²¹¹ huɑ²¹¹ fu⁵⁵ kue⁰" kɐʔ³ kɐʔ⁵ ɕi³³ kɐʔ⁵ sʅ⁵⁵ kɐʔ⁰ moŋ⁵⁵。sʅ¹³ iɐʔ⁵ kɐʔ⁵ mɛ²¹ tʰu⁵⁵ mɛ²¹ tʰu⁵⁵ kɐʔ⁰ iɐʔ⁵ fən⁵⁵ in³³ ko⁵³，tɕʰy⁵⁵ tɐʔ⁵ iɐʔ⁵ kɐʔ⁵ mɛ²¹ tʰu⁵⁵ mɛ²¹ tʰu⁵⁵ kɐʔ⁰ sʅ³³ hɐʔ¹² yɛ̃²¹³ li⁵⁵ tɤɯ⁰。

我叫胡霭云，土生土长的梅城人。我们家祖宗几代都是梅城人。我爷爷奶奶生了四个儿子，圆了他们"荣华富贵"这四个字的梦。我家是一户很土气的人家，住在一个很土气的四合院里。

那么我拉从细呢，就对=葛个四合院里头嬉。那么细个时嬉个东西真是相当多。对=葛个院子里呢，跳绳啊，还做老鹰搭细鸡个游戏啊，相当相当多。

nɑ⁵⁵ mɐʔ⁵ ɑ²¹ lɑ⁵⁵ tsoŋ³³ ɕie³³ ne⁰，ɕi ɤɯ⁵⁵ te²¹³ kɐʔ³ kɐʔ⁵ sʅ³³ hɐʔ¹² yɛ̃²¹³ li⁵⁵ tɤɯ⁰ ɕi⁵³。nɑ⁵⁵ mɐʔ⁵ ɕi³³ kɐʔ⁰ sʅ³³ ɕi⁵³ kɐʔ⁰ toŋ⁵³ ɕi²¹³ tsən⁵³ sʅ²¹³ ɕiɑŋ³³ tɑŋ⁵⁵ tu⁵³。te²¹³ kɐʔ³ kɐʔ⁵ yɛ̃²¹ tsʅ⁵⁵ liʔ⁰ ne⁰，tʰiɔ³³ sən³³ ɑ⁰，uɑ³³ tsu³³ lɔ¹³ in⁵³ kʰo³³ sie³³ tɕi⁵³ kɐʔ⁰ iɤɯ²¹ ɕi³³ ɑ⁰，ɕiɑŋ³³ tɑŋ⁵⁵ ɕiɑŋ³³ tɑŋ⁵⁵ tu⁵³。

我们从小就在这个四合院里玩。小时候玩的东西真是相当多。我们在这个院子里跳绳，玩老鹰抓小鸡的游戏，相当多。

那么到了过年，到了元宵，要出灯罢。我拉葛班细人家啊，大家都要去参加咯。那么对=大人家教我拉个时候，我拉就做了木佬佬自盖=手担担个灯。有啥哩灯呢？要做末个十二生肖个灯啊，还有萝卜葛种形状个蔬菜个灯。大家呢，一班细人家呢，就跟得葛游行队伍个后头。那么葛个元宵个灯呢，有啥哩龙灯啊，狮子灯啊，随便啥哩灯都有。那么渠拉末些灯吧对⁼先头，我拉葛些细人家吧担牢⁼葛灯，就跟牢⁼渠拉后头。嘻嘻哈哈，过得相当相当个味道。

na⁵⁵ mɐʔ⁵tɔ³³ lɐʔ⁰ku³³ ȵie³³, tɔ³³ lɐʔ⁰ȵye³³ ɕiɔ⁵³, iɔ³³ tɕʰyɐ²³tən⁵³pɐʔ⁰。a²¹la⁵⁵kɐʔ³pɐ⁵³ɕie²¹in³³ko⁵³a⁰, tʰa⁵⁵ko⁵³tu⁵⁵iɔ³³kʰi³³tsʰ ɛ̃³³tɕia³³kɔ⁰。na⁵⁵mɐʔ⁵te²¹³tʰu⁵⁵in³³ko⁵³kɔ³³a²¹la⁵⁵kɐʔ⁵sɿ³³hɣɯ³³, a²¹la⁵⁵ɕiɣɯ⁵⁵tsu³³lɐʔ⁰mɐʔ¹²lɔ⁵⁵lɔ⁰ɕi⁵⁵kɛ³³sɣɯ²¹³te⁵³te°kɐʔ⁰tən⁵³。iɣɯ²¹so⁵⁵li⁰tən⁵³ne⁰? iɔ³³tsu³³mɐʔ¹²kɐʔ⁵sɐʔ¹²l²¹sən³³ɕiɔ³³kɐʔ⁰tən⁵³a⁰, ua³³iɣɯ²¹³lo³³pu³³kɐʔ³tsoŋ⁵⁵ɕin²¹tsuaŋ²¹kɐʔ⁰su³³tsʰ ɛ³³kɐʔ⁰tən⁵³。tʰa⁵⁵ko⁵³ne⁰, iɐʔ⁵pɐ⁵³ɕie²¹in³³ko⁵³ne⁰, ɕiɣɯ⁵⁵kən⁵³tɐʔ⁰kɐʔ⁵iɣɯ²¹ɕin²¹tʰe⁵⁵u²¹kɐʔ⁰hɣɯ⁵⁵tɣɯ³³。na⁵⁵mɐʔ⁵kɐʔ³kɐʔ⁵ye³³ɕiɔ⁵³kɐʔ⁰tən⁵³ne⁰, iɣɯ²¹³so⁵⁵li⁰loŋ³³tən⁵³a⁰, sɿ⁵³tsɿ²¹tən⁵³a⁰, ɕyɐʔ³piɐ⁵①so⁵⁵li⁰tən⁵³tu⁵⁵iɣɯ²¹³。na⁵⁵mɐʔ⁵ki³³la⁵³mɐʔ¹²sɐʔ⁵tən⁵³pɐʔ⁰te²¹ɕie³³tɣɯ³³, a²¹la⁵⁵kɐʔ³sɐʔ⁵ɕie²¹in³³ko⁵³pɐʔ⁰tɐ⁵³lɔ³³kɐʔ⁵tən⁵³, ɕiɣɯ⁵⁵kən⁵³lɔ³³ki³³la⁵³hɣɯ⁵³tɣɯ³³。ɕi⁵³ɕi⁵³ha³³ha³³, ku³³tɐʔ⁰ɕiaŋ³³taŋ⁵⁵ɕiaŋ³³taŋ⁵⁵kɐʔ⁰fi⁵⁵tɔ²¹³。

到了春节和元宵，要举行灯会。我们这帮孩子都要去参加的。大人教我们做了很多可以拿在手上的灯。有什么灯呢？有十二生肖的灯，还有萝卜等蔬菜形状的灯。一帮孩子就跟在游行队伍后面。元宵节的灯有龙灯、狮子灯，随便什么灯都有。他们那些灯在前面，我们这些孩子拿着灯跟在他们后面，嘻嘻哈哈，相当快乐。

那么再讲我拉家里，葛个四合院个旁边呢，还有一个娱乐活动室。葛个活动室里头呢，有整套个锣鼓。墙壁上呢还挂牢⁼胡琴啊、箫啊、笛子啊……那么随便啥哩乐器都有。那么，平常个时候呢，有活动。到过年啊，或者是元宵时候啊，或者家里做寿啊，过生日，葛

---

① "随便"二字促化。

个活动室里，是相当相当闹热个。那么大家唱戏啊，唱歌儿啊，跳舞啊，奏乐啊，相当相当开心。

na^{55} mɐʔ^5 tsɛ^{55} ko^{213} ɑ^{21} lɑ^{55} ko^{53} li^0，kɐʔ^3 kɐʔ^5 ɕi^{33} hɐ^{12} y~^{213} kɐʔ^0 pɛ^{33} pie^{53} ne^0，uɑ^{33} iɤɯ^{213} iɐʔ^3 kɐʔ^5 y^{13} lɐʔ^{12} uɐʔ^{12} toŋ^{21} sɐʔ^5。kɐʔ^3 kɐʔ^5 uɐʔ^{12} toŋ^{21} sɐʔ^5 li^{55} tɤɯ^{33} ne^0，iɤɯ^{213} tsən^{55} tʰɔ^{33} kɐʔ^0 lo^{33} ku^{213}。ɕie^{33} piɐʔ^5 so^0 ne^0 uɑ^{33} ko^{33} lɔ^{33} u^{33} tɕin^{33} ɑ^0、ɕiɔ^{53} ɑ^0、tiɐʔ^{12} tsʅ^{55} ɑ^0······na^{55} mɐʔ^5 ɕyɐʔ^3 piɐʔ^5 so^{55} li^0 iɐʔ^{12} tɕʰi^{33} tu^{55} iɤɯ^{213}。na^{55} mɐʔ^5，pin^{33} tsɛ^{33} kɐʔ^0 sʅ^{33} hɤɯ^{33} ne^0，iɤɯ^{21} uɐʔ^{12} toŋ^{213}。tɔ^{33} ku^{33} ȵie^{33} ɑ^0，huɐʔ^{12} tsɐʔ^5 sʅ^{213} ye^{33} ɕiɔ^{53} sʅ^{33} hɤɯ^{33} ɑ^0，huɐʔ^{12} tsɐʔ^5 ko^{53} li^0 tsu^{33} sɤɯ^{55} ɑ^0，ku^{33} sɛ^{53} ȵiɐʔ^{12}，kɐʔ^3 kɐʔ^5 uɐʔ^{12} toŋ^{21} sɐʔ^5 li^0，sʅ^{213} ɕiaŋ^{33} taŋ^{55} ɕiaŋ^{33} taŋ^{55} nɔ^{33} ȵi^{55} kɐʔ^0。na^{55} mɐʔ^5 tʰɑ^{55} ko^{53} tsʰo^{33} ɕi^{33} ɑ^0，tsʰo^{33} ku^{53} n^{21} ɑ^0，tʰɕiɔ^{33} u^{55} ɑ^0，tsɤɯ^{33} iɐʔ^{12} ɑ^0，ɕiaŋ^{33} taŋ^{55} ɕiaŋ^{33} taŋ^{55} kʰɛ^{33} ɕin^{53}。

我们家四合院旁边，还有一个娱乐活动室。这个活动室里有整套锣鼓，墙上还挂着胡琴、箫、笛子······什么乐器都有。这个活动室平常都有活动，到春节或元宵，或者有人做寿、过生日的时候，就相当热闹。大家唱戏，唱歌，跳舞，奏乐，非常开心。

那么，我拉叔叔啦、老伯、我拉伯伯呢，都会唱戏个，也都会乐器个。那么对⸌渠拉教［起来］以后呢，卬呢，三岁就会唱末个《梁祝》里头个戏。那么四岁个时候呢，卬就会唱黄梅戏。那么等到五岁个时候呢，卬就会唱婺剧《辕门斩子》里头个，杨延昭个戏。

na^{55} mɐʔ^5，ɑ^{21} lɑ^{55} ɕyɐʔ^3 ɕyɐʔ^5 lɑ^0、lɔ^{21} pa^{55}、ɑ^{21} lɑ^{55} pa^{21} pa^{55} ne^0，tu^{55} ue^{33} tsʰo^{33} ɕi^{33} kɐʔ^0，iɛ^{33} tu^{55} ue^{33} iɐʔ^{12} tɕʰi^{33} kɐʔ^0。na^{55} mɐʔ^5 te^{213} ki^{33} lɑ^{33} ko^{33} tɕʰiɛ^0 i^{55} hɤɯ^{213} ne^0，aŋ^{21} ne^0，sɛ^{53} ɕi^{33} ɕiɤɯ^{55} ue^{55} tsʰo^{33} mɐʔ^{12} kɐʔ^5《liaŋ^{21} tɕyɐʔ^5》li^{55} tɤɯ^{33} kɐʔ^0 ɕi^{33}。na^{55} mɐʔ^5 ɕi^{33} ɕi^{55} kɐʔ^0 sʅ^{33} hɤɯ^{33} ne^0，aŋ^{213} ɕiɤɯ^{55} ue^{55} tsʰo^{33} uaŋ^{21} me^{21} ɕi^{33}。na^{55} mɐʔ^5 tən^{21} tɔ^{33} n^{21} ɕi^{33} kɐʔ^0 sʅ^{33} hɤɯ^{33} ne^0，

aŋ²¹³ ɕiɤɯ⁵⁵ ue⁵⁵ tsʰo³³ u¹³ tɕieʔ¹²《yɛ̃²¹¹ mən²¹¹ tsɛ̃⁵⁵ tsʅ³³》li⁵⁵ tɤɯ³³ keʔ⁰ , iaŋ²¹¹
iɛ̃²¹¹ tsɔ³³ keʔ⁰ ɕi³³ 。

　　我叔叔、大伯和我父亲都会唱戏,也都会演奏。他们也教我,我
三岁就会唱《梁祝》里的戏,四岁就会唱黄梅戏,等到五岁时,我就会
唱婺剧《辕门斩子》里杨延昭的戏了。

　　底下卬讲戏曲啊。那么我拉浙江省呢,是我拉中国个戏曲个发
源地之一。那么我拉严州古城梅城个戏曲呢,从老早到葛下都相当
相当繁荣。那么我拉葛里戏曲呢,有婺剧啊、越剧啊、睦剧啊、木连
戏啊,还有黄梅戏啊,都相当相当丰富。那么对戏曲来讲呢,对‾我
拉葛个地方呢,从老百姓开始,从到细人家开始,大家都交关欢喜。

ti⁵⁵ ho³³ ɑŋ²¹³ ko²¹³ ɕi⁵⁵ tɕʰyeʔ⁰ ɑ⁰ 。 na⁵⁵ meʔ⁵ a²¹ la⁵⁵ tseʔ⁵ ko³³ sən²¹
ne⁰ , sʅ²¹ a²¹ la⁵⁵ tsoŋ⁵³ kueʔ⁵ keʔ⁰ ɕi⁵⁵ tɕʰyeʔ⁰ keʔ⁰ feʔ⁵ y ɛ̃²¹ ti²¹³ tsʅ³³ ieʔ⁵ 。
na⁵⁵ meʔ⁵ a²¹ la⁵⁵ ȵie³³ tsɤɯ⁵³ ku⁵⁵ tsən³³ me²¹¹ tsʰən²¹¹ keʔ⁰ ɕi⁵⁵ tɕʰyeʔ⁰ ne⁰ ,
tsoŋ³³ lɔ⁵⁵ tsɔ²¹³ tɔ³³ keʔ³ ho²¹³ tu⁵⁵ ɕiaŋ³³ taŋ⁵⁵ ɕiaŋ³³ taŋ⁵⁵ f ɛ̃²¹¹ ioŋ²¹¹ 。 na⁵⁵
meʔ⁵ a²¹la⁵⁵ keʔ³ li⁵⁵ ɕi⁵⁵ tɕʰyeʔ⁰ ne⁰ , i ɤɯ²¹ u¹³ tɕieʔ¹² ɑ⁰ 、yeʔ¹² tɕieʔ¹² ɑ⁰ 、
meʔ¹² tɕieʔ¹² ɑ⁰ 、meʔ¹² nie³³ ɕi³³ ɑ⁰ , ua³³ iɤɯ²¹³ uaŋ²¹ me²¹ ɕi³³ ɑ⁰ , tu⁵⁵ ɕiaŋ³³
taŋ⁵⁵ ɕiaŋ³³ taŋ⁵⁵ foŋ⁵³ fu³³ 。 na⁵⁵ meʔ⁵ te³³ ɕi⁵⁵ tɕʰyeʔ⁰ le³³ ko²¹³ ne⁰ , te²¹ a²¹
la⁵⁵ keʔ³ keʔ⁵ tʰi⁵⁵ fo⁵³ ne⁰ , tsoŋ³³ lɔ²¹ peʔ⁵ ɕin³³ kʰɛ⁵³ sʅ²¹³ , tsoŋ³³ tɔ³³ ɕie²¹ in³³
ko⁵³ kʰɛ⁵³ sʅ²¹³ , tʰa⁵⁵ ko⁵³ tu⁵⁵ tɕiɔ²¹ kueʔ⁵⁵ huɛ⁵³ ɕi²¹³ 。

　　下面我谈一下戏曲。我们浙江省是中国戏曲的发源地之一。
我们严州古城梅城的戏曲呢,从很早以前至今都相当繁荣。我们这
里的戏曲有婺剧、越剧、睦剧、木连戏,还有黄梅戏,非常丰富。就戏
曲来说,我们这里的老百姓,不管是大人还是小孩,大家都非常
喜欢。

那么我拉老早葛里正式个班子呢，有"太子班"。那么太子班呢，是穿戏曲个服装，穿起来做戏个。那么，还有弗穿服装做戏个呢，还有一个叫"青草班"。那么包括我拉葛里，梅城城里啊、乡里啊，有木佬佬多木佬佬多个青草班。那么对⁼人家里啊，做红白喜事。还有店里头个开张，还有店庆，还有造屋个奠基。葛种时候呢，葛个青草班呢，都会请到葛些人家里去。

nɑ⁵⁵ mɐʔ⁵ ɑ²¹ lɑ⁵⁵ lɔ⁵⁵ tsɔ²¹³ kɐʔ³ li⁵⁵ tsən³³ sɐʔ⁵ kɐʔ⁰ pɛ⁵³ tsʅ²¹ ne⁰ , i ɣɯ²¹³ "tʰɑ³³ tsʅ²¹ pɛ⁵³ "。 nɑ⁵⁵ mɐʔ⁵ tʰɑ³³ tsʅ²¹ pɛ⁵³ ne⁰ , sʅ²¹ tɕʰye⁵³ ɕi⁵⁵ tɕʰyɐʔ⁰ kɐʔ⁰ fɐʔ¹² tsuaŋ³³ , tɕʰye⁵³ tɕʰi²¹ lɛ⁰ tsu³³ ɕi³³ kɐʔ⁰ 。 nɑ⁵⁵ mɐʔ⁵ , uɑ³³ i ɣɯ²¹³ fɐʔ⁵ tɕʰye⁵³ fɐʔ¹² tsuaŋ³³ tsu³³ ɕi³³ kɐʔ⁰ ne⁰ , uɑ³³ i ɣɯ²¹³ iɐʔ³ kɐʔ⁵ tɕi³³ "tɕʰin⁵³ tsʰɔ²¹ pɛ⁵³ "。 nɑ⁵⁵ mɐʔ⁵ pɔ³³ kʰuɐʔ⁵ ɑ²¹ lɑ⁵⁵ kɐʔ³ li⁵⁵ , me²¹¹ tsʰən²¹¹ sən³³ li²¹ ɑ⁰ 、 ɕie⁵³ li²¹ ɑ⁰ , i ɣɯ²¹³ mɐʔ¹² lɔ⁵⁵ lɔ⁰ tu⁵³ mɐʔ¹² lɔ⁵⁵ lɔ⁰ tu⁵³ kɐʔ⁰ tɕʰin⁵³ tsʰɔ²¹ pɛ⁵³ 。 nɑ⁵⁵ mɐʔ⁵ te²¹³ in³³ ko⁵³ li²¹ ɑ⁰ , tsu³³ oŋ³³ pɑ²¹³ ɕi⁵⁵ sʅ²¹³ 。 uɑ³³ i ɣɯ²¹³ tie³³ li⁵⁵ tɣɯ³³ kɐʔ⁰ kʰɛ²¹ tsɛ⁵³ , uɑ³³ i ɣɯ²¹³ tie³³ tɕʰin⁵⁵ , uɑ⁵⁵ i ɣɯ²¹³ zɔ²¹ uɐʔ⁵ kɐʔ⁰ tʰie⁵⁵ tɕi⁵³ 。 kɐʔ³ tsoŋ⁵⁵ sʅ³³ h ɣɯ³³ ne⁰ , kɐʔ³ kɐʔ⁵ tɕʰin⁵³ tsʰɔ²¹ pɛ⁵³ ne⁰ , tu⁵⁵ ue³³ tɕʰin⁵⁵ tɔ³³ kɐʔ³ sɐʔ⁵ in³³ ko⁵³ li⁰ kʰi³³ 。

我们这里很早以前就有正式的班子，叫"太子班"。太子班是穿戏服做戏的。还有不穿服装做戏的，叫"青草班"。包括我们这里，梅城城里、乡下有很多很多青草班。人家家里做红白喜事时，还有商店开张、店庆、奠基时，青草班都会被请到那些人家里去表演。

大[起来]以后呢，到了印读书个年龄呢，我拉家里呢，已经搬到碧溪坞村去罢。离我拉老家个四合院呢，有三里路。因为我拉老伯，对⁼我拉家里是农民。印两个叔叔是医生。印家里个地呢，是对⁼碧溪坞咯。那么当时呢，日本佬打来个时候呢，大家都有点吓。那么从末个时候开始呢，就搬到碧溪坞去咯。

tʰu⁵⁵tɕʰiɛ⁵⁵i⁵⁵hɤɯ²¹³ne⁰，tɔ³³lɐʔ⁰ɑŋ²¹³tɐʔ¹²ɕy⁵³kɐʔ⁰n̩iɛ̃³³lin²¹³ne⁰，ɑ²¹la⁵⁵ko⁵³li²¹³ne⁰，i⁵⁵tɕin⁵⁵pɛ⁵³tɔ³³piɐʔ⁵tɕʰi⁵³u⁰tsʰən⁵³kʰi¹³pɐʔ⁰。li³³ɑ²¹la⁵⁵lɔ²¹ko⁵³kɐʔ⁰ɕi³³hɐʔ¹²yɛ̃²¹³ne⁰，iɤɯ²¹³sɛ⁵³li²¹³lu⁵⁵。in³³ue⁰ɑ²¹la⁵⁵lɔ²¹pɑ²¹³，te²¹³ɑ²¹la⁵⁵ko⁵³li²¹³tsʅ²¹³loŋ³³min³³。ɑŋ²¹³nie²¹kɐʔ⁵ɕyɐʔ³ɕyɐʔ⁵tsʅ²¹³i²¹sən³³。ɑŋ²¹³ko⁵³li²¹³kɐʔ⁰tʰi⁵⁵ne⁰，tsʅ²¹³te²¹³piɐʔ⁵tɕʰi⁵³u⁰kɔ⁰。na⁵⁵mɐʔ⁵to⁵³sʅ³³ne⁰，sɐʔ¹²pən²¹lɔ⁵⁵tɛ²¹lɛ³³kɐʔ⁰sʅ³³hɤɯ³³ne⁰，tʰɑ⁵⁵ko⁵³tu⁵⁵iɤɯ²¹tie²¹xɑ⁵⁵。na⁵⁵mɐʔ⁵tsʰoŋ³³mɐʔ¹²kɐʔ⁵sʅ³³hɤɯ³³kʰɛ⁵³sʅ²¹³ne⁰，ɕiɤɯ⁵⁵pɛ⁵³tɔ³³piɐʔ⁵tɕʰi⁵³u⁰kʰi³³kɔ⁰。

　　我长大以后，到了上学的年龄，我们家就已经搬到碧溪坞村了，离我们老家的四合院有三里路。我大伯家和我们家都是农民，我两个叔叔是医生。我们家的地是在碧溪坞的。当时日本人打来的时候，大家都有点害怕，于是那个时候就搬到碧溪坞去了。

　　那么到了碧溪坞以后呢，开始读小学。先对⁼碧溪坞个小学里头读书。那么小学毕业以后呢，到了东关个完小里读书。东关老早也比较有名咯。那么就是"五加皮"个酒，就出得东关。我拉读书个时候呢，老师还带我拉，到"五加皮"个末个酒厂里去参观，葛个酒核⁼咁做出来。那么等到，完小毕业以后呢，再到省立个严州中学。初中、高中都是对⁼严中里读个。

na⁵⁵mɐʔ⁵tɔ³³lɐʔ⁰piɐʔ⁵tɕʰi⁵³u⁰i⁵⁵hɤɯ²¹³ne⁰，kʰɛ⁵³sʅ²¹³tɐʔ¹²ɕiɔ⁵⁵ɕiɐʔ¹²。ɕie⁵³te²¹³piɐʔ⁵tɕʰi⁵³u⁰kɐʔ⁰ɕiɔ⁵⁵ɕiɐʔ¹²li³³tɤɯ³³tɐʔ¹²ɕy⁵³。na⁵⁵mɐʔ⁵ɕiɔ⁵⁵ɕiɐʔ¹²piɐʔ⁵iɐʔ¹²i⁵⁵hɤɯ²¹³ne⁰，tɔ³³lɐʔ⁰toŋ⁵³kuɛ²¹³kɐʔ⁰uɛ̃²¹ɕiɔ⁵⁵li⁰tɐʔ¹²ɕy⁵³。toŋ⁵³kuɛ²¹³lɔ⁵⁵tsɔ²¹³iɛ³³pi⁵⁵tɕiɔ³³iɤɯ²¹min³³kɔ⁰。na⁵⁵mɐʔ⁵ɕiɤɯ⁵⁵tsʅ²¹³"n̩²¹ko³³pi³³"kɐʔ⁰tɕiɤɯ²¹³，ɕiɤɯ⁵⁵tɕʰyɐʔ⁵tɐʔ⁵toŋ⁵³kuɛ²¹³。ɑ²¹la⁵⁵tɐʔ¹²ɕy⁵³kɐʔ⁰sʅ³³hɤɯ³³ne⁰，lɔ⁵⁵sʅ³³uɑ³³tɑ³³ɑ²¹la⁵⁵，tɔ³³"n̩²¹ko³³pi³³"kɐʔ⁰mɐʔ¹²kɐʔ⁵tɕiɤɯ¹³tsʰɛ²¹³li⁵⁵kʰi³³tsʰɛ̃³³kuɛ̃³³，kɐʔ⁵

kəʔ⁵tɕiɣɯ²¹³ həʔ¹²tɕiɛ²¹³tsu³³tɕʰiɐʔ⁰lɛ⁰。 nɑ⁵⁵məʔ⁵tən²¹tɔ³³，uɛ̃²¹ɕiɔ⁵⁵piɐʔ⁵
iɐʔ¹²i⁵⁵hɣɯ²¹³ne⁰，tsɛ³³tɔ³³sən⁵⁵liɐʔ¹²kəʔ⁰n̩iɛ̃²¹tsɣɯ³³tsoŋ³³ɕiɐʔ¹²。
tsʰu³³tsoŋ³³、kɔ³³tsoŋ³³tu⁵⁵tsɿ²¹³te²¹³n̩iɛ̃²¹tsoŋ³³li⁵⁵tɐʔ¹²kəʔ⁰。

　　我到了碧溪坞以后，开始上小学，先在碧溪坞小学读书。小学毕业以后，到东关完小上学①。东关很早就比较出名了，"五加皮"酒就产在东关。我们上学时，老师还带我们到"五加皮"酒厂参观，看这个酒是怎么做出来的。从完小毕业之后，我就到省立严州中学上学，初中高中都是在严中读的。

（2015 年 11 月 29 日，建德，发音人：胡霭云）

（三）方言青男

个人经历

那么讲了葛些以后呢，再讲自盖゠个一些经历。

nəʔ⁵məʔ⁵ko²¹ləʔ⁰kəʔ³səʔ⁵i⁵⁵həɯ²¹³ne⁰，tsɛ³³ko²¹³ɕi⁵⁵kɛ³³kəʔ⁰iəʔ³
səʔ⁵tɕin⁵³liəʔ¹²。

说完这些，再说一下我自己的一些经历。

印呢，是徛梅城生，徛梅城大个。然后，幼儿园呢就徛梅城读个。割゠个幼儿园里个顶大个，一个好嬉个地方，就是有一个水泥造个滑滑梯。然后，细人家呢，都欢喜徛葛个地方嬉。后来，读小学呢，到葛个严师附小去读。后来印毕业掉以后，葛个附小就撤掉罢。然后考到梅城镇中。梅城镇中读了三年。

ɑŋ²¹ne⁰，sɿ³³kɛ²¹³me²¹¹tsʰən²¹¹sɛ⁵³，kɛ²¹³me²¹¹tsʰən²¹¹tʰu⁵⁵kəʔ⁰。lɛ̃¹³

---

　　① 当时许多地方的小学只有一年级到三年级，完小则是一年级到六年级都有的小学。

həɯ³³ , iəɯ⁵⁵ ər³³ y ɛ̃²¹³ ne⁰tɕiəɯ⁵⁵ kɛ²¹³ me²¹¹ tsʰən²¹¹ təʔ¹² kəʔ⁰ 。 ki³³ kəʔ⁵
iəɯ⁵⁵ ər³³ y ɛ̃²¹³ li²¹ kəʔ⁰tin²¹ tʰu⁵⁵ kəʔ⁰ , iəʔ³kəʔ⁵hɔ²¹ ɕi⁵³ kəʔ⁰tʰi⁵⁵ fo⁰ ,
tɕiəɯ⁵⁵ sɿ³³ iəɯ²¹ iəʔ³kəʔ⁵ɕye⁵⁵ ɳi³³ sɔ²¹ kəʔ⁰huɑ²¹¹ huɑ²¹¹ tʰi³³ 。 l ɛ̃¹³ həɯ³³ ,
ɕie³³ in³³ ko⁵³ ne⁰ , tu⁵⁵ huɛ⁵³ ɕi²¹³ kɛ²¹³ kəʔ³kəʔ⁵tʰi⁵⁵ fo⁰ɕi⁵³ 。 həɯ⁵⁵ lɛ³³ ,
təʔ¹² ɕiɔ⁵⁵ ɕyəʔ¹² ne⁰ , tɔ³³ kəʔ³kəʔ⁵i ɛ̃²¹ sɿ³³ fu²¹ ɕiɔ⁵⁵ kʰi³³ təʔ¹² 。 həɯ⁵⁵ lɛ³³
ɑŋ²¹³ piəʔ⁵iəʔ¹² tʰiɔ⁵⁵ i⁵⁵ həɯ²¹³ , kəʔ³kəʔ⁵fu²¹ ɕiɔ⁵⁵ tɕiəɯ⁵⁵ tsʰɑ¹³ tʰiɔ⁵⁵ pəʔ⁰ 。
l ɛ̃¹³ həɯ³³ kʰɔ²¹ tɔ³³ me²¹¹ tsʰən²¹¹ tsən⁵⁵ tsoŋ³³ 。 me²¹¹ tsʰən²¹¹ tsən⁵⁵ tsoŋ³³
təʔ¹² ləʔ⁰ sɛ⁵³ ɳie³³ 。

我是土生土长的梅城人。我幼儿园就在梅城读的。这个幼儿园最好玩的地方，就是有一个水泥做的滑滑梯，孩子们都喜欢在这里玩。后来，我去严师附小上学。我毕业以后，这个附小就撤掉了。然后我考到梅城镇中，在梅城镇中读了三年。

　　倚梅城镇中末下，卬嬉心比较重。对⁻初中个时候，成绩还好个，特别是英语啊。然后考试都还好，但是嬉心比较重。比较欢喜看葛个小说书，还欢喜嬉游戏机。末下伯伯姆妈还到电子游戏室来搭。老师呢有时候也会来搭个。

kɛ²¹³ me²¹¹ tsʰən²¹¹ tsən⁵⁵ tsoŋ³³ məʔ¹² ho²¹³ , ɑŋ²¹³ ɕi⁵³ ɕin⁵³ pi³³ tɕiɔ³³ tsoŋ²¹³ 。
te²¹³tsʰu³³ tsoŋ³³ kəʔ⁰sɿ³³ həɯ³³ , tsʰən²¹ tɕiəʔ⁵uɑ³³ hɔ²¹ kəʔ⁰ , təʔ¹² piəʔ¹² sɿ²¹
in³³y⁵⁵ɑ⁰ 。 l ɛ̃¹³ həɯ³³ kʰɔ²¹ sɿ³³ tu⁵⁵ uɑ³³ hɔ²¹³ , t ɛ̃¹³ sɿ³³ ɕi⁵³ ɕin⁵³ pi³³ tɕiɔ³³ tsoŋ²¹³ 。
pi³³ tɕiɔ³³ huɛ⁵³ ɕi²¹³ kʰ ɛ̃¹³ kəʔ³kəʔ⁵ɕiɔ²¹ səʔ⁵ɕy⁵³ , uɑ³³ huɛ⁵³ ɕi²¹³ ɕi⁵³ iəɯ²¹ ɕi⁵⁵
tɕi³³ 。 məʔ¹² ho²¹³ pɑ²¹ pɑ⁵⁵ m²¹ mɑ⁵⁵ uɑ³³ tɔ³³ ti ɛ̃¹³ tsɿ²¹ iəɯ²¹ ɕi³³ səʔ⁵lɛ³³
kʰo³³ 。 lɔ⁵⁵ sɿ³³ ne⁰ iəɯ²¹ sɿ³³ həɯ³³ ie²¹ ue⁵⁵ lɛ³³ kʰo³³ kəʔ⁰ 。

　　我在梅城镇中时比较贪玩。我初中时成绩还好，特别是英语。考试都还好，但是比较贪玩。我很喜欢看小说，玩（电子）游戏，那时我父母还到电子游戏室来抓我，老师有时候也会来抓。

还有一样事情［交关］搞笑。就是中考之前，伲么徛末里看小说书，园得厕所里看个。然后姆妈突然间走进来。来弗及，葛书末园好，结果八˭渠看见罢。然后渠小说书一记担去，撕掉。然后八˭伲带得班主任末里去。

uɑ³³ iəɯ²¹³ iəʔ³ n̠iɛ⁵⁵ sɿ⁵⁵ tɕin³³ tɕyɑ¹³ kɔ²¹ ɕiɔ³³ 。 tɕiəɯ⁵⁵ sɿ³³ tsoŋ³³ kʰɔ²¹³tsɿ³³ ɕie³³ , ɑŋ²¹ məʔ⁰ kɛ²¹³ məʔ¹² li⁵⁵ kʰɛ³³ ɕiɔ²¹ səʔ⁵ ɕy⁵³ , kʰo³³ təʔ⁰ tsʰəʔ⁵ so⁰ li⁰ kʰɛ³³ kəʔ⁰ 。 lɛ̃¹³ həɯ³³ m²¹ mɑ⁵⁵ tʰu³³ lɛ̃¹³ tɕi ɛ̃³³ tsəɯ²¹ tɕin⁵⁵ lɛ³³ 。 lɛ³³ fəʔ⁰ kʰɛ²¹³ , kəʔ³ ɕy⁵³ mi⁵⁵ kʰo³³ hɔ²¹³ , tɕiəʔ⁵ ku²¹³ po⁵⁵ ki³³ kʰɛ³³ tɕie³³ pəʔ⁰ 。 lɛ̃¹³ həɯ³³ ki³³ ɕiɔ²¹ səʔ⁵ ɕy⁵³ iəʔ³ tɕi³³ tɛ⁵³ kʰi³³ , tsʰɿ⁵³ tʰiɔ⁵⁵ 。 lɛ̃¹³ həɯ³³ pəʔ⁵ ɑŋ²¹³ tɑ³³ təʔ⁰ pɛ³³ tɕy⁵⁵ lən²¹³ məʔ¹² li⁵⁵ kʰi³³ 。

还有一件很搞笑的事。就是中考之前，我正在厕所里看小说，我妈突然走进来。书来不及藏好，结果被她看见了。然后她一把拿走小说，撕掉了，然后把我带到班主任那里。

弗要讲，伲葛䎷子，连中专考弗着，连高中都考弗着。后来伲气弗过，然后就认真个读了半年书，结果就考着葛个严中罢。就是葛里个重点高中。然后，重点高中进来以后，也读了三年。弗过开始就慢慢个比较欢喜体育活动，特别欢喜踢足球。然后，可能成绩也慢慢脱落去罢。

fəʔ³ iɔ³³ ko²¹³ , ɑŋ²¹³ kəʔ³ tɕiɛ²¹ tsɿ²¹³ , lie³³ tsoŋ³³ tsu ɛ̃³³ kʰɔ²¹ fəʔ⁰ tsɑ²¹³ , lie³³ kɔ³³ tsoŋ³³ tu⁵⁵ kʰɔ²¹ fəʔ⁰ tsɑ²¹³ 。 həɯ³³ lɛ³³ ɑŋ²¹³ tɕʰi³³ fəʔ⁰ ku³³ , l ɛ̃¹³ həɯ³³ tɕiəɯ⁵⁵ lən¹³ tsən³³ kəʔ⁰ təʔ¹² ləʔ⁰ pɛ³³ n̠ie³³ ɕy⁵³ , tɕiəʔ⁵ ku²¹³ tɕiəɯ⁵⁵ kʰɔ²¹ tsɑ²¹³ kəʔ³ kəʔ⁵ i ɛ̃²¹ tsoŋ³³ pəʔ⁰ 。 tɕiəɯ⁵⁵ sɿ³³ kəʔ³ li⁵⁵ kəʔ⁰ tsoŋ²¹ ti ɛ̃⁵⁵ kɔ³³ tsoŋ³³ 。 l ɛ̃¹³ həɯ³³ , tsoŋ²¹ ti ɛ̃⁵⁵ kɔ³³ tsoŋ³³ tɕin³³ lɛ³³ i⁵⁵ həɯ²¹³ , ie²¹³ təʔ¹² ləʔ⁰ sɛ⁵³ n̠ie³³ 。 fəʔ³ ku³³ kʰɛ⁵³ sɿ²¹³ tɕiəɯ⁵⁵ mɛ⁵⁵ mɛ⁵⁵ kəʔ⁰ pi³³ tɕiɔ³³

huɛ⁵³ ɕi²¹³ tʰi⁵⁵ yəʔ⁵ huəʔ¹² toŋ²¹² , təʔ¹² piəʔ¹² huɛ⁵³ ɕi²¹³ tʰiəʔ⁵ tɕiəʔ⁵ tɕiəɯ³³ 。
lɛ̃¹³ həɯ³³ , kʰu⁵⁵ nən³³ tsʰən²¹ tɕiəʔ⁵ ie²¹³ mɛ⁵⁵ mɛ⁵⁵ tʰəʔ³ lo¹³ kʰiº pəʔº 。

不用说,像我这样学,不论中专、高中都考不上。后来我气不过,认真学了半年,结果就考上了严中,就是这里的重点高中。进了重点高中以后,我也读了三年。不过,我慢慢喜欢上了体育活动,特别喜欢踢足球,然后,成绩也慢慢掉下去了。

后来,高考时候呢,考到葛个台州学院。然后读了三年。后来又到葛个金华,浙师大,又读了本科。然后毕业出来,然后又到梅城来,又到严中来当老师。从 04 年毕业当老师,一直到葛下。

həɯ³³ lɛ³³ , kɔ³³ kʰɔ⁵⁵ sʅ³³ həɯ³³ neº , kʰɔ²¹ tɔ³³ kəʔ³ kəʔ⁵ tʰɛ⁵³ tsəɯ³³ ɕyəʔ¹² yɛ̃²¹³ 。 lɛ̃¹³ həɯ³³təʔ¹² ləʔº sɛ⁵³ ɲieʔ³³ 。 həɯ³³ lɛ³³ iəɯ⁵⁵ tɔ³³ kəʔ³ kəʔ⁵ tɕin⁵³ o³³ , tsəʔ⁵ sʅ³³ tɑ²¹³ , iəɯ⁵⁵ təʔ¹² ləʔº pən¹³ kʰu³³ 。 lɛ̃¹³ həɯ³³ piəʔ⁵ iəʔ¹² tɕʰyəʔ⁵ lɛ³³ ,lɛ̃¹³ həɯ³³ iəɯ⁵⁵ tɔ³³ me²¹¹ tsʰən²¹¹ lɛ³³ , iəɯ⁵⁵ tɔ³³ i ɛ̃²¹ tsoŋ³³ lɛ³³ to⁵³ lɔ⁵⁵ sʅ³³ 。 tsʰoŋ³³ lin²¹ sʅ⁵⁵ ɲi ɛ̃²¹¹ piəʔ⁵ iəʔ¹² to⁵³ lɔ⁵⁵ sʅ³³ , iəʔ⁵ tsʅ³³ tɔ³³ kəʔ³ ho²¹³ 。

后来,我高考考到了台州学院,读了三年。后来,我又到金华的浙师大读了本科。毕业后,我又到梅城来,在严中当了老师。我从2004 年毕业后当老师,一直到现在。

(2015 年 11 月 29 日,建德,发音人:丁勋)

(四)方言青女

个人经历

作为印来讲,所以呢跟梅城来讲呢,也是蛮有感情个。印个小学、初中、高中,刚刚先头讲个,都得梅城,除了四年大学。

tsəʔ⁵ ueº ɑŋ²¹³ lɛ³³ ko²¹³ , so⁵⁵ iº neº kən⁵³ me²¹¹ tsʰən²¹¹ lɛ³³ ko²¹ neº , ie²¹ sʅ²¹³ me³³ iɤɯ²¹³ k ɛ̃⁵⁵ tɕʰin³³ kɐʔ⁰。ɑŋ²¹ kɐʔ⁰ ɕiɔ⁵⁵ ɕyɐʔ¹² 、tsʰu³³ tsoŋ³³ 、kɔ³³ tsoŋ³³ ，kaŋ³³ kaŋ³³ ɕie³³ tɤɯ³³ ko²¹ kɐʔ⁰ ，tu⁵⁵ tɐʔ⁵ me²¹¹ tsʰən²¹¹ ，tɕy³³ lɐʔ⁰ sʅ³³ n̠ie³³ tɑ¹³ ɕyɐʔ¹²。

我对梅城也是很有感情的。我的小学、初中、高中都是在梅城读的，刚才说过，除了四年大学。

印呢应该是梅城一个交关①普通个，农民家里出生个。印伯伯个爷爷，应该是印个太爷爷，末下来讲呢，应该是，算是一个地主人家哇。但是解放以后嘛，反正屋啦啥哩啦都归国家罢。那么渠拉么也就开始败掉罢。印爷爷呢，应该讲，从前还未吃过苦嘛，所以后头开始，葛种，到集体里头、村里头去做生活，渠就做弗来。那所有个担子都印伯伯挑，所以细个时候，我拉家里个条件也弗是交关好。

ɑŋ²¹ ne⁰ in³³ kɛ³³ sʅ²¹³ me²¹¹ tsʰən²¹¹ iɐʔ³ kɐʔ⁵ tɕiɔ²¹ ka²¹³ pʰu⁵⁵ tʰoŋ³³ kɐʔ⁰ ，noŋ³³ min³³ ko⁵³ li⁰ tɕʰyɐʔ⁵ sɛ⁵³ kɐʔ⁰。ɑŋ²¹ pa²¹ pa⁵⁵ kɐʔ⁰ iɑ²¹ iɑ⁵⁵ ，in³³ kɛ³³ sʅ²¹ ɑŋ²¹ kɐʔ⁰ tʰɑ⁵⁵ iɑ²¹ iɑ⁵⁵ ，mɐʔ¹² ho⁵⁵ lɛ³³ ko²¹ ne⁰ ，in³³ kɛ³³ sʅ²¹³ ，sɛ³³ sʅ²¹³ iɐʔ³ kɐʔ⁵ tʰi⁵⁵ tɕy²¹ in³³ ko⁵³ uɑ⁰。t ɛ̃¹³ sʅ³³ tɕie⁵⁵ faŋ³³ i⁵⁵ hɤɯ²¹³ mɑ⁰ ，f ɛ̃²¹ tsən³³ uɐʔ⁵ lɑ⁰ so⁵⁵ li⁰ lɑ⁰ tu³³ kue⁵³ kuɐʔ³ ko⁵³ pɐʔ⁰。na⁵⁵ mɐʔ⁵ ki³³ lɑ³³ mɐʔ⁰ ie²¹ ɕiɤɯ⁵⁵ kʰɛ⁵³ sʅ²¹³ pʰɑ¹³ tʰiɔ⁵⁵ pɐʔ⁰。ɑŋ²¹ iɑ²¹ iɑ⁵⁵ ne⁰ ，in³³ kɛ³³ ko²¹³ ，tsoŋ³³ ɕie³³ ɐʔ³ mi⁵⁵ tɕʰiɐʔ⁵ ku³³ kʰu²¹³ mɑ⁰ ，so⁵⁵ i⁰ hɤɯ⁵⁵ tɤɯ³³ kʰɛ⁵³ sʅ²¹³ ，kɐʔ³ tsoŋ²¹³ ，tɔ³³ tɕiɐʔ¹² tʰi²¹³ li³³ tɤɯ³³ 、tsʰən⁵³ li²¹ tɤɯ³³ kʰi²¹ tsu³³ sɛ⁵³ u²¹³ ，ki³³ ɕiɤɯ⁵⁵ tsu³³ fɐʔ⁵ lɛ³³。na⁵⁵ so⁵⁵ iɤɯ²¹ kɐʔ⁵ tɛ³³ tsʅ⁵⁵ tu⁵⁵ ɑŋ²¹ pa²¹ pa⁵⁵ tʰiɔ⁵³ ，so⁵⁵ i⁰ ɕie³³ kɐʔ⁰ sʅ³³ h ɤɯ³³ ，ɑ²¹ lɑ⁵⁵ ko⁵³ li²¹ kɐʔ⁰ tʰiɔ²¹ tɕi ɛ̃²¹³ ie²¹ fɐʔ⁵ sʅ²¹³ tɕiɔ²¹ ka²¹³ hɔ²¹³。

我出生于梅城一个很普通的农民家庭。我爸爸的爷爷，应该是

---

①　"关"字韵殊。

我的曾祖父，那时应算一个地主。但是新中国成立以后，他家的房子等都归国家了，他们也就开始败落了。应该说我爷爷以前没吃过苦，所以后来到集体里、村里干活，他就不会干。于是，所有的担子都由我爸爸一个人挑，所以小时候我家条件也不是很好。

但是呢，印个读书应该讲还好个，从前老师呢，也都蛮欢喜个。印印象交关深个，像印末个数学老师。渠对印呢也交关好。那每一次呢，印个数学作业呢都是，基本上都是第一个完成个。印小学个时候呢，应该讲成绩蛮好。

tɛ̃¹³ sʅ³³ ne⁰ , aŋ²¹ keʔ⁰ teʔ¹² ɕy⁵³ in³³ kɛ³³ ko²¹³ ueʔ⁵ hɔ²¹ keʔ⁰ , tsoŋ³³ ɕie³³ lɔ⁵⁵ sʅ³³ ne⁰ , ie²¹ tu³³ mɛ³³ hue⁵³ ɕi²¹ keʔ⁰ 。 aŋ²¹³ in⁵⁵ ɕiaŋ⁵⁵ tɕiɔ²¹ ka²¹³ sən⁵³ keʔ⁰ , ɕiaŋ²¹ aŋ²¹³ meʔ¹² keʔ⁵ su⁵⁵ ɕyeʔ¹² lɔ⁵⁵ sʅ³³ 。 ki³³ te³³ aŋ²¹³ ne⁰ ie²¹³ tɕiɔ²¹ ka²¹³ hɔ²¹³ 。 na⁵⁵ me²¹ ieʔ⁵ tsʰʅ⁵⁵ ne⁰ , aŋ²¹ keʔ⁰ su⁵⁵ ɕyeʔ¹² tseʔ⁵ ieʔ¹² ne⁰ tu³³ sʅ³³ , tɕi³³ pən⁵⁵ so⁵⁵ tu³³ sʅ³³ tʰi⁵⁵ ieʔ⁵ ka⁵⁵ u ɛ̃²¹¹ tsʰən²¹¹ keʔ⁰ 。 aŋ²¹³ ɕiɔ⁵⁵ ɕyeʔ¹² keʔ⁰ sʅ³³ hɤɯ³³ ne⁰ , in³³ kɛ³³ ko²¹³ tsʰən²¹ tɕieʔ⁵ me³³ hɔ²¹³ 。

但是，我的学习应该说还不错，以前老师们也都挺喜欢我。我印象最深的是那个数学老师，他对我非常好。每次数学作业我基本上都是第一个完成的。我小学时成绩应该说挺好。

那末下呢梅城个初中有两个，一个是梅城镇中，还一个呢是严中。严中呢葛下是只有高中个，但是印末下读书个时候呢，还是有初中个。两个初中应该讲，也是算竞争一样个。那严中呢割〓个初中呢，是面向整个建德市个。拔尖个时候，六年级个小学生都收去，培养，然后到高中去读个。

na⁵⁵ meʔ¹² ho²¹³ ne⁰ me²¹¹ tsʰən²¹¹ keʔ⁰ tsʰu³³ tsoŋ³³ iɤɯ²¹³ nie²¹ ka³³ , ieʔ³ keʔ⁵ sʅ²¹³ me²¹¹ tsʰən²¹¹ tsən¹³ tsoŋ³³ , ueʔ⁵ ieʔ³ keʔ⁵ ne⁰ sʅ²¹ i ɛ̃²¹ tsoŋ³³ 。

iɛ̃²¹tsoŋ³³ne⁰kɐʔ³ho²¹³sʅ²¹³tsɐʔ⁵iɤɯ²¹³kɔ³³tsoŋ³³kɐʔ⁰，tɛ̃¹³sʅ³³aŋ²¹³mɐʔ¹²ho²¹³tɐʔ¹²ɕy⁵³kɐʔ⁰sʅ³³hɤɯ³³ne⁰，uɐʔ⁵sʅ³³iɤɯ²¹³tsʰu³³tsoŋ³³kɐʔ⁰。nie²¹kɐʔ⁰tsʰu³³tsoŋ³³in³³kɛ³³ko²¹³，ie²¹sʅ³³sɛ³³tɕin¹³tsɐn³³iɐʔ³iaŋ²¹kɐʔ⁰。nɑ⁵⁵iɛ̃²¹tsoŋ³³ne⁰ki⁵⁵kɐʔ⁵tsʰu³³tsoŋ³³ne⁰，sʅ²¹miɛ̃¹³ɕiaŋ³³tsɐn⁵⁵ka³³tɕiɛ̃³³tɐʔ⁵sʅ²¹kɐʔ⁰。pɐʔ¹²tɕiɛ̃³³kɐʔ⁰sʅ³³hɤɯ³³，lɐʔ¹²ȵie³³tɕiɐʔ⁵kɐʔ⁰ɕiɔ⁵⁵ɕyɐʔ¹²sɐn³³tu³³sɤɯ⁵³kʰi⁰，pe²¹¹iaŋ²¹³，lɛ̃²¹hɤɯ⁵⁵tɔ³³kɔ³³tsoŋ³³kʰi³³tɐʔ¹²kɐʔ⁰。

那时梅城有两个初中，一个是梅城镇中，另一个是严中。严中现在只有高中，但是我上学那时还是有初中的。两个初中应该说存在一定的竞争。严中这个初中是面向整个建德市的，把拔尖的六年级小学生都招去培养，然后升入高中。

当时卬伯伯姆妈呢渠拉也觉得，像卬个成绩呢，考个中专是肯定弗有问题个。所以呢渠拉就想，卬呢小学毕业以后呢，就到梅城镇中去读个。因为末下到严中去读个白话呢，渠要求，如果尔要到严中读初中，就一定要考高中个，弗好考中专个。卬伯伯姆妈忖去么，以卬个成绩，考个中专应该是弗有问题个。农村里人么，就觉得好像，从前，农民唠噢，我拉要是考个中专个白话么，能够变成居民么噢。跳出农门也算是。所以卬末下就准备是考中专个。

to⁵³sʅ³³aŋ²¹pa²¹pa⁵⁵m²¹ma⁵⁵ne⁰ki³³la³³ie²¹tɕyɐʔ⁵tɐʔ⁵，ɕiaŋ²¹aŋ²¹kɐʔ⁰tsʰən²¹tɕiɐʔ⁵ne⁰，kʰɔ²¹kɐʔ⁵tsoŋ³³tsuɛ̃³³sʅ²¹³kʰən¹³tin²¹³fɐʔ⁵iɤɯ²¹³uen¹³tʰi²¹kɐʔ⁰。so⁵⁵i⁰ne⁰ki³³la³³ɕiɤɯ⁵⁵ɕie²¹³，aŋ²¹ne⁰ɕiɔ⁵⁵ɕyɐʔ¹²piɐʔ⁵iɐʔ¹²i⁵⁵hɤɯ²¹³ne⁰，ɕiɤɯ⁵⁵tɔ³³me²¹¹tsʰən²¹¹tsɐn¹³tsoŋ³³kʰi³³tɐʔ¹²kɐʔ⁰。in³³ue⁰mɐʔ¹²ho²¹³tɔ³³iɛ̃²¹tsoŋ³³kʰi³³tɐʔ¹²kɐʔ⁰pa²¹o⁵⁵ne⁰，ki³³iɔ³³tɕʰiɤɯ²¹¹，ɕy²¹ku³³n²¹³iɔ³³tɔ³³iɛ̃²¹tsoŋ³³tɐʔ¹²tsʰu³³tsoŋ³³，ɕiɤɯ⁵⁵iɐʔ³tʰin⁵⁵iɔ³³kʰɔ²¹³kɔ³³tsoŋ³³kɐʔ⁰，fɐʔ⁵hɔ²¹³kʰɔ²¹³tsoŋ³³tsuɛ̃³³kɐʔ⁰。aŋ²¹pa²¹pa⁵⁵m²¹ma⁵⁵tsʰən²¹kʰi³³mɐʔ⁰，i⁵⁵aŋ²¹kɐʔ⁰tsʰən²¹tɕiɐʔ⁵，kʰɔ²¹kɐʔ⁰tsoŋ³³tsuɛ̃³³in³³kɛ³³

sɿ²¹³fɐʔ⁵iɤɯ²¹³uen¹³tʰi²¹kɐʔ⁰。noŋ²¹tsʰən³³li⁵⁵in³³mɐʔ⁰，tɕiɤɯ⁵⁵tɕyɐʔ⁵
tɐʔ⁵ho²¹ɕiaŋ⁵⁵，tsoŋ³³ɕie³³，noŋ³³min³³lɔ⁰ɔ⁵³，ɑ²¹lɑ⁵⁵iɔ³³sɿ³³kʰɔ²¹kɐʔ⁵
tsoŋ³³tsuɛ̃³³kɐʔ⁰pa²¹o⁵⁵mɐʔ⁰，nən³³kɤɯ³³piɛ̃³³tsʰən³³tɕy¹³min³³mɐʔ⁰ɔ⁵³。
tʰiɔ³³tɕʰyɐʔ⁰noŋ³³mən³³ie²¹sɛ³³sɿ³³。so⁵⁵i⁰aŋ²¹³mɐʔ¹²hɔ²¹³ɕiɤɯ⁵⁵tɕyn⁵⁵
pe²¹³sɿ²¹³kʰɔ²¹³tsoŋ³³tsuɛ̃³³kɐʔ⁰。

当时我父母也觉得，以我的成绩考个中专肯定没问题。他们就想让我小学毕业后到梅城镇中上学。因为那时要到严中读书的话，就一定要考高中，不能考中专。我父母认为，以我的成绩，考个中专应该没问题。农村里的人就觉得，我要是考上中专的话，就能够变成居民户口，也算是跳出农门了。所以我那时就准备考中专。

但是我拉六年级个班主任呢，渠拉就得班里头讲，意思就，讴我拉报名，考考看。严中个初中要是考着，弗去读，也弗要紧个。结果呢，卬报名罢，又考着罢。考着以后呢，卬伯伯姆妈呢就忖去呢，既然考着罢，就讴卬去读算数罢。渠拉就相当支持卬去严中读初中，也支持卬继续读高中。

tɛ̃¹³sɿ³³ɑ²¹lɑ⁵⁵lɐʔ¹²ȵie³³tɕiɐʔ⁵kɐʔ⁰pɛ̃³³tsu⁵⁵lən²¹³ne⁰，ki³³lɑ³³ɕiɤɯ⁵⁵
tɐʔ⁵pɛ⁵³li²¹tɤɯ³³ko²¹³，i³³sɿ⁵³ɕiɤɯ⁵⁵，ɤɯ⁵³ɑ²¹lɑ⁵⁵pɔ³³min³³，kʰɔ²¹kʰɔ¹³
kʰɛ⁰。iɛ̃²¹tsoŋ³³kɐʔ⁰tsʰu³³tsoŋ³³iɔ³³sɿ³³kʰɔ²¹tsa²¹³，fɐʔ⁵kʰi³³tɐʔ¹²，ie²¹
fɐʔ³iɔ³³tɕin²¹kɐʔ⁰。tɕiɐʔ⁵ku²¹ne⁰，aŋ²¹³pɔ³³min³³pɐʔ⁰，iɤɯ⁵⁵kʰɔ²¹tsa²¹
pɐʔ⁰。kʰɔ²¹tsa²¹³i⁵⁵hɤɯ²¹³ne⁰，aŋ²¹³pa²¹pa⁵⁵m²¹ma⁵⁵ne⁰ɕiɤɯ⁵⁵tsʰən²¹
kʰi³³ne⁰，tɕi⁵⁵lɛ̃⁵⁵kʰɔ²¹tsa²¹pɐʔ⁰，ɕiɤɯ⁵⁵ɤɯ⁵³aŋ²¹³kʰi³³tɐʔ¹²sɛ³³su³³pɐʔ⁰。
ki³³lɑ³³ɕiɤɯ⁵⁵ɕiaŋ³³taŋ⁵⁵tsɿ³³tsʰ̩²¹¹aŋ²¹³kʰi³³iɛ̃²¹tsoŋ³³tɐʔ¹²tsʰu³³tsoŋ³³，
ie²¹³tsɿ³³tsʰ̩²¹¹aŋ²¹³tɕi³³ɕy³³tɐʔ¹²kɔ³³tsoŋ³³。

但是我们六年级时的班主任在班里说，让我们报名考一下严中。严中的初中要是考上，不去上也不要紧。结果我报名了，并考上了。考上以后,我父母就想,既然考上了,就叫我去上算了。他们就相当支持我去严中读初中,也支持我继续读高中。

那么咹忖去呢,从葛下来讲个白话呢,渠拉末下个决定还算是明智个噢。中专生,按照葛下个文化水平个白话,肯定是跟弗上时代个噢。那弗管核⁼宰⁼么,葛下还算是个本科唠噢。那弗管交关好么,一般还过得去个,是弗是噢?

nɑ⁵⁵ mɐʔ⁵ɑŋ²¹³ tsʰən²¹ kʰi³³ ne⁰ , tsʰoŋ³³ kɐʔ²³ho²¹³ lɛ³³ ko²¹ kɐʔ⁰ pɑ²¹ o⁵⁵ ne⁰ , ki³³ lɑ³³ mɐʔ¹² ho²¹ kɐʔ⁰tɕyɐʔ²³tʰin⁵⁵ uɐʔ⁵sɛ³³ sɿ³³ min³³ tsɿ²¹ kɐʔ⁰ɔ⁵³ 。 tsoŋ³³ tsu ɛ̃³³ sən³³ ,ɛ̃³³ tsɔ³³ kɐʔ³ho²¹ kɐʔ⁰ uen²¹ huɑ¹³ ɕye⁵⁵ pʰin²¹ kɐʔ⁰ pɑ²¹ o⁵⁵ , kʰən¹³ tin²¹³ sɿ²¹³ kən⁵³ fɐʔ⁰so⁰sɿ²¹ tɛ²¹ kɐʔ⁰ɔ⁵³ 。 nɑ⁵⁵ fɐʔ⁵kuɛ²¹³ hɐʔ¹² tsɛ²¹ mɐʔ⁰ ,kɐʔ⁵ho²¹³ uɐʔ⁵sɛ³³ sɿ³³ kɐʔ⁵pən⁵⁵ kʰu³³ lɔ⁰ɔ⁵³ 。 nɑ⁵⁵ fɐʔ⁵kuɛ²¹³ tɕiɔ²¹ kɑ²¹³hɔ²¹ mɐʔ⁰ ,iɐʔ⁵pɛ⁵³uɐʔ¹² ku³³tɐʔ⁰kʰi³³ kɐʔ⁰ ,sɿ²¹ fɐʔ⁵sɿ²¹³ɔ⁵³ ?

我想,现在来看,他们当时的决定还算明智的。按照现在对文化水平的要求,中专生肯定是跟不上时代的。不管如何,现在还算是个本科。尽管不是很好,一般还过得去吧,是不是?

(2015 年 11 月 29 日,建德,发音人:唐春燕)

二、对 话

业余爱好

对话人

胡尚武——方言老男

胡霭云——方言老女

丁　勋——方言青男

胡霭云:尚武老大哥啊,尔对⁼我拉梅城蛮出名个。

saŋ⁵⁵ u³³ lɔ⁵⁵ tɑ²¹ ku⁵⁵ ɑ⁰, n²¹³ te⁵⁵ ɑ²¹ la⁵⁵ me²¹¹ tsʰən²¹¹ ɛɛ⁵³ tɕʰyɐʔ⁵
min³³ kɐʔ⁰。

尚武老大哥啊,你在咱们梅城挺出名的。

胡尚武:(笑)

胡霭云:尔欢喜锻炼身体,五更头老早爬[起来]去爬山。教教我拉
核ᵘ吤爬山,核ᵘ吤,教教我拉。

n²¹³ huɛ⁵³ ɕi²¹³ tu ɛ̃¹³ li ɛ̃¹³ sən³³ tʰi⁵⁵, n⁵⁵ kɛ⁵³ t ɤɯ³³ lɔ¹³ tsɔ⁰ po³³
ɕieᵒ kʰi³³ po³³ sɛ⁵³。 kɔ³³ kɔ³³ ɑ²¹ la⁵⁵ hɐʔ²¹ tɕiɛ²¹³ po³³ sɛ⁵³, hɐʔ²¹
tɕiɛ²¹³, kɔ³³ kɔ³³ ɑ²¹ la⁵⁵。

你喜欢锻炼身体,早上老早起来去爬山。请教我们爬山,教
一下吧。

胡尚武:爬山呢,葛种事干也是自盖ᵘ个一个,好像弗有事干,五更头
吧,葛吤也眠弗着啊,葛吧早点爬[起来]。

po³³ sɛ⁵³ neᵒ, kɐʔ³ tsoŋ³³ sʔ⁵⁵ kɛ³³ iɛ²¹ tsʔ³³ ɕiɛ⁵⁵ kɛ³³ kɐʔ⁰ iɐʔ³ kɐʔ⁵, hɔ²¹
ɕie⁵⁵ fɐʔ⁵i ɤɯ²¹ sʔ⁵⁵ kɛ³³, n⁵⁵ kɛ⁵³ t ɤɯ³³ pɐʔ⁰, kɐʔ³ tɕiɛ²¹³ iɛ²¹³
kʰuen³³ fɐʔ⁰ tsɑ²¹ ɑ⁰, kɐʔ⁵ pɐʔ⁵ tsɔ²¹ tie⁵⁵ po³³ ɕieᵒ。

爬山这种事也是自己的一个(习惯),好像没事干,早上也睡
不着了,于是就早点起床。

胡霭云:嗯。

ən⁵³。

嗯。

丁　勋:几点钟?

tɕi²¹ tie²¹ tsoŋ⁵³?

几点钟?

胡尚武:早点爬[起来],卬一般五更五点钟就爬[起来]。

tsɔ²¹ tie⁵⁵ po³³ ɕieᵒ, aŋ²¹³ iɐʔ⁵ pʰɛ²¹¹ n⁵⁵ kɛ⁵³ n²¹ tie⁵⁵ tsoŋ⁵³ ɕiɤɯ⁵⁵ po³³ ɕieᵒ。

早点起来，我一般五点就起床。

丁　　勋：五点钟有帝＝早个。冬里头有帝＝冷个，五点钟。

n²¹ tie⁵⁵ tsoŋ⁵³ iəɯ⁵⁵ ti⁵⁵ tsɔ²¹ kɐʔ⁰。toŋ⁵³ li²¹ təɯ³³ iəɯ⁵⁵ ti⁵⁵ nɛ²¹ kəʔ⁰，

n²¹ tie⁵⁵ tsoŋ⁵³。

五点钟有点早的。冬天五点钟有点冷的。

胡霭云：是个。

sɿ³³ kɐʔ⁰。

是的。

胡尚武：好像末个，我拉基本上差弗多个。

hɔ²¹ ɕie⁵⁵ mɐʔ¹² kɐʔ⁵，ɑ²¹ lɑ⁵⁵ tɕi³³ pən⁵⁵ so⁰ tsʰo⁵³ fɐʔ³ tu⁵³ kɐʔ⁰。

我们好像基本上差不多的。

胡霭云：差弗多个。

tsʰo⁵³ fɐʔ³ tu⁵³ kɐʔ⁰。

差不多的。

胡尚武：如果冬里头吧，再迟点。再，要落雨，四点半早些出去，蛮
　　　　早个。

y³³ ku³³ toŋ⁵³ li²¹ tɤɯ³³ pɐʔ⁰，tsɛ³³ tsɿ³³ tie²¹³。tsɛ³³，iɔ³³ lo²¹ y²¹³，
ɕi³³ tie¹³ pɛ³³ tsɔ²¹ ɕie³³ tɕʰyɐʔ⁵ kʰi³³，mɛ⁵³ tsɔ²¹ kɐʔ⁰。

如果冬天，就晚一点。如要下雨，就提前到四点半出去，挺
早的。

胡霭云：再爬到几点钟家来眯？

tsɛ³³ po³³ tɔ³³ tɕi²¹ tie¹³ tsoŋ⁵³ ko⁵³ lɛ²¹ lɛ⁰？

那爬到几点钟回家？

胡尚武：一般么对＝高头嬉个五十分钟，就家来罢。葛阶来去大概，
　　　　每日一个半钟头是保证个。

iɐʔ⁵ pɛ²¹¹ mɐʔ⁰ te²¹ kɔ⁵³ tɤɯ³³ ɕi⁵³ kɐʔ⁰ n²¹ sɐʔ¹² fən⁵³ tsoŋ⁵⁵，ɕiɤɯ⁵⁵

ko⁵³ lɛ²¹ pɐʔ⁰。 kɐʔ²³tɕiɛ²¹³ lɛ³³ kʰi³³ tɑ²¹ kɛ⁵⁵，me¹³ ȵiɐʔ⁰iɐʔ⁵kɐʔ⁵
pɛ³³tsoŋ⁵³tɤɯ³³tsʅ²¹³pɔ²¹tsən³³kɐʔ⁰。

一般在上面玩五十分钟就回家了。这样来回,每天保证一
个半小时。

胡霭云:爬到北高峰高头啊?

po³³tɔ³³pɐʔ⁵kɔ³³foŋ³³kɔ⁵³tɤɯ³³ɑ⁰?

爬到北高峰顶上?

胡尚武:哎,北高峰高头。

e⁰,pɐʔ⁵kɔ³³foŋ³³kɔ⁵³tɤɯ³³。

是的,北高峰顶上。

丁　勋:全部走路去啦? 从家里走路去?

tɕʰyɛ̃³³pu⁵⁵tsəɯ²¹lu⁵⁵kʰi³³lɑ⁰? tsoŋ³³kɔ⁵³li²¹³tsəɯ²¹lu⁵⁵kʰi³³?

全程走着去? 从家走着去?

胡尚武:老早呢都走路去,葛一下卬都脚踏车踏去罢。

lɔ⁵⁵tsɔ²¹ ne⁰tu⁵⁵ tsɤɯ²¹ lu⁵⁵ kʰi³³，kɐʔ³iɐʔ³ho⁵⁵ ɑŋ²¹³ tu⁵⁵ tɕiɐʔ⁵
tɐʔ¹²tsʰo⁵³tɐʔ¹²kʰi³³pɐʔ⁰。

老早以前都走着去,现在我都骑自行车去。

丁　勋:噢。

ɔ⁵³。

噢。

胡尚武:脚踏车踏去,走路去,来个时候呢骑车子家来,一般都葛阶。

tɕiɐʔ⁵tɐʔ¹²tsʰo⁵³tɐʔ¹² kʰi³³，tsɤɯ²¹ lu⁵⁵ kʰi³³，lɛ³³ kɐʔ⁰sʅ³³ hɤɯ³³
ne⁰tɕi³³tsʰo⁵³tsʅ²¹³ko⁵³lɛ²¹³，iɐʔ⁵pʰɛ²¹¹tu⁵⁵kɐʔ³tɕiɛ²¹³。

骑车去,走着去,骑车回家,一般都这样。

胡霭云:噢,好。所以尔身体葛阶好。

ɔ⁵³，hɔ²¹³。 so⁵⁵i⁰n²¹³sən⁵³tʰi²¹³kɐʔ³tɕiɛ²¹³hɔ²¹³。

噢，好的。所以你身体这么好。

丁　　勋：爬了好几年了？

po³³lə?⁰hɔ¹³tɕi²¹n̠ie³³lə?⁰？

爬了好几年了？

胡尚武：大概有十七八年罢。

tɑ²¹kɛ⁵⁵iɤɯ²¹³sɐ?¹²tɕʰiɐ?⁵po⁵⁵n̠ie³³pɐ?⁰。

大概有十七八年了。

胡霭云：尔拉，尔拉讴末个个噢？"山友"噢？是弗是？

n²¹nɑ²¹³，n²¹nɑ²¹³ɤɯ⁵³mɐ?¹²kɐ?⁵kɐ?⁰ɔ⁵³？sɛ³³iɤɯ⁵⁵ɔ̃⁵³？tsʅ²¹
fɐ?⁵tsʅ²¹³？

你们互相称"山友"，是不是？

胡尚武、丁勋：（笑）

胡霭云："山友"一起生去旅游，大家组织起来。

sɛ³³iɤɯ⁵⁵iɐ?⁵tɕʰi²¹sɛ⁰kʰi³³li⁵⁵iɤɯ³³，tʰɑ⁵⁵ko⁵³tsu⁵⁵tsɐ?⁵tɕʰiⁱlɛ⁰。

"山友"一起去旅游，大家组织起来。

胡尚武：大概葛吅一起有十来个人。再吧有些时候呢出去旅游。卬
出去旅游呢，都是葛吅附近个，譬讲浙江省范围内噢。浙江
省范围内一日能够来去个地方。

tɑ²¹kɛ⁵⁵kɐ?³tɕiɛ²¹³iɐ?⁵tɕʰi²¹³iɤɯ²¹³sɐ?¹²lɛ³³kɐ?⁵in³³。tsɛ³³pɐ?⁰
iɤɯ²¹sɐ?⁵sʅ³³hɤɯ³³ne⁰tɕʰyɐ?⁵kʰi³³li⁵⁵iɤɯ³³。ɑŋ²¹³tɕʰyɐ?⁵kʰi³³
li⁵⁵iɤɯ³³ne⁰，tu⁵⁵tsʅ²¹³kɐ?³tɕiɛ²¹³fu¹³tɕin²¹³kɐ?⁰，pʰie³³ko²¹³
tsɐ?⁵tɕiɑŋ³³sən⁵⁵fɛ̃²¹¹ue²¹¹ne²¹³ɔ⁵³。tsɐ?⁵tɕiɑŋ³³sən⁵⁵fɛ̃²¹¹ue²¹¹
ne²¹³iɐ?⁵n̠iɐ?¹²nən³³kəɯ³³lɛ³³kʰi³³kɐ?⁰tʰi⁵⁵fo⁰。

现在大概一共有十来个人，大家有时候出去旅游。我出去
旅游都是在附近，譬如浙江省内一天能够来回的地方。

胡霭云：噢。

ɔ⁵³。

噢。

胡尚武：葛么一日来去呢就是讲，五更头早一点，譬讲五更头五点钟
出发。夜里头七点钟八点钟到家弗要紧个。

kɐʔ⁵ mɐʔ⁵ iɐʔ⁵ ȵiɐʔ¹² lɛ³³ kʰi³³ ne⁰ ɕiɯ⁵⁵ tsʅ²¹ ko²¹³ , n⁵⁵ kɛ⁵³ t ɤɯ²¹³ tsɔ²¹
iɐʔ³ tie⁵⁵ , pʰie³³ ko²¹³ n⁵⁵ kɛ⁵³ t ɤ ɯ²¹³ n²¹ tie⁵⁵ tsoŋ⁵³ tɕʰyɐʔ³ fɐʔ⁵ 。
ia⁵⁵ li⁰t ɤ ɯ²¹³ tɕʰiɐʔ³ tie⁵⁵ tsoŋ⁵³ po⁵⁵ tie⁵⁵ tsoŋ⁵³ tɔ³³ ko⁵³ fɐʔ³ iɔ³³
tɕin²¹ kɐʔ⁰ 。

一天来回就是早上早点出发，例如五点出发，晚上七八点到
家不要紧的。

胡霭云：对个，对个。

te³³ kɐʔ⁰ , te³³ kɐʔ⁰ 。

对的。

胡尚武：因为尔对￣外头歇一夜末个费用，可以讲嬉两埭都好嬉罢。
葛么就都争取对￣葛个一日来去个地方。印葛些附近个地
方，基本上嬉得差弗多罢。

in³³ ue⁰ n²¹³ te²¹ ua⁵⁵ t ɤ ɯ³³ ɕi⁵⁵ iɐʔ⁵ ia⁰ mɐʔ¹² kɐʔ⁵ fi³³ ioŋ²¹³ , kʰu⁵⁵
i⁰ ko²¹³ ɕi⁵³ nie²¹ tʰa⁵⁵ tu⁵⁵ hɔ²¹ ɕi⁵³ pɐʔ⁰ 。 kɐʔ⁵ mɐʔ⁵ ɕiɯ⁵⁵ tu⁵⁵ tsən³³
tɕʰy⁵⁵ te²¹³ kɐʔ³ kɐʔ⁵ iɐʔ⁵ ȵiɐʔ¹² lɛ³³ kʰi³³ kɐʔ⁰ tʰi⁵⁵ fo⁰ 。 ɑŋ²¹³ kɐʔ³
sɐʔ⁵ fu¹³ tɕin²¹ kɐʔ⁰ tʰi⁵⁵ fo⁰ , tɕi³³ pən⁵⁵ so⁰ ɕi⁵³ tɐʔ⁰ tsʰo⁵³ fɐʔ³ tu⁵³
pɐʔ⁰ 。

因为你在外面住一晚的费用，可以说都够玩两次了，所以我
就争取去一天来回的地方。附近这些地方，我基本上玩得
差不多了。

胡霭云：是个。

sʅ³³ kɐʔ⁰ 。

是的。

丁　勋：就是去爬山？到其他地方？

　　　　tɕiɯ⁵⁵sʅ³³kʰi³³po³³sɛ⁵³? tɔ³³tɕʰi³³tʰɑ³³tʰi⁵⁵fo⁰?

　　　　到其他地方就去爬山吗？

胡尚武：到其他地方也是爬山个比较多。就是到末里，到奉化，葛个

　　　　是还未爬山。

　　　　tɔ³³tɕʰi³³tʰɑ³³tʰi⁵⁵fo⁰iɛ²¹tsʅ¹³po³³sɛ⁵³kɐʔ⁰pi⁵⁵tɕiɔ³³tu⁵³。ɕiɤɯ⁵⁵tsʅ²¹

　　　　tɔ³³mɐʔ¹²li⁵⁵,tɔ³³foŋ²¹huɑ⁵⁵,kɐʔ³kɐʔ⁵tsʅ²¹ɐʔ³mi⁵⁵po³³sɛ⁵³。

　　　　到其他地方大多也是去爬山，就是到奉化没爬山。

丁　勋：奉化溪口。

　　　　foŋ⁵⁵huɑ⁵⁵ɕi³³kʰəɯ²¹³。

　　　　奉化溪口。

胡尚武：也好爬，爬雪窦山。是弗是噢？

　　　　iɛ²¹hɔ⁵⁵po³³，po³³ɕiɐʔ⁵tɤɯ³³sɛ⁵³。tsʅ²¹fɐʔ⁵tsʅ²¹ɔ⁵³?

　　　　也可以爬，爬雪窦山。是不是？

丁　勋：嗯。

　　　　ən³³。

　　　　嗯。

胡尚武：蒋介石老家啊。

　　　　tɕiaŋ⁵⁵tɕiɛ⁵⁵sɐʔ¹²lɔ²¹ko⁵³ɑ⁰。

　　　　蒋介石老家啊。

胡霭云：是啊，渠拉爬山人个个身体都[交关]好！

　　　　sʅ²¹ɑ⁰,ki³³lɑ³³po³³sɛ⁵³in³³kɑ²¹kɑ³³sən⁵³tʰi⁵⁵tu⁵⁵tɕya¹³hɔ²¹³!

　　　　是的，他们爬山的个个身体都很好！

　　　　（2015 年 9 月 1 日，建德，发音人：胡霭云、胡尚武、丁勋）

第六章　口头文化

一、歌　谣

尔姓啥哩

尔姓啥哩？卬姓黄。尔：你。　　$n^{21} \varepsilon in^{33} so^{55} li^0$？$\alpha \eta^{21} \varepsilon in^{33} o^{33}$。
　　　　啥里：什么。卬：我

啥哩黄？草头黄。　　　　　　　　$so^{55} li^0 o^{33}$？$ts^h \mathfrak{o}^{55} t\gamma \mathrm{w}^0 o^{33}$。

啥哩草？青草。　　　　　　　　　$so^{55} li^0 ts^h \mathfrak{o}^{213}$？$t\varepsilon^h in^{53} ts^h \mathfrak{o}^{213}$。

啥哩青？碧青。　　　　　　　　　$so^{55} li^0 t\varepsilon^h in^{53}$？$pi\mathrm{e}\mathfrak{?}^5 t\varepsilon^h in^{53}$。

啥哩笔？毛笔。　　　　　　　　　$so^{55} li^0 pi\mathrm{e}\mathfrak{?}^5$？$m\mathfrak{o}^{33} pi\mathrm{e}\mathfrak{?}^5$。

啥哩毛？羊毛。　　　　　　　　　$so^{55} li^0 m\mathfrak{o}^{33}$？$\mathfrak{n}i\mathrm{e}^{33} m\mathfrak{o}^{33}$。

啥哩羊？山羊。　　　　　　　　　$so^{55} li^0 \mathfrak{n}i\mathrm{e}^{33}$？$s\varepsilon^{53} \mathfrak{n}i\mathrm{e}^{33}$。

啥哩山？高山。　　　　　　　　　$so^{55} li^0 s\varepsilon^{53}$？$k\mathfrak{o}^{53} s\varepsilon^{53}$。

啥哩高？年糕。　　　　　　　　　$so^{55} li^0 k\mathfrak{o}^{53}$？$\mathfrak{n}i\mathrm{e}^{33} k\mathfrak{o}^{53}$。

啥哩年？两零一五年。　　　　　$so^{55} li^0 \mathfrak{n}i\mathrm{e}^{33}$？$nie^{21} lin^{33} i\mathrm{e}\mathfrak{?}^5 n^{21} \mathfrak{n}i\mathrm{e}^{33}$。

（2015 年 9 月 1 日，建德，发音人：胡霭云）

天旺旺

天旺旺,地旺旺,　　　　　　　　　　tʰie⁵³o³³o³³,tʰi⁵⁵o³³o³³,

印家有个睏囡。睏:睡。囡:女儿　　　aŋ²¹ko⁵³iɤɯ²¹kɐʔ⁰kʰuen⁵³no³³。

过路君子看一遍,　　　　　　　　　ku³³lu⁵⁵tɕyn⁵³tsɿ²¹³kʰɛ³³iɐʔ⁵pie⁰,

一夜睏到大天亮。　　　　　　　　　iɐʔ³ia⁵⁵kʰuen³³tɔ³³tʰu⁵⁵tʰie⁵³nie⁵⁵。

（2015 年 9 月 1 日,建德,发音人:胡霭云）

吃龙头

吃龙头,有骨头。　　　　　　　　　tɕʰiɐʔ⁵loŋ³³tɤɯ³³,iɤɯ²¹kuɐʔ³tɤɯ⁵⁵。

吃身子,有胡子。　　　　　　　　　tɕʰiɐʔ⁵sən⁵³tsɿ²¹³,iɤɯ²¹u³³tsɿ²¹³。

当当此,此当此。　　　　　　　　　taŋ³³taŋ³³tsʰɿ²¹³,tsʰɿ²¹taŋ³³tsʰɿ²¹³。

老虎生几只? 生三只。　　　　　　lɔ⁵⁵hu²¹³sɛ⁵³tɕi²¹tsa⁵⁵? sɛ⁵³sɛ⁵³tsɐʔ⁵。

问尔讨一只,弗肯。弗:不　　　　　mən⁵⁵n²¹³tʰɔ²¹iɐʔ³tsa⁵⁵,fɐʔ⁵kʰən²¹³。

金子银子问你换一只,　　　　　　tɕin⁵³tsɿ²¹³ȵin³³tsɿ²¹³mən⁵⁵n²¹³uɛ⁵⁵iɐʔ⁵
　弗肯。　　　　　　　　　　　　tsɑ⁰,fɐʔ⁵kʰən²¹³。

城墙多少高?　　　　　　　　　　sən³³ɕie³³tu⁵³sɔ¹³kɔ⁵³?

三丈两尺高。　　　　　　　　　　sɛ⁵³tsɛ²¹nie²¹tsʰɑ¹³kɔ⁵³。

城墙多少低?　　　　　　　　　　sən³³ɕie³³tu⁵³sɔ¹³ti⁵³?

三尺两寸低。　　　　　　　　　　sɛ⁵³tsʰɑ¹³nie²¹tsʰən³³ti⁵³。

一门开弗开? 弗开。　　　　　　　iɐʔ⁵mən³³kʰɛ⁵³fɐʔ³kʰɛ⁵³? fɐʔ⁵kʰɛ⁵³。

二门开弗开? 弗开。　　　　　　　n¹³mən³³kʰɛ⁵³fɐʔ³kʰɛ⁵³? fɐʔ⁵kʰɛ⁵³。

三门冲进来!　　　　　　　　　　sɛ⁵³mən³³tsʰoŋ⁵³tɕin²¹lɛ³³!

哦……嗨嗨……　　　　　　　ɣɯ⁵³……hɣɯ³³hɣɯ¹³……

（2015 年 9 月 1 日，建德，发音人：胡霭云）

摇啊摇

摇啊摇，摇啊摇，	iɔ³³ɑ⁵⁵iɔ³³，iɔ³³ɑ⁵⁵iɔ³³，
摇到外婆家。	iɔ³³tɔ³³ɑ³³pu⁵⁵kuo⁵³。①
外婆弗对⁼家。 对⁼：在	ɑ³³pu⁵⁵fɐʔ⁵te²¹kuo⁵³。
对⁼哪里？	te²¹lɑ⁵⁵li⁰？
对⁼后门。	te²¹hɣɯ¹³mən³³。
做啥里？	tsu³³suo⁵⁵li⁰？
搭虼蚤。 搭：捉。虼蚤：跳蚤	kʰuo³³kɐʔ⁵tsɔ²¹³。
搭多少？	kʰuo³³tu⁵³sɔ²¹³？
搭一斗。	kʰuo³³iɐʔ⁵tɣɯ²¹³。

（2019 年 1 月 26 日，建德，发音人：徐笑珍）

弗吓弗吓

弗吓弗吓， 吓：害怕	fɐʔ³hɑ⁵⁵fɐʔ³hɑ⁵⁵，
圈圈弗吓。	tɕʰye⁵³tɕʰye⁰fɐʔ³hɑ⁵⁵。
八⁼狗吓， 八⁼：让，被	pɐʔ⁵kɣɯ²¹³hɑ⁵⁵，
八⁼猫吓，	pɐʔ⁵mɔ⁵³hɑ⁵⁵，

---

① 该发音人有[uo]韵。

宝宝弗吓。　　　　　　　　　　　　pɔ²¹ pɔ¹³ fɐʔ³ hɑ⁵⁵。

（2019 年 1 月 26 日，建德，发音人：胡一芳）

搨搨挼挼

搨①搨挼②挼，　　　　　　　　　　tʰɐʔ⁵ tʰɐʔ⁵ no¹³ no⁰，

百病消磨。　　　　　　　　　　　　pɐʔ³ piŋ⁵⁵ ɕiɔ⁵⁵ mo²¹¹。

食要消，　　　　　　　　　　　　　sɐʔ¹² iɔ³³ ɕiɔ⁵⁵，

饭要消，　　　　　　　　　　　　　fɛ²¹ iɔ³³ ɕiɔ⁵⁵，

吃得肚里长猪膘。　　　　　　　　　tɕʰiɐʔ⁵ tɐʔ⁰ tu²¹ li⁵⁵ tsɑŋ⁵⁵ tsʅ⁵⁵ piɔ⁰。

（2019 年 1 月 26 日，建德，发音人：胡一鸣）

月亮毛毛

月亮毛毛，_{毛毛：长毛的样子}　　　y²¹ nie⁵⁵ mɔ³³ mɔ³³，

要吃毛桃。_{毛桃：桃子}　　　　iɔ³³ tɕʰiɐʔ⁵ mɔ³³ tɔ³³。

毛桃李子，　　　　　　　　　　　　mɔ³³ tɔ³³ li⁵⁵ tsʅ²¹³，

要吃瓜子。　　　　　　　　　　　　iɔ³³ tɕʰiɐʔ⁵ ko⁵³ tsʅ²¹³。

瓜子剥壳，　　　　　　　　　　　　ko⁵³ tsʅ²¹³ pu³³ kʰu⁵⁵，

要吃菱角。　　　　　　　　　　　　iɔ³³ tɕʰiɐʔ⁵ lin³³ ku⁵⁵。

菱角两头尖，　　　　　　　　　　　lin³³ ku⁵⁵ nie²¹ tɤɯ³³ tɕie⁵³，

---

① 　搨：涂抹。《集韵》合韵讬合切："冒也，一曰摹也。"

② 　挼：揉。《集韵》戈韵奴禾切："同捼。"捼，《广韵》戈韵奴禾切："捼莎。《说文》曰：摧也，一曰两手相切，摩也。俗作挼。"

屁股翘上天。　　　　　　　pʰi³³ku⁵⁵tɕʰiɔ³³so²¹tʰie⁵³。

（2019 年 1 月 27 日，建德，发音人：胡霭云）

二、谚　语

农业谚语

1. 乌龙山戴帽，种田人坐轿。　　u²¹loŋ¹³sɛ⁵³tɑ³³mɔ⁵⁵，tsoŋ³³tie³³in³³
　　　　　　　　　　　　　　　　su²¹tɕʰiɔ⁵⁵。

2. 麦把抖一抖，一亩多一斗。　　mɑ²¹po²¹³tɤɯ²¹iɐʔ⁵tɤɯ²¹³，iɐʔ⁵m²¹³
　　　　　　　　　　　　　　　　tu⁵³iɐʔ⁵tɤɯ²¹³。

3. 六月盖棉被，有谷弗有米。　　lɐʔ¹²y²¹³kɛ³³mie⁵⁵pi²¹³，iɤɯ²¹kuɐʔ⁵
　　　　　　　　　　　　　　　　fɐʔ⁵iɤɯ²¹mi²¹³。

4. 细满山头雾，细麦变成糊。　　ɕie³³mɛ²¹³sɛ⁵³tɤɯ³³u⁵⁵，ɕie³³mɑ⁵⁵pie³³
　　细满：小满　　　　　　　　　　tsʰən²¹¹u²¹³。

5. 稻头花绿绿，一把炉灰一　　tɔ²¹tɤɯ³³ho⁵³lɐʔ³lɐʔ⁵，iɐʔ⁵po²¹³lu³³
　　把谷。　　　　　　　　　　hue⁵³iɐʔ⁵po²¹³kuɐʔ⁵。

6. 一把塘泥四两谷，二担塘　　iɐʔ⁵po²¹³to³³ȵi³³ɕi³³nie²¹kuɐʔ⁵，nie²¹
　　泥一餐粥。　　　　　　　　tɛ³³to³³ȵi³³iɐʔ³tsʰɛ⁵³tɕyɐʔ⁵。

气象谚语

1. 雨打梅头，十八个大日头。　　y¹³tɛ²¹³me³³tɤɯ³³，sɐʔ¹²po⁵⁵kɐʔ⁰tʰu⁵⁵
　　雨打梅脚，田缺弗要堼。　　ȵiɐʔ¹²tɤɯ³³。y¹³tɛ²¹³me³³tɕiɑ⁵⁵，
　　梅：梅雨季。田缺：田的进、排水口。　　tie³³tɕʰy⁵⁵fɐʔ⁵iɔ³³tsu⁵⁵。
　　堼：堵

2. 雪落乌龙山顶，天气要
   转晴。

   ɕi⁵⁵ lo²¹³ u²¹ loŋ¹³ sɛ⁵³ tin²¹³，tʰie⁵³ tɕʰi³³ iɔ³³ tɕye²¹ ɕin³³。

3. 大旱弗过七月半。

   tʰu⁵⁵ hɛ²¹³ feʔ⁵ ku³³ tɕʰieʔ⁵ y²¹ pɛ³³。

4. 雨加雪，落弗歇。

   y²¹³ ko⁵³ ɕi⁵⁵，lo²¹ feʔ³ ɕi⁵⁵。

5. 重阳弗有雨看十三，十三
   弗有雨一冬干。

   tsoŋ³³ ȵiɛ³³ feʔ⁵i ɣɯ²¹ y²¹³ kʰɛ³³ sɐʔ¹² sɛ⁵³，sɐʔ¹² sɛ⁵³ feʔ⁵i ɣɯ²¹ y²¹³ iɐʔ⁵ toŋ⁵³ kɛ⁵³。

6. 春霜三日白，晴到割大麦。

   tɕʰyn⁵³ so⁵³ sɛ⁵³ iɐʔ¹² pɑ²¹³，ɕin³³ tɔ³³ ki⁵⁵ tʰu⁵⁵ mɑ²¹³。

生活谚语

1. 吃弗穷，穿弗穷，打算弗好
   一世穷。

   tɕʰieʔ³ feʔ⁵ tɕioŋ³³，tɕʰye⁵³ feʔ⁵ tɕioŋ³³，tɛ²¹ sɛ³³ feʔ⁵ hɔ²¹³ ieʔ⁵ sɿ³³ tɕioŋ³³。

2. 吃了端午粽，棉袄才好送。

   tɕʰieʔ³ lɐʔ⁵ tɛ⁵³ n²¹³ tsoŋ³³，mie³³ ɔ²¹³ tsɛ³³ hɔ⁵⁵ soŋ³³。

3. 宠子么弗孝，宠狗么要
   上灶。

   tsʰoŋ²¹ tsɿ²¹³ mɐʔ⁰ feʔ⁵ ɕiɔ³³，tsʰoŋ²¹ kɣɯ²¹³ mɐʔ⁰ iɔ³³ soⁿ²¹ tsɔ³³。

4. 冷么冷得①风里，穷么穷
   得债里。

   nɐ²¹ mɐʔ⁰ nɐ²¹ lɐʔ³ foŋ⁵³ li²¹³，tɕioŋ³³ mɐʔ⁰ tɕioŋ³³ tɐʔ⁰ tsɑ³³ li²¹³。

5. 年纪活到八十八，弗要笑
   别个跷脚眼瞎。跷脚：瘸腿

   ȵie³³ tɕi³³ o²¹ tɔ³³ po⁵⁵ sɐʔ¹² po⁵⁵，feʔ³ iɔ³³ ɕiɔ³³ pi²¹ kɑ³³ tɕʰiɔ⁵³ tɕiɑ⁵⁵ ɛ²¹ ho⁵⁵。

6. 娘好囡儿好，种好稻好。

   ȵie³³ hɔ²¹³ no⁵⁵ n⁰ hɔ²¹³，tsoŋ²¹ hɔ²¹³ tɔ¹³ hɔ²¹³。

---

① "得"字声殊。

7. 伤风弗避风,从春呛到冬。　　so⁵³ foŋ⁵³ fɐʔ³ pʰi⁵⁵ foŋ⁵³ , tsoŋ³³ tɕʰyn⁵³ tɕʰie³³ tɔ³³ toŋ⁵³ 。

8. 野猫弗晓得面花。　　ia¹³ mɔ⁵³ fɐʔ⁵ ɕiɔ²¹ tɐʔ⁰ mie⁵⁵ ho⁵³ 。

9. 三个拳头敲弗出一个屁。　　sɛ⁵³ kɐʔ⁵ tɕye³³ tɤɯ³³ kʰɔ⁵³ fɐʔ⁵ tɕʰyɐʔ⁵ iɐʔ³ kɐʔ⁵ pʰi³³ 。

(2015 年 9 月 1 日,建德,发音人:胡霭云)

三、歇后语

1. 八十岁学绣花——来弗
   及罢
   po⁵⁵ sɐʔ⁰ ɕi³³ hu²¹ ɕi ɤɯ³³ ho⁵³——lɛ⁵⁵
   fɐʔ⁰ kʰɛ¹³ pɐʔ⁰

2. 跷子趋渡船——趋弗着罢
   tɕʰiɔ⁵³ tsʅ²¹³ piɐʔ¹² tʰu²¹ ɕye³³——piɐʔ¹²
   fɐʔ⁵ tsɐʔ¹² pɐʔ⁰

3. 城隍菩萨拉胡琴——鬼听
   sən³³ o³³ pu³³ so⁵⁵ la⁵³ u³³ tɕin³³——kue¹³
   tʰin⁵³

4. 痴进弗痴出——假痴个啦
   tsʰʅ⁵³ tɕin³³ fɐʔ⁵ tsʰʅ⁵³ tɕʰyɐʔ⁵——ko¹³
   tsʰʅ⁵³ kɐʔ⁰ la⁰

5. 对板壁哈气——讲了弗有
   用个 板壁:墙壁
   te³³ pɐ¹³ piɐʔ⁵ ha²¹ tɕʰi³³——ko²¹ lɐʔ⁰ fɐʔ⁵
   iɤɯ²¹ ioŋ⁵⁵ kɐʔ⁰

6. 船底下放响炮——闷声
   弗响
   ɕye³³ ti⁵⁵ ho²¹³ fo³³ ɕie²¹ pʰɔ³³——mən⁵⁵
   sən⁵³ fɐʔ⁵ ɕie²¹³

7. 肥桶改水桶——臭气还在
   fi³³ tʰoŋ²¹³ kɛ²¹³ ɕye⁵⁵ tʰoŋ²¹³——tsʰɤɯ³³
   tɕʰi³³ ua⁵⁵ tsɛ²¹³

8. 两个哑子睏一头——弗有
   白话讲个
   nie²¹ kɐʔ⁵ o²¹ tsʅ⁵⁵ kʰuen³³ iɐʔ⁵ tɤɯ³³——
   fɐʔ⁵ iɤɯ²¹³ pa²¹ o⁵⁵ ko²¹ kɐʔ⁰

9. 蚂蟥叮脚——敲也敲弗掉　　mo⁵⁵ o³³ tin⁵³ tɕiɑ⁵⁵——kʰɔ⁵³ iɛ⁵⁵ kʰɔ⁵³
　　　　　　　　　　　　　　　fɐʔ⁵ tʰiɔ⁰

10. 门背后等天亮——弗有　　　mən³³ pe³³ hɤɯ²¹³tən²¹tʰie⁵³ nie⁵⁵——
　　用个　　　　　　　　　　　fɐʔ⁵iɤɯ²¹ioŋ⁵⁵ kɐʔ⁰

11. 木匠推刨——直来直去　　　mɐʔ¹² ɕie⁵⁵ tʰe⁵³ pʰɔ⁵⁵——tsɐʔ¹² lɛ³³
　　　　　　　　　　　　　　　tsɐʔ¹² kʰi³³

12. 牛皮灯笼——肚皮里亮　　　ȵiɤɯ³³ pi³³ tən⁵³ loŋ³³——tʰu⁵⁵ pi³³ li⁵⁵
　　　　　　　　　　　　　　　nie³³

13. 三十夜个刀砧板——弗　　　sɛ⁵³ sɐʔ¹² iɑ⁵⁵ kɐʔ⁵tɔ⁵³ tsən⁵⁵ pɛ²¹³——
　　有空　　　　　　　　　　　fɐʔ⁵iɤɯ²¹ kʰoŋ³³

14. 问客杀鸡——空客气空客　　mən⁵⁵ kʰɑ³³ so⁵⁵tɕi⁵³——kʰoŋ⁵³ kʰɑ⁵⁵
气:假客气　　　　　　　　　　tɕʰi³³

15. 屋顶上开门——六亲弗认　　uɐʔ⁵tin²¹ so²¹³ kʰɛ⁵³ mən³³——lɐʔ¹²
　　　　　　　　　　　　　　　tɕʰin⁵³fɐʔ³ in⁵⁵

16. 鸭吃螺蛳——啰里啰嗦　　　o⁵⁵ tɕʰiɐʔ⁵lu³³ sɿ⁵³——lu⁵³ li²¹³ lu⁵³su⁵³

17. 雨里挑稻草——越挑越重　　y²¹li⁵⁵ tʰiɔ⁵³ tɔ²¹ tsʰɔ²¹³——yɐʔ¹²tʰiɔ⁵³
　　　　　　　　　　　　　　　yɐʔ¹²tsoŋ²¹³

18. 老寿星唱歌儿——老腔　　　lɔ²¹ sɤɯ⁵⁵ ɕin⁰tsʰo³³ ku⁵³ n²¹³——lɔ²¹
　　老调　　　　　　　　　　　tɕʰie⁵³lɔ²¹tʰiɔ²¹³

19. 老九个阿弟——老实个:的　　lɔ²¹ tɕiɤɯ²¹ kɐʔ⁰ɐʔ⁵ti²¹³——lɔ²¹ sɐʔ¹²

20. 刘备招亲——弄假成真　　　liɤɯ³³ pe³³ tsɔ⁵³ tɕʰin⁵³——loŋ⁵³ ko²¹³
　　　　　　　　　　　　　　　sən³³ tsən⁵³

21. 牙齿碰舌头——难免　　　　ŋo³³ tsʰɿ²¹³ pʰoŋ³³sɿ²¹ tɤɯ³³——nɛ³³ mie²¹³

22. 老鼠舔猫鼻头——送死　　　lɔ⁵⁵ tsʰɿ²¹³ tʰie²¹ mɔ⁵³ piɐʔ¹²tɤɯ³³——
　　　　　　　　　　　　　　　soŋ³³ ɕi²¹³

（2015 年 9 月 1 日,建德,发音人:胡霭云）

四、吆　喝

1. 烤番芋啊,烤番芋啊,又香　　kʰɔ²¹fɛ⁵³ɣ²¹³ɑ⁰, kʰɔ²¹fɛ⁵³ɣ²¹³ɑ⁰, iɣɯ⁵⁵

　　又甜个烤番芋啊! 番芋:　　ɕie⁵³iɣɯ⁵⁵tie³³kɐʔ⁰kʰɔ²¹fɛ⁵³ɣ²¹³ɑ⁰!

　　番薯

2. 卖包萝馃儿哦,卖包萝馃　　mɑ⁵⁵pɔ²¹lu⁵⁵ku⁵⁵n⁰ɣɯ⁰, mɑ⁵⁵pɔ²¹lu⁵⁵

　　儿哦,包萝馃儿要弗要?　　ku⁵⁵n⁰ɣɯ⁰, pɔ²¹lu⁵⁵ku⁵⁵n⁰iɔ³³fɐʔ⁵

　　喷香[个哦]! 包萝馃儿:当　　iɔ³³? pʰən¹³ɕie⁵³kɣɯ⁰!

　　地用玉米做的一种食品

(2019 年 1 月 27 日,建德,发音人:胡霭云)

五、笑　话

百官怕老嬷

　　有一日①呢,皇帝过生日。文武百官呢,都来祝贺咯。那么对＝酒席里头呢,大家呢都讲着,对自盖＝个老嬷啊,[交关]严格个管呢,都发愁。那么皇帝听了嘞,正合自盖＝个心意。那么渠忖了一下,要想,晓得一下底下百官里头呢,有多少个人呢怕老嬷。那么渠就讲罢:"众爱卿啊,怕老嬷个人呢,坐到反手边来。"那么皇帝呢,也靠反手边去坐倒。

　　iɣɯ²¹iɐʔ⁵iɐʔ¹²ne⁰, o³³ti³³ku³³sɤ⁵³ȵiɐʔ¹²。uen³³u²¹³pa¹³kuɐ⁵³ne⁰, tu⁵⁵le³³tɕɣɐʔ⁵hu²¹kɔ⁰。nɐʔ⁵mɐʔ⁵te²¹³tɕiɣɯ⁵⁵ɕiɐʔ¹²li⁵⁵tɣɯ³³ne⁰, tʰa⁵⁵

---

① "日"字偶尔读作零声母。

ko⁵³ne⁰tu⁵⁵ko²¹tsa²¹³，te³³ɕi⁵⁵kɛ³³kɐʔ⁰lɔ²¹mo⁵⁵ɑ⁰，tɕɣa¹³n̠i ɛ̃²¹kɐʔ⁵kɐʔ⁰ku ɛ̃²¹ne⁰，tu⁵⁵fo⁵⁵sɣɯ²¹¹。nɐʔ⁵mɐʔ⁵o³³ti³³tʰin⁵³lɐʔ⁰le⁰，tsɐn⁵⁵hɐʔ¹²ɕi⁵⁵kɛ³³kɐʔ⁰ɕin⁵³i⁵⁵。nɐʔ⁵mɐʔ⁵ki³³tsʰɐn²¹lɐʔ⁰iɐʔ⁵ho²¹³，iɔ³³ɕie²¹³，ɕiɔ²¹tɐʔ⁵iɐʔ⁵ho²¹³ti⁵⁵ho²¹³pa¹³kuɛ⁵³li⁵⁵tɣɯ³³ne⁰，iɣɯ²¹³tu⁵³sɔ²¹in³³ne⁰pʰo³³lɔ²¹mo⁵⁵。nɐʔ⁵mɐʔ⁵ki³³ɕiɣɯ⁵⁵ko²¹pɐʔ⁰："tsoŋ¹³ɛ³³tɕʰin⁵³ɑ⁰，pʰo³³lɔ²¹mo⁵⁵kɐʔ⁰in³³ne⁰，so²¹tɔ³³fɛ¹³sɣɯ²¹pie⁵³lɛ³³。"nɐʔ⁵mɐʔ⁵o³³ti³³ne⁰，iɛ²¹kʰɔ³³fɛ¹³sɣɯ²¹pie⁵³kʰi³³sɔ²¹tɔ²¹³。

　　有一天，皇帝过生日，文武百官都来祝贺。酒席上，大家都说自己的老婆对自己管教太严格，大家都为此感到发愁。皇帝听了之后，觉得正中下怀。于是他想了想，想了解一下文武百官里头有多少个人怕老婆。于是他就说："众爱卿啊，你们当中怕老婆的人，请坐到左边来。"这时，皇帝自己也朝左边坐过去了。

　　好，只有葛个姓王个宰相呢，一个人，坐得顺手边去。那么百官看见喽，大家都问罢："唧唧唧，王大臣，核⁼阶只有尔一个人，弗吓老嬷［个啊］？"嘿，王大臣①呢，就回答大家讲："卬个老嬷讲过个，弗要夹得葛个大家闹热个里头去。"

　　hɔ²¹³，tsɹ̩⁵⁵iɣɯ²¹³kɐʔ³kɐʔ⁵ɕin³³uaŋ²¹kɐʔ⁰tsɛ²¹ɕie³³ne⁰，iɐʔ³kɐʔ⁵in³³，so²¹tɐʔ⁰ɕyn¹³sɣɯ²¹pie⁵³kʰi³³。nɐʔ⁵mɐʔ⁵pa¹³kuɛ⁵³kʰɛ³³tɕie⁵⁵lɣɯ⁰，tʰa⁵⁵ko⁵³tu³³mən⁵⁵pɐʔ⁰："iɐʔ⁵iɐʔ⁵iɐʔ⁵，uaŋ²¹¹ta¹³tsʰɐn²¹³，hɐʔ¹²tɕie²¹³tsɹ̩⁵⁵iɣɯ²¹³n²¹³iɐʔ³kɐʔ⁵in³³，fɐʔ³ha⁵⁵lɔ²¹mo⁵⁵kɑ⁰？"he⁰，uaŋ²¹¹ta¹³sən²¹¹ne⁰，ɕiɣɯ⁵⁵ue²¹¹tɐʔ⁵tʰa⁵⁵ko⁵³ko²¹³："ɑŋ²¹kɐʔ⁰lɔ²¹mo⁵⁵ko²¹ku³³kɐʔ⁰，fɐʔ³iɔ⁵⁵ko²¹tɐʔ⁰kɐʔ³kɐʔ⁵tʰa⁵⁵ko⁵³nɔ³³n̠i⁵⁵kɐʔ⁰li⁵⁵tɣɯ³³kʰi³³。"

　　这时，只有一个姓王的宰相坐到右边去了。百官看见了之后都

---

　　①　两个"臣"字读音不同。

问："咦,王大臣,怎么只有你一个人不怕老婆啊?"王大臣回答道:
"我老婆说过了,不要凑热闹。"

　　　　　　　　　　　　(2019 年 1 月 27 日,建德,发音人:胡霭云)

六、故　事

牛郎和织女

　　底下呢,卬八⁼大家讲一个闲话①,题目呢就讴②《吆牛鬼儿好⁼③织女囡儿》。那么老早个时候呢,有一个后生家④,伯伯姆妈⑤呢,都过辈⑥罢,光光孤独。家里呢,只有一只老牛爿⑦。大家呢都讴渠吆牛鬼儿。

　　ti⁵⁵ho²¹ne⁰,aŋ²¹peʔ⁵tʰɑ⁵⁵ko⁵³ko²¹ieʔ³keʔ⁵hɛ³³o⁵⁵,ti³³mɐ²¹²neⁱ⁰ɕiɤɯ⁵⁵ɤɯ⁵³《iɔ⁵³n̩i ɤɯ³³kue⁵⁵n⁰hɔ²¹tsɐ⁵pu³³no⁵⁵n⁰》。nɑ³³mɐ²¹³lɔ²¹tsɔ¹³keʔ⁵sʅ³³hɤɯ²¹ne⁰,iɤɯ²¹ieʔ³keʔ³hɤɯ¹³sɛ⁵³ko³³,pɑ²¹pɑ¹³m²¹ma¹³ne⁰,tu³³ku³³pe³³peʔ⁵,kuaŋ⁵³kuaŋ⁰ku³³teʔ¹²。ko⁵³li²¹ne⁰,tsʅ⁵⁵iɤɯ²¹³ieʔ⁵tsɑ³³lɔ²¹n̩iɤɯ³³pe⁰。tʰɑ⁵⁵ko⁵³ne⁰tu³³ɤɯ⁵³ki³³iɔ⁵³n̩iɤɯ³³kue⁵⁵n⁰。

　　下面我给大家讲个故事,题目就叫《牛郎和织女》。古时候,有一个小伙子,父母都去世了,孤身一人。家里只有一头老牛,大家都叫他牛郎。

---

①　闲话:故事。

②　讴:叫。

③　吆牛:放牛;鬼儿:男孩,儿子;好⁼:和。

④　后生家:小伙子。

⑤　伯伯:父亲;姆妈:母亲。

⑥　过辈:去世。

⑦　老牛爿:老牛。

　　个吆牛鬼儿呢，就靠葛只老牛呢，犁田，做生活①，吃吃用用，一起过日子。那么葛只老牛呢，实际上是天上个金牛星。渠呢，欢喜葛个吆牛鬼儿个老实，良心好，渠呢忖②帮渠立个家。

　　keʔ³iɔ⁵³ȵiɤɯ³³kue⁵⁵n⁰ne⁰，ɕiɤɯ⁵⁵kʰɔ³³keʔ³tsa³³lɔ²¹ȵiɤɯ³³ne⁰，li³³tie³³，tsu³³sɛ⁵³o²¹³，tɕʰieʔ⁵tɕʰieʔ⁵ioŋ¹³ioŋ⁰，ieʔ⁵tɕʰi²¹ku³³ȵieʔ²¹tsʅ²¹³。naɑ³³mɐʔ³keʔtsa³³lɔ²¹ȵiɤɯ³³ne⁰，sɐʔ¹²tɕi⁵⁵so⁰tsʅ¹³tʰie⁵³sɔ²¹keʔtɕin⁵³ȵiɤɯ³³ɕin⁵³。ki³³ne⁰，hue⁵³ɕi²¹³keʔ³keʔ⁵iɔ⁵³ȵiɤɯ³³kue⁵⁵n⁰keʔ⁰lɔ²¹sɐʔ¹²，nie³³ɕin⁵³hɔ²¹³，ki³³ne⁰tsʰən²¹³pe⁵³ki³³lieʔ¹²keʔ³ko⁵³。

　　牛郎就靠着这头老牛耕地为生，一起过日子。这头老牛实际上是天上的金牛星，他喜欢牛郎的老实善良，想帮牛郎成个家。

　　有一日啊，渠听讲天上个仙女，要到村东面山脚个湖里头来汰浴。渠呢就托梦八⁼吆牛鬼儿。讴渠第两日五更③呢，到村东边山脚个湖边去。对⁼④葛个仙女汰浴个时候呢，担⑤走一件渠拉挂得末⑥个树上个衣服，头也弗要回个趋⑦过来，就会弄着一个漂亮个仙女呢做老嬷⑧。

　　iɤɯ²¹ieʔ⁵ȵieʔ¹²ɑ⁰，ki³³tʰin⁵³kɔ²¹³tʰie⁵³sɔ²¹keʔ⁰ɕie³³ȵy⁵⁵，iɔ³³tɔ³³tsʰən⁵³toŋ⁵³mie¹³sɛ⁵³tɕiɑ⁵⁵keʔ⁰u³³li²¹tɤɯ³³lɛ³³tʰɑ⁵⁵ȵyɐʔ¹²。ki³³

---

　　① 做生活：干活儿。
　　② 忖：想。
　　③ 五更：早上。
　　④ 对⁼：在。
　　⑤ 担：拿。
　　⑥ 末：那。
　　⑦ 趋：跑。
　　⑧ 老嬷：妻子。

neº ɕiəɯ³³ tʰo³³ moŋ¹⁴ pɐʔ⁵ iɔ⁵³ ɲiɤɯ³³ kue⁵⁵ nº 。ɤɯ⁵³ ki³³ tʰi⁵⁵ nie²¹ iɐʔ¹² n¹³ kɛ⁵³ neº ,tɔ³³ tsʰən⁵³ toŋ⁵³ pieº sɛ⁵³ tɕia⁵⁵ kɐʔº u³³ pie⁵³ kʰi³³ 。te²¹ kɐʔ³ kɐʔ⁵ ɕie³³ ŋy⁵⁵ tʰɑ⁵⁵ ɲyɐʔ¹² kɐʔº sʅ³³ hɤɯº neº ,tɛ⁵³ tsɤɯ²¹³ iɐʔ⁵ tɕie²¹³ ki³³ lɑº ko³³ tɐʔº　mɐʔ¹² kɐʔ⁵ ɕy⁵⁵ so²¹ kɐʔº i²¹ fu²¹³ ,t ɤɯ³³ iɛ⁵⁵ fɐʔ⁵ iɔ³³ ue³³ kɐʔº piɐʔ¹² koº lɛº ,ɕiɤɯ⁵⁵ ue⁵⁵ noŋ⁵³ tsɐʔ¹² iɐʔ³ kɐʔ⁵ pʰiɔ²¹ nie⁵⁵ kɐʔº ɕie³³ ŋy⁵⁵ neº tsu³³ lɔ²¹ mo²¹³ 。

有一天,他听说天上的仙女要到村东头山脚的湖里洗澡。他就托梦给牛郎,叫牛郎第二天早上到村东边山脚下的湖边去,趁仙女们洗澡的时候,拿走一件她们挂在树上的衣服,头也不回地跑回家,就会得到一个漂亮的仙女做妻子。

那个吆牛鬼儿第二日五更呢,渠奇=奇=滑=滑=①个到了村东面个山脚。雾蒙蒙末里头啊,真个看见有七个漂亮囡儿对=末里嬉水。渠呢豪悷②就对=末树上担了一件粉红个衣裳,头也弗回个趀过来了。

nɑ³³ kɐʔ³ iɔ⁵³ ɲiɤɯ³³ kue⁵⁵ nºtʰi⁵⁵ nie²¹ iɐʔ¹² n¹³ kɛ⁵³ neº ,ki³³ tɕi³³ tɕi³³ uɐʔ¹² uɐʔ¹² kɐʔºtɔ³³ lɐʔº tsʰən⁵³ toŋ⁵³ mie²¹ kɐʔº sɛ⁵³ tɕia⁵⁵ 。u⁵⁵ moŋ¹³ moŋ¹³ mɐʔ¹² li⁵⁵ tɤɯ³³ ɑº ,tsən⁵³ kɐʔº kʰɛ³³ tɕie⁵⁵ iɤɯ²¹ tɕʰiɐʔ⁵ kɐʔ⁵ pʰiɔ²¹ nie⁵⁵ no⁵⁵ nº te²¹ mɐʔ²¹ li²¹³ ɕi⁵³ ɕye²¹³ 。ki³³ neº ɔ²¹ sɔ⁵⁵ ɕiɤɯ⁵⁵ te²¹ mɐʔ¹² ɕy⁵⁵ so²¹³ tɛ⁵³ lɐʔ² iɐʔ⁵ tɕie²¹³ fən⁵⁵ oŋ³³ kɐʔº i⁵³ soº ,tɤɯ³³ iɛ⁵⁵ fɐʔ⁵ ue³³ kɐʔº piɐʔ¹² koº lɛº lɐʔº 。

第二天早上,牛郎半信半疑地来到村东山脚下。朦胧里果真看见七个美女在湖里嬉水,他马上从树上拿起一件粉红色的衣服,头也不回地跑回来了。

---

① 奇=奇=滑=滑= :半信半疑。
② 豪悷:马上。

　　那么让渠担走衣服葛个仙女呢,实际上呢,是天上个织布囡儿。当日夜里,渠呢就敲开葛个吆牛鬼儿家个门。两个人呢,就做了交关①好交关好个两老嬤罢。

　　na³³ meʔ³ iɛ³³ ki³³ tɛ⁵³ tsɤ²¹ i²¹ fu¹³ keʔ³ keʔ³ ɕie³³ ȵy⁵⁵ ne⁰ , seʔ¹² tɕi⁵⁵ so⁰ ne⁰ ,tsɿ²¹³ tʰie⁵³ so²¹ keʔ⁰ tseʔ⁵ pu³³ no⁵⁵ n⁰。to⁵³ ieʔ¹² iɑ⁵⁵ li⁰ , ki³³ ne⁰ tɕiɤ¹³ kʰɔ⁵³ kʰɛ⁵³ keʔ³ keʔ³ iɔ⁵³ ȵi ɤɯ³³ kue⁵⁵ n⁰ ko⁵³ keʔ⁰ mən³³。 nie²¹ keʔ⁰ in³³ ne⁰ ,ɕiɤɯ⁵⁵ tsu³³ leʔ⁰ tɕyɑ²¹ kuɑ⁵⁵ hɔ²¹³ tɕyɑ²¹ kuɑ⁵⁵ hɔ²¹³ keʔ⁰ nie⁵⁵ lɔ²¹ mo³³ peʔ⁰。

　　被他拿走衣服的这个仙女,实际上是天上的织女。当天夜里,她敲开牛郎家的门,两个人就成了恩爱夫妻。

　　眼睛一下眨,三年过去罢。吆牛鬼儿好⸗织布囡儿呢,生了一个鬼儿、一个囡儿,两个细人家②。日子啊,过得是木佬佬③个开心。哪里晓得呢,葛个仙女落凡个事干④呢,让玉皇大帝晓得罢。有一日啊,天上是起大风,打大雷,落大雨。织布囡儿呢,一下儿呢就弗有掉罢。两个细人家啊,哇啦哇啦哭起来要寻姆妈。个吆牛鬼儿哪,急得嘞实在是[弗有]办法。

　　ɛ⁵⁵ tɕin³³ ieʔ³ ho⁵⁵ tsɑ¹³ ,sɛ⁵³ ȵie³³ ku³³ kʰi³³ peʔ⁰。iɔ⁵³ ȵiɤɯ³³ kue⁵⁵ n⁰ hɔ³³ tseʔ⁵ pu³³ no⁵⁵ n⁰ ne⁰ ,sɛ⁵³ leʔ³ ieʔ³ keʔ⁵ kue⁵⁵ n⁰、ieʔ³ keʔ⁰ no⁵⁵ n⁰ , nie²¹ keʔ⁵ ɕie³³ in³³ ko⁵³。 ȵieʔ¹² tsɿ²¹³ ɑ⁰ , ku³³ teʔ⁰ tsɿ²¹³ meʔ¹² lɔ¹³ lɔ⁰ keʔ⁰ kʰɛ⁵³ ɕin⁵³。 lɑ⁵⁵ li⁰ ɕiɔ²¹ teʔ⁰ ne⁰ , keʔ³ keʔ³ ɕie³³ ȵy⁵⁵ lo²¹ fɛ³³ keʔ⁰ sɿ⁵⁵ kɛ³³ ne⁰ , iɛ⁵⁵ yeʔ¹² uaŋ²¹ tɑ¹³ ti³³ ɕiɔ⁵⁵ teʔ⁰ peʔ⁰。 iɤɯ²¹ ieʔ⁵ ȵieʔ¹² ɑ⁰ ,tʰie⁵³ so²¹³ tsɿ¹³ tɕʰi²¹ tʰu⁵⁵

----

①　交关:非常。
②　细人家:小孩。
③　木佬佬:非常。
④　事干:事情。

foŋ⁵³,tɛ²¹tʰie³³ne⁵⁵,lo²¹tʰu⁵⁵y²¹³。tsɐʔ⁵pu³³no⁵⁵n⁰ne⁰,iɐʔ³ho⁵⁵n⁰ne⁰ ɕiɤɯ⁵⁵fɐʔ⁵iɤɯ²¹tʰiɔi⁵⁵pɐʔ⁰。nie²¹kɐʔ⁵ɕie³³in³³ko⁵³a⁰,ua³³la³³ua³³la³³ kʰuɐʔ⁵tɕʰiɐʔ⁰lɛ⁰ɕiɔi³³ɕin³³m²¹ma³³。kɐʔ⁵iɔi⁵³n̩iɤɯ³³kue⁵⁵n⁰nɑ⁰,tɕiɐʔ⁵ tɐʔ⁰le⁰sɐʔ¹²tsɐ¹³tsɿ²¹fe⁵⁵pʰɛ¹³fo⁰。

一晃三年过去了,牛郎和织女生了一儿一女两个孩子,日子过得非常开心。谁知道织女下凡的事情让玉皇大帝知道了。有一天,天上刮起大风,雷雨交加。织女突然不见了。两个孩子哇哇大哭,要找妈妈,牛郎急得不知如何是好。

葛个时候啊,家里葛只老牛爿开口罢:"尔弗要难过,帮葛两只角担落来,变[起来]两只箩。八˭两个细人家呢,囝①进去,就好到天上去寻织布囝儿罢。"个吆牛鬼儿呢,看看还觉得奇怪。个老牛爿个两只角呢,就真个脱落来罢。脱下得地上啊,真个变[起来]两只箩。

kɐʔ³kɐʔ⁵sɿ³³hɤɯ⁰a⁰,ko⁵³li²¹³kɐʔ³tsɑ⁵⁵lɔ²¹n̩iɤɯ³³pɛ³³kʰɛ⁵³kʰɤɯ²¹³ pɐʔ⁰:"n²¹³fɐʔ⁵iɔi³³nɛ³³ku³³,paŋ⁵³kɐʔ³nie²¹tsɑ³³ku⁵⁵tɛ⁵³lo²¹lɛ⁰,pie³³ tɕʰiɛ⁵⁵nie²¹tsɐʔ⁵lo³³。pɐʔ⁵nie²¹kɐʔ⁵ɕie³³in³³ko⁵³ne⁰,kʰo³³tɕin⁵⁵kʰi⁰, ɕiɤɯ⁵⁵hɔ²¹³tɔ³³tʰie⁵³so²¹kʰi³³ɕin³³tsɐʔ⁵pu³³no⁵⁵n⁰pɐʔ⁰。"kɐʔ⁵iɔi⁵³n̩iɤɯ³³ kue⁵⁵n⁰　ne⁰,kʰɛ³³kʰɛ⁵⁵ua³³tɕyɐʔ⁵tɐʔ⁵tɕi³³kua³³。kɐʔ⁵lɔ²¹n̩iɤɯ³³pɛ³³ kɐʔ⁰nie²¹tsɐʔ⁵ku⁵⁵ne⁰,ɕiɤɯ⁵⁵tsən⁵³kɐʔ⁰tʰɐʔ³lo¹³lɛ⁰pɐʔ⁰。tʰɐʔ³ho⁵⁵ tɐʔ⁰tʰi⁵⁵so²¹a⁰,tsən⁵³kɐʔ⁰pie³³tɕʰiɛ⁵⁵nie²¹tsɑ⁵⁵lo³³。

这时家里这头老牛便开口了:"你不要难过,把我两只角拿下来,变成两只箩筐。把两个孩子放进去,就可以到天上找织女了。"牛郎觉得很奇怪,老牛的两只角就真的掉下来了。掉到地上,真的

────────────

① 囝:放。

变成两只箩筐。

　　渠呢就八⁼两个细人家呢，囥得箩里，用扁担呢，八⁼两只箩呢挑起来。葛个时候啊，一阵清风啊，朝耳朵边吹过。两只箩呢，就好像生［起来］两只翼消⁼半⁼①，真个朝天上飞起来罢。葛踩得云头里啊，飞呀飞呀。

　　ki³³ ne⁰ ɕiɤɯ⁵⁵ pɐʔ⁵ nie²¹ kɐʔ⁵ ɕie³³ in³³ ko⁵³ ne⁰ , kʰo³³ tɐʔ⁰ lo³³ li⁰ , ioŋ⁵⁵ pie⁵⁵ tɛ³³ ne⁰ , pɐʔ⁵ nie²¹ tsɑ⁵⁵ lo³³ ne⁰ tʰiɔ⁵³ tɕiɐʔ⁰ lɛ⁰ 。 kɐʔ³ kɐʔ⁵ sʅ³³ h ɤɯ⁰ ɑ⁰ , iɐʔ³ tsʰən⁵⁵ tɕʰin⁵³ foŋ⁵³ ɑ⁰ , tsʰɔ³³ n⁵⁵ tu²¹ pie³³ tɕʰye⁵³ ku⁰ 。 nie²¹ tsɑ⁵⁵ lo³³ ne⁰ , tɕʰiɤɯ⁵⁵ hɔ⁵³ ɕie²¹ sɛ⁵³ tɕʰiɐ⁵⁵ nie²¹ tsɑ⁵⁵ i²¹ ɕiɔ⁵³ pɛ³³ , tsən⁵³ kɐʔ⁰ tsʰɔ³³ tʰie⁵³ so²¹³ fi⁵³ tɕʰiɐʔ⁰ lɛ⁰ pɐʔ⁰ 。 kɐʔ⁵ tsʰɑ²¹ tɐʔ⁰ yn³³ tɤɯ³³ li⁰ ɑ⁰ , fi⁵³ iɑ⁰ fi⁵³ iɑ⁰ 。

　　他就把两个孩子放进箩筐，用扁担挑起来。他只觉耳边一阵清风吹过，两只箩筐就像长了翅膀一样，真的朝天上飞去。牛郎踩在云里，飞呀飞。

　　看看就要追着个织布囡儿罢，哪里晓得呢，让王母娘娘看见罢。渠呢，掰②落来头上个一根金簪儿，葛么对⁼吆牛鬼儿好⁼织布囡儿个中央一下划。就变［起来］了一条满得木佬佬木佬佬个天河，阔③得来看弗见对面个岸上。八⁼吆牛鬼儿好⁼织布囡儿两个人呢隔开罢。

　　kʰɛ³³ kʰɛ³³ ɕiɤɯ⁵⁵ iɔ³³ tɕye⁵³ tsɑ²¹ kɐʔ⁵ tsɐʔ⁵ pu³³ no⁵⁵ n⁰ pɐʔ⁰ , lɑ⁵⁵ li⁰ ɕiɔ²¹ tɐʔ⁰ ne⁰ , iɛ⁵⁵ uaŋ²¹ m⁵⁵ ȵiaŋ²¹ ȵiaŋ⁵⁵ kʰɛ³³ tɕie⁵⁵ pɐʔ⁰ 。 ki³³ ne⁰ , pɛ³³ lo⁰ iɛ⁰ tɤɯ³³ so⁰ kɐʔ⁰ iɐʔ³ kən⁵³ tɕin⁵³ tsɛ³³ n⁵⁵ , kɐʔ³ mɐʔ⁰ te²¹ iɔ⁵³ ȵiɤɯ³³ kue⁵⁵

———————

①　翼消⁼半⁼：翅膀。
②　掰：拔。
③　阔：宽。

nº hɔ²¹ tsɐʔ⁵ pu³³ no⁵⁵ nº kɐʔº tsoŋ⁵³ iɛºiɐʔ³ hoⁿ⁵⁵ uɑ²¹³。ɕiəɯ⁵⁵ pie³³ tɕʰiɛºiɐʔ⁵ iɐʔ⁵tio³³ mɛ⁵⁵ tɐʔº mɐʔ¹² lɔ⁵⁵ lɔº mɐʔ¹² lɔ⁵⁵ lɔº kɐʔº tʰie⁵³ u³³, kʰo⁵⁵ tɐʔ⁵ lɛº kʰɛ³³ fɐʔ⁵ tɕie³³ te³³ mie⁵⁵ kɐʔº ɛ⁵⁵ soº。pɐʔ⁵ iɔ⁵³ ɳiɤɯ³³ kue⁵⁵ nº hɔ²¹ tsɐʔ⁵ pu³³ no⁵⁵ nº nie²¹ kɐʔ⁵ in³³ neº kɑ⁵⁵ kʰɛº pɐʔº。

眼看牛郎就要追上织女了，可谁知道，被王母娘娘发现了。她拔下头上一根金钗，在牛郎和织女中间一划，就出现一条波涛滚滚的天河，宽得望不到对岸，把牛郎和织女隔开了。

再讲个喜鹊鸟儿呢，木佬佬木佬佬怜悯个吆牛鬼儿好ᵈ织布囡儿。每一年阴历个七月初七，成千上万只个喜鹊鸟儿呢，飞到葛个天上个河高头①。一只衔牢一只个尾巴，搭［起来］一桥木佬佬长木佬佬长个鹊桥，让吆牛鬼儿好ᵈ织布囡儿两个人呢团圆、相会。卬个闲话呢，讲好罢。

tsɛ⁵⁵ ko²¹ kɐʔ⁵ ɕi⁵³ tɕʰiɐʔ⁵ tio⁵⁵ nº neº, mɐʔ¹² lɔ⁵⁵ lɔº mɐʔ¹² lɔ⁵⁵ lɔº nie²¹ mie¹³ kɐʔ⁵ iɔ⁵³ ɳiɤɯ³³ kue⁵⁵ nº hɔ²¹ tsɐʔ⁵ pu³³ no⁵⁵ nº。me²¹ iɐʔ⁵ ɳie³³ in⁵³ liɐʔ¹² kɐʔº tɕʰiɐʔ⁵ y²¹ tsʰu⁵³ tɕʰiɐʔ⁵, sən³³ tɕʰie⁵³ so²¹ uɛ⁵⁵ tsɑº kɐʔº ɕi⁵³ tɕʰiɐʔ⁵ tio⁵⁵ nº neº, fi⁵³ tɔ³³ kɐʔ⁵ kɐʔ⁵ tʰie⁵³ so²¹ kɐʔº u³³ kɔ⁵³ t ɤɯº。iɐʔ³ tsɑ⁵⁵ hɛ³³ lɔº iɐʔ³ tsɑ⁵⁵ kɐʔ⁵ mi⁵⁵ po⁵³, to⁵⁵ tɕʰiɛºiɐʔ⁵ tɕiɔ³³ mɐʔ¹² lɔ⁵⁵ lɔº tsɛ³³ mɐʔ¹² lɔ⁵⁵ lɔº tsɛ³³ kɐʔº tɕʰiɐʔ⁵ tɕiɔ³³, iɛ⁵⁵ iɔ⁵³ ɳiɤɯ³³ kue⁵⁵ nº hɔ²¹ tsɐʔ⁵ pu³³ no⁵⁵ nº nie²¹ kɐʔ⁵ in³³ neº tɛ³³ ɳye³³、ɕie⁵³ ue²¹³。aŋ²¹ kɐʔº hɛ³³ o⁵⁵ neº, ko⁵⁵ hɔ²¹ pɐʔº。

喜鹊非常同情牛郎和织女。每年农历的七月初七，成千上万只喜鹊都飞到天河上，一只衔着另一只的尾巴，搭起一座长长的鹊桥，让牛郎织女团圆。我的故事讲完了。

（2015 年 9 月 1 日，建德，发音人：胡霭云）

---

① 高头：上面。

严州干菜鸭

底下㖞讲个"严州干菜鸭"闲话八⁼大家听听,啊。那么传落来呢,有一朝个皇帝到我拉南方来。那么刚好经过我拉严州。特别是到我拉葛个三江口葛个地方。哦嚯,看见葛个是山也漂亮,水也漂亮。哈,倒影了,宝塔了。嬉得都弗肯离开罢。

ti⁵⁵ ho²¹³ aŋ²¹³ ko²¹ kɐʔ⁵ "ȵie³³ tsɣɯ⁵³ kɛ⁵³ tsʰɛ³³ o⁵⁵" hɛ³³ o⁵⁵ pɐʔ⁵ tʰa⁵⁵ ko⁵³ tʰin⁵³ tʰin⁰ , a⁵³ 。 na³³ mɐʔ³ tɕye³³ lo²¹ lɛ³³ ne⁰ , i ɣɯ²¹ iɐʔ⁵ tsɔ³³ kɐʔ⁰ o⁵⁵ ti³³ tɔ³³ a²¹ la⁵⁵ nɛ³³ fo⁵³ lɛ³³ 。 na³³ mɐʔ³ kʰaŋ³³ xɔ²¹³ tɕin⁵³ ku³³ a²¹ la⁵⁵ ȵie³³ tsɣɯ⁵³ 。 tɐʔ¹² piɐʔ⁵ tsɿ²¹³ tɔ³³ a²¹ la⁵⁵ kɐʔ³ kɐʔ⁵ sɛ³³ tɕiaŋ³³ kʰ ɣɯ⁵³ kɐʔ³ kɐʔ⁵ tʰi⁵⁵ fo⁵³ 。 o⁵³ hɣɯ²¹³ , kʰɛ³³ tɕie⁵⁵ kɐʔ³ kɐʔ⁵ tsɿ²¹³ sɛ⁵³ iɛ⁵⁵ pʰiɔ²¹ nie³³ , ɕye²¹³ iɛ⁵⁵ pʰiɔ²¹ nie³³ 。 ha³³ , tɔ³³ in²¹³ lɐʔ⁰ , pɔ³³ tʰo⁵⁵ lɐʔ⁰ 。 ɕi⁵⁵ tɐʔ⁰ tu⁵⁵ fɐʔ⁵ kʰən²¹³ li³³ kʰɛ⁵³ pɐʔ⁰ 。

下面给大家讲一个"严州干菜鸭"的故事。传说,某朝有个皇帝到我们南方来,正好路过我们严州,特别是到我们三江口这个地方,看见山水都很美,有倒影、宝塔,玩得都舍不得走了。

葛个时候呢,葛个太监儿呢,弗有办法,吃饭时候要到嗌。葛么,就诓我拉个,严州个知府老爷呢,要准备饭菜了。那个知府老爷核⁼吖弄弄呢?个皇帝来吃饭核⁼吖弄弄啊?好,渠呢就,到葛个港①边,到了一个细饭店里,对葛个老板讲:"啊,尔呢,烧一桌好菜好饭。要山珍海味咾,要好个菜唻!"好,个老板娘对老板两个人呢,着急了。个店里呢刚好是缺货。也弗有山珍,也弗有海味。核⁼吖弄弄呢?嚯,葛老板急啊。

---

① 港:江。

kɐʔ³kɐʔ⁵sʅ³³hɤɯ³³ne⁰, kɐʔ³kɐʔ⁵tʰɑ³³kɛ̃⁵³n⁰ne⁰, fɐʔ⁵iɤɯ²¹³pʰɛ⁵⁵fo⁵⁵, tɕʰiɐʔ³fɛ⁵⁵sʅ³³hɤɯ³³iɔ³³tɔ³³uɛ⁰。kɐʔ³mɐʔ³, ɕiɤɯ⁵⁵ɤɯ⁵³ɑ²¹lɑ⁵⁵kɐʔ⁰, ȵie³³tsɤɯ⁵³kɐʔ⁰tsʅ⁵³fu²¹³lɔ⁵⁵iɑ³³ne⁰, iɔ³³tɕyn³³pe²¹³fɛ⁵⁵tsʰɛ³³lɐʔ⁰。nɑ³³kɐʔ³tsʅ⁵³fu²¹³lɔ⁵⁵iɑ³³hɐʔ¹²tɕiɛ²¹³noŋ⁵⁵noŋ²¹ne⁰? kɐʔ³o³³ti³³lɛ³³tɕʰiɐʔ³fɛ⁵⁵hɐʔ¹²tɕiɛ²¹³noŋ⁵⁵noŋ⁰ɑ⁰? hɔ²¹³, ki³³ne⁰ɕiɤɯ⁵⁵, tɔ³³kɐʔ³kɐʔ³ko²¹pie⁵³, tɔ³³lɐʔ⁰iɐʔ³kɐʔ⁵ɕie³³fɛ⁵⁵tie³³li⁰, te³³kɐʔ³kɐʔ³lɔ⁵⁵pɛ³³ko²¹³："ɑ⁵³, n²¹ne⁰, sɔ⁵³iɐʔ³tɕyɐʔ⁵hɔ¹³tsʰɛ³³hɔ²¹fɛ⁵⁵。iɔ³³sɛ³³tsən³³hɛ⁵⁵fi²¹³lɔ⁰, iɔ³³hɔ²¹kɐʔ⁰tsʰɛ³³lɛ⁰!"hɔ²¹³, kɐʔ³lɔ⁵⁵pɛ³³ȵie³³te³³lɔ⁵⁵pɛ³³nie²¹kɐʔ⁵in³³ne⁰, tɕya²¹tɕiɐʔ⁵lɐʔ⁰。kɐʔ³tie³³li⁰ne⁰kaŋ⁵⁵hɔ²¹³sʅ²¹³tɕʰyɐʔ⁵hu³³。iɛ³³fɐʔ³iɤɯ²¹³sɛ⁵³tsən⁵³, iɛ³³fɐʔ⁵iɤɯ²¹³hɛ⁵⁵fi³³。hɐʔ¹²tɕiɛ²¹³noŋ⁵⁵noŋ²¹ne⁰? hɤɯ⁵³, kɐʔ³lɔ⁵⁵pɛ³³tɕiɐʔ⁵ɑ⁰。

这时，该吃饭了。于是，皇帝身边的太监就叫我们严州的知府准备饭菜了。知府怎么办呢？皇帝来吃饭怎么办啊？他就来到江边，到一个小饭馆里，对店老板说："你烧一桌好菜好饭，要山珍海味，要好的菜！"老板娘和老板两人着急了，店里正好缺货，既没山珍，也无海味。怎么办呢？老板急得不行。

好，葛个时候老板娘呢，脑筋一下动，有罢。渠对老板讲："尔弗要急，快点！我拉葛下店里头就是只有鸭。尔八＝鸭杀[起来]，卬来烧。"再个老板呢，听老嬷的结果呢，去，八＝鸭呢，搭起来杀起来罢。个老板娘呢，发火发忙。烧镬时候呢，抓了一把干菜，囥得镬里头。又烧又蒸。好，[弗有]多少时候呢，哦曜，一盘[交关]漂亮个，黑里透红个，一盘鸭呢，烧[起来]罢。

hɔ²¹³, kɐʔ³kɐʔ³sʅ³³hɤɯ³³lɔ⁵⁵pɛ²¹ȵie³³ne⁰, nɔ²¹tɕin³³iɐʔ³ho⁵⁵toŋ²¹³, iɤɯ²¹pɐʔ⁰。ki³³te³³lɔ⁵⁵pɛ³³ko²¹³："n²¹³fɐʔ³iɔ³³tɕiɐʔ⁵, kʰuɑ³³tie⁵⁵! ɑ²¹lɑ⁵⁵kɐʔ³ho⁵⁵tie³³li⁵⁵tɤɯ³³ɕiɤɯ⁵⁵tsʅ²¹³tsʅ⁵⁵iɤɯ²¹³o⁵⁵。n²¹³pɐʔ³o⁵⁵so⁵⁵tɕʰiɛ⁰, aŋ²¹³ lɐʔ³ sɔ⁵³ 。"tsɛ³³ kɐʔ³ lɔ³³ pɛ²¹³ ne⁰ , tʰin⁵³ lɔ²¹ mo³³ tiɐʔ⁰tɕiɐʔ⁵ ku²¹³ ne⁰ , tɕʰy⁵⁵ , pɐʔ³ o⁵⁵ ne⁰ , kʰo³³ tɕi³³ lɛ³³ so⁵⁵ tɕʰi³³ lɛ³³ pɐʔ⁰。kɐʔ³ lɔ⁵⁵ pɛ³³ ȵie³³ ne⁰ , fɐʔ³ hu²¹³ fɐʔ⁵ mo³³。sɔ⁵³ u²¹³ sʅ³³ hɤɯ³³ ne⁰ , tɕyɑ⁵³ lɐʔ⁰iɐʔ⁵ po²¹³ kɐ⁵³ tsʰɛ³³ , kʰo³³ tɐʔ³ u⁵⁵ li⁰tɤɯ⁰。iɤɯ³³ sɔ⁵³ iɤɯ³³ tsən⁵³。hɔ²¹³ , fɛ⁵³ tu⁵³ sɔ²¹³ sʅ³³ hɤɯ³³ ne⁰ , o⁵³ hɤɯ⁰ , iɐʔ⁵ pɛ³³ tɕyɑ¹³ pʰiɔ²¹ ȵie⁵⁵ kɐʔ⁰ , hɐʔ³ li³³ tʰɤɯ³³ oŋ³³ kɐʔ⁰ , iɐʔ⁵ pɛ³³ o⁵⁵ ne⁰ , sɔ⁵³ tɕʰiɛ⁵ pɐʔ⁰。

这时老板娘灵机一动，有办法了。她对老板说："你别急，快点！我们店里现在只有鸭。你杀鸭，我来烧。"老板听了妻子的话，去把鸭子抓起来杀了。老板娘生火，忙起来。烧饭时，她抓了一把干菜放在锅里，又烧又蒸。没过多久，一道非常漂亮的、黑里透红的鸭烧好了。

再么皇帝开始吃了。一下吃哈，哇，根＝鲁＝①是，又鲜又嫩，真好吃。葛吧渠就问个老板娘，好。个碗菜叫啥哩名字哦？叫啥哩菜哦？个老板娘讲啊，葛个啊，就是我拉严州个野鸭。曜，个皇帝讲个鸭好唉。从葛一下开始以后呢，葛一道菜呢，就传落来罢。就讴渠叫"严州干菜鸭"。

tsɛ³³ mɐʔ³ o³³ ti³³ kʰɛ⁵³ sʅ²¹³ tɕʰiɐʔ⁵ lɐʔ⁰。iɐʔ³ ho⁵⁵ tɕʰiɐʔ⁵ hɑ⁰ , uɑ⁵³ , kən³³ lu²¹³ tsʅ²¹³ , iɤɯ³³ ɕie⁵³ iɤɯ³³ nən⁵⁵ , tsən⁵³ hɔ²¹ tɕʰiɐʔ⁵。kɐʔ³ pɐʔ³ ki³³ ɕiɤɯ⁵⁵ mən⁵⁵ kɐʔ³ lɔ⁵⁵ pɛ³³ ȵie³³ , hɔ²¹³。kɐʔ³ uɛ¹³ tsʰɛ³³ tɕiɔ³³ so³³ li⁵⁵ min³³ sʅ⁵⁵ o⁰？ tɕiɔ³³ so⁵⁵ li⁰tsʰɛ³³ o⁰？ kɐʔ³ lɔ⁵⁵ pɛ³³ ȵie³³ ko²¹ a⁰ , kɐʔ³ kɐʔ³ a⁰ , ɕiɤɯ⁵⁵ tsʅ²¹³ a²¹ lɑ⁵⁵ ȵie³³ tsɤɯ⁵³ kɐʔ⁰ iɑ²¹ o⁵⁵。hɤɯ⁵³ , kɐʔ³ o³³ ti³³ ko²¹³ kɐʔ³ o⁵⁵ hɔ²¹ ɛ⁰。tsʰoŋ³³ kɐʔ³ iɐʔ³ ho⁵⁵ kʰɛ⁵³ sʅ²¹³ i⁵⁵ hɤɯ²¹³ ne⁰ , kɐʔ³ iɐʔ⁵ tɔ³³ tsʰɛ³³ ne⁰ , ɕiɤɯ⁵⁵ tɕye³³ lo¹³ lɛ³³ pɐʔ⁰。ɕiɤɯ⁵⁵ɤɯ⁵³ ki³³ tɕiɔ³³ "ȵie³³ tsɤɯ⁵³ kɐ⁵³ tsʰɛ³³ o⁵⁵"。

—————————

① 根＝鲁＝:此处未听清。

皇帝开吃了。吃了一口,哇,真的是,又鲜又嫩,真好吃。他就问老板娘,这道菜叫什么?老板娘说,这就是我们严州的野鸭。皇帝夸这道鸭好吃。从此以后,这道菜就传下来了,就叫"严州干菜鸭"。

（2015 年 9 月 1 日,建德,发音人:胡霭云）

平底螺蛳

底下呢,卬八⁼大家讲一个"平底螺蛳"个闲话。卬家里呢就住得碧溪坞。碧溪坞有蛮长美①,在一条从乌龙山一直落来个磡⁼板⁼。那么磡⁼板⁼里呢有平底螺蛳。那么个平底螺蛳是核⁼吥来个呢?我讲八⁼大家听下啊。

ti⁵⁵ho²¹neº,aŋ²¹peʔⁱtʰa⁵⁵ko⁵³ko²¹iɐʔ³kɐʔ⁵ "pin³³ti²¹³lu³³sʅ⁵³"kɐʔºhe³³oᵒ⁵⁵。aŋ²¹ko⁵³li²¹neºɕiɣɯ⁵⁵tɕʰy⁵⁵tɐʔºpiɐʔ⁵tɕʰi⁵³uº。piɐʔ⁵tɕʰi⁵³uºiɣɯ²¹mɛ³³tsɛ³³me²¹³,tsɛ¹³iɐʔ⁵tiɔ³³tsʰoŋ³³u²¹loŋ¹³sɛ⁵³iɐʔ⁵tsɐʔ¹²lo²¹lɛ³³kɐʔºkʰɐ²¹pɛ²¹³。na³³mɐʔ³kʰɐ²¹pɛ²¹³li⁵⁵neºiɣɯ²¹pin³³ti²¹³lu³³sʅ⁵³。na³³mɐʔ³kɐʔ⁵pin³³ti²¹³lu³³sʅ⁵³sʅ²¹³hɐʔ¹²tɕiɛ²¹³lɛ³³kɐʔºneº?a²¹³ko²¹³peʔⁱtʰa⁵⁵ko⁵³tʰin⁵³hoºaº。

下面我给大家讲一个"平底螺蛳"的故事。我家就住在碧溪坞,碧溪坞有一条从乌龙山上流下来的小溪,溪里有平底螺蛳。那么这平底螺蛳是怎么来的呢?我给大家讲一下。

就老早个时候呢,由缙云来了一个少康和尚。渠呢,到了严州梅城色⁼低⁼②以后呢,日日对⁼末个街路上啊讨饭。葛讨啥哩呢?

---

① 蛮长美:此处未听清。

② 色⁼低⁼:此处未听清。

渠弗是讨饭咯。渠是要讨末个细铜钿。那么讨着以后呢,渠呢去教末些街上个细人家呢,讴渠拉念葛个佛。叫啥哩呢? 阿弥陀佛。讲一句,渠八=讨来个细铜板就八=渠一个。

tɕiɤɯ⁵⁵lɔ²¹tsɔ²¹kɐʔ⁰sʅ³³hɤɯ³³ne⁰,iɤɯ³³tɕin²¹yn⁵⁵lɛ³³lɐʔ⁰iɐʔ³kɐʔ⁵
sɔ³³kʰo⁵³u³³so⁵⁵。ki³³ne⁰,tɔ³³lɐʔ⁰n̠ie³³tsɤɯ⁵³me²¹¹tsʰən²¹¹sɐʔ³ti⁵³i⁵⁵hɤɯ²¹³
ne⁰,n̠iɐʔ¹²n̠iɐʔ¹²te²¹³mɐʔ¹²kɐʔ⁵ka⁵³lu²¹sɔ²¹ɑ⁰tʰɔ²¹fɛ⁵⁵。kɐʔ⁵tʰɔ²¹³so⁵⁵
li⁰ne⁰? ki³³fɐʔ⁵tsʅ²¹³tʰɔ²¹fɛ⁵⁵kɔ⁰。ki³³sʅ²¹³iɔ³³tʰɔ²¹³mɐʔ¹²kɐʔ⁵ɕie³³toŋ³³
tie³³。nɑ³³mɐʔ³tʰɔ²¹tsa²¹³i⁵⁵hɤɯ²¹³ne⁰,ki³³ne⁰tɕʰy³³kɔ³³mɐʔ¹²sɐʔ⁵ka⁵³
sɔ²¹kɐʔ⁰ɕie³³in³³ko⁵³ne⁰,ɤɯ⁵³ki³³lɑ³³n̠ie⁵⁵kɐʔ³kɐʔ⁵fɐʔ¹²。tɕiɔ³³so⁵⁵li⁰
ne? ɔ³³mi³³to³³fɐʔ¹²。ko²¹³iɐʔ⁵tɕy⁵³,ki³³pɐʔ⁵tʰɔ²¹³lɛ³³kɐʔ⁰ɕie³³toŋ³³
pɐ⁰ɕiɤɯ⁵⁵pɐʔ⁵ki³³iɐʔ⁵kɑ³³。

很久以前,从缙云来了一个少康和尚。他到了严州梅城以后,每天在街上乞讨。讨什么呢? 他不是要饭的,他要讨小铜钱。讨到以后,他去教街上的小孩念佛。教什么呢? 阿弥陀佛。说一句,他就分一个讨来的小铜板。

那么葛个和尚呢,有一日,从乌龙山个玉泉寺落来呢,到北高峰去。那么经过①我拉碧溪坞咾。那么到了碧溪坞呢,刚好末个路边呢,有一份人家呢,准备对=米=②烧饭罢。那么渠呢,闻着一阵香气。葛吧渠就走进去罢。一下看呢,葛份人家个主人家呢,对=镬灶上炒菜。刚好对=镬里末个溪鱼呢,末个鱼呢,一面已经煎焦罢。葛个镬灶上呢,还有一碗,剪了屁股个螺蛳。

nɑ³³mɐʔ³kɐʔ³kɐʔ³u³³so⁵⁵ne⁰,iɤɯ²¹iɐʔ⁵n̠iɐʔ¹²,tsʰoŋ³³u²¹loŋ¹³sɛ⁵³

---

①　“过”字音殊。

②　米=:此处未听清。

kɐʔ⁰ yɐʔ¹² tɕʰi ɛ̃²¹ sɿ⁵⁵ lo²¹ lɛ³³ ne⁰, tɔ³³ pɐʔ⁵ kɔ⁵³ foŋ⁵³ kʰi³³。nɑ³³ mɐʔ³ tɕin⁵³ kʰu⁵³ ɑ²¹ lɑ⁵⁵ piɐʔ⁵ tɕʰi⁵³ u⁰ lɔ⁰。nɑ³³ mɐʔ³ tɔ³³ lɐʔ⁰ piɐʔ⁵ tɕʰi⁵³ u⁰ ne⁰, kaŋ⁵⁵ xɔ²¹³ mɐʔ¹² kɐʔ³ lu⁵⁵ pie⁵³ ne⁰, i ɣɯ²¹ iɐʔ³ fən⁵⁵ in³³ ko⁵³ ne⁰, tɕyn⁵⁵ pe³³ te²¹ mi²¹³ sɔ⁵³ fɛ⁵⁵ pɐʔ⁰。nɑ³³ mɐʔ³ ki³³ ne⁰, mən⁵⁵ tsɑ²¹³ iɐʔ³ tsʰən⁵⁵ ɕie⁵³ tɕʰi³³。kɐʔ³ pɐʔ³ ki³³ ɕi ɣɯ⁵⁵ tsɣɯ²¹ tɕin³³ kʰi³³ pɐʔ⁰。iɐʔ³ ho⁵⁵ kʰɛ³³ ne⁰, kɐʔ³ fən⁵⁵ in³³ ko⁵³ kɐʔ⁰ tɕy¹³ in³³ ko⁵³ ne⁰, te²¹³ u²¹ tsɔ³³ so⁵⁵ tsʰɔ²¹ tsʰɛ³³。kaŋ⁵⁵ hɔ²¹³ te²¹³ u²¹ li⁰ mɐʔ¹² kɐʔ⁵ tɕʰi⁵³ n³³ ne⁰, mɐʔ¹² kɐʔ⁵ n³³ ne⁰, iɐʔ³ mie⁵⁵ i⁵⁵ tɕin³³ tɕie³³ tɕiɔ⁵³ pɐʔ⁰。kɐʔ³ kɐʔ³ u²¹ tsɔ³³ so⁵⁵ ne⁰, uɑ³³ i ɣɯ²¹³ iɐʔ⁵ uɛ²¹³, tɕie²¹ lɐʔ⁰ pʰi³³ ku⁵⁵ kɐʔ⁰ lu³³ sɿ⁵³。

有一天，这个和尚从乌龙山玉泉寺下来，到北高峰去，经过我们碧溪坞。到了碧溪坞呢，刚好路边有一户人家准备做饭了。他闻到一阵香味，于是就走进去。一看，这户人家的主人正在灶上炒菜。锅里的鱼一面已经煎焦了，灶台上还有一碗剪了屁股的螺蛳。

那么葛个少康和尚呢，两只手呢，并了一堆。就讲："阿弥陀佛。哦，尔个老板娘啊，尔拉顶好呢，能够八═葛个鱼对螺蛳呢，去放生，弗要杀生。"那葛个主人家呢，对葛个和尚一下看。个碗个鱼呢已经煎得半面都焦罢，煎得。那么个螺蛳呢屁股也都剪掉罢。那么核═阶会活呢？那么个少康和尚渠讲："只要尔肯放生，尔八═螺蛳好═鱼呢担八═卬，卬呢有办法。"

nɑ³³ mɐʔ³ kɐʔ³ kɐʔ³ sɔ³³ kʰo⁵³ u³³ so⁵⁵ ne⁰, nie²¹ tsɑ⁵⁵ sɣɯ²¹ ne⁰, pin²¹ lɐʔ⁰ iɐʔ³ te⁵³。ɕi ɣɯ⁵⁵ ko²¹³ : "ɔ³³ mi³³ to³³ fɐʔ¹²。o⁵³, n²¹³ kɐʔ⁵ lɔ⁵⁵ pɛ³³ ȵie³³ ɑ⁰, n²¹ nɑ⁵⁵ tin¹³ hɔ²¹³ ne⁰, nən³³ kɣɯ³³ pɐʔ⁵ kɐʔ³ kɐʔ³ n³³ te³³ lu³³ sɿ⁵³ ne⁰, kʰi³³ fo³³ sɛ⁵³, fɐʔ³ iɔ³³ so¹³ sɛ⁵³。"nɑ³³ kɐʔ³ kɐʔ³ tɕy⁵⁵ in³³ ko⁰ ne⁰, te³³ kɐʔ³ kɐʔ³ u³³ so⁵⁵ iɐʔ³ ho⁵⁵ kʰɛ³³。kɐʔ⁵ uɛ²¹ kɐʔ⁰ n³³ ne⁰ i⁵⁵ tɕin³³ tɕie³³ tɐʔ⁰ pɛ³³ mie⁵⁵ tu³³ tɕiɔ⁵³ pɐʔ⁰, tɕie⁵³ tɐʔ⁰。nɑ³³ mɐʔ³ kɐʔ³ lu³³ sɿ⁵³ ne⁰ pʰi³³ ku⁵⁵ iɛ³³ tu⁵⁵ tɕie²¹ tʰiɔ^{13} pɐʔ^{0} 。nɑ^{33} mɐʔ^{3} hɐʔ^{12} tɕiɛ^{213} ue^{55} o^{21} ne^{0}？ nɑ^{33} mɐʔ^{3} kɐʔ^{3} sɔ^{33} kʰo^{53} u^{33} so^{55} ki^{33} ko^{213} ："tsɿ^{55} iɔ^{33} n^{213} kʰən^{213} fo^{33} sɛ^{53} ，n^{213} pɐʔ^{5} lu^{33} sɿ^{53} hɔ^{33} n^{33} ne^{0} tɛ^{53} pɐʔ^{5} ɑŋ^{213} ，ɑŋ^{213} ne^{0} iɤɯ^{21} pʰɛ^{13} fo^{0} 。"

于是少康和尚两手并拢，就说："阿弥陀佛。你这个老板娘，你们最好能把这个鱼和螺蛳拿去放生，不要杀生。"主人打量了一下这个和尚。这鱼半面已经煎焦了，螺蛳的屁股也都剪掉了，那怎么会活呢？少康和尚说："只要你肯放生，你把螺蛳和鱼交给我，我有办法。"

那么个主人家听渠葛吤讲以后呢，嘿，印倒要看看尔到底有啥哩办法。那么，渠八⁼镬里个鱼呢，铲起来，再对葛个螺蛳呢，一起都担八⁼葛个和尚。葛个和尚呢，就担了个鱼好⁼螺蛳呢，就走到葛个碧溪坞个磡⁼板⁼边。那么八⁼鱼好⁼螺蛳呢，就倒得磡⁼板⁼里个水里头。两只手呢，合起来，嘴里呢，念去念去念去念去念去。好，过了弗有多少时候呢，唉，葛个煎得两面焦，一面焦葛个鱼哪，真个就活起来呗。游下游下游下就游开罢。那么葛些螺蛳呢，也慢慢地慢慢地呢，都，四面八方个，都，游开去罢。真个活[起来]罢。哦，葛个主人家感到真是奇怪。

nɑ^{33} mɐʔ^{3} kɐʔ^{3} tɕy^{55} in^{33} ko^{0} tʰin^{53} ki^{33} kɐʔ^{3} tɕiɛ^{213} ko^{213} i^{55} hɤɯ^{213} ne^{0} ，he^{53} ，ɑŋ^{213} tɔ^{33} iɔ^{33} kʰɛ^{33} kʰɛ^{33} n^{213} tɔ^{33} ti^{213} iɤɯ^{213} so^{55} li^{0} pʰɛ^{13} fo^{0} 。nɑ^{33} mɐʔ^{3} ，ki^{33} pɐʔ^{5} u^{21} li^{0} kɐʔ^{0} n^{33} ne^{0} ，tsʰɛ^{21} tɕʰiɐʔ^{0} lɛ^{0} ，tsɛ^{33} te^{33} kɐʔ^{3} kɐʔ^{3} lu^{33} sɿ^{53} ne^{0} ，iɐʔ^{5} tɕʰi^{213} tu^{33} tɛ^{53} pɐʔ^{5} kɐʔ^{3} kɐʔ^{3} u^{33} so^{55} 。kɐʔ^{3} kɐʔ^{3} u^{33} so^{55} ne^{0} ，ɕi ɤɯ^{55} tɛ^{53} lɐʔ^{0} kɐʔ^{5} n^{33} hɔ^{33} lu^{33} sɿ^{53} ne^{0} ，ɕi ɤɯ^{55} ts ɤɯ^{21} tɔ^{33} kɐʔ^{3} kɐʔ^{3} piɐʔ^{5} tɕʰi^{53} u^{0} kɐʔ^{0} kʰɛ^{21} pɛ^{213} pie^{53} 。nɑ^{33} mɐʔ^{3} pɐʔ^{5} n^{33} hɔ^{33} lu^{33} sɿ^{53} ne^{0} ，ɕiɤɯ^{55} tɔ^{21} tɐʔ^{0} kʰɛ^{21} pɛ^{213} li^{55} kɐʔ^{0} ɕye^{213} li^{55} t ɤɯ^{0} 。nie^{21} tsɑ^{55} s ɤɯ^{213} ne^{0} ，hɐʔ^{12} tɕʰiɐʔ^{0} lɛ^{33} ，tɕye^{21} li^{55} ne^{0} ，ȵie^{55} kʰi^{0} ȵie^{55} kʰi^{0} ȵie^{55} kʰi^{0} ȵie^{55} kʰi^{0} ȵie^{55} kʰi^{0} 。hɔ^{213} ，ku^{33}

leʔ⁰ fɐʔ⁵ iɤɯ²¹³ tu⁵³ sɔ²¹³ sɿ³³ hɤɯ²¹³ ne⁰ , ɛ²¹³ , kɐʔ³ kɐʔ³ tɕie⁵³ tɐʔ⁵ nie²¹ mie⁵⁵ tɕiɔ⁵³ , iɐʔ³ mie⁵⁵ tɕiɔ⁵³ kɐʔ³ kɐʔ³ n³³ nɑ⁰ , tsən⁵³ kɐʔ⁵ tɕiɤɯ⁵⁵ o²¹³ tɕʰiɐʔ³ le³³ pɐ⁰ 。 iɤɯ³³ ho⁵⁵ iɤɯ³³ ho⁵⁵ iɤɯ³³ ho⁵⁵ ɕiɤɯ⁵⁵ iɤɯ³³ kʰɛ⁵³ pɐʔ⁰ 。 nɑ³³ mɐʔ³ kɐʔ³ sɐʔ⁵ lu³³ sɿ⁵³ ne⁰ , iɛ²¹³ mɛ⁵⁵ mɛ⁵⁵ tʰi⁰ mɛ⁵⁵ mɛ⁵⁵ tʰi⁰ ne⁰ , tu⁵⁵ , ɕi³³ mie⁵⁵ po⁵⁵ fo⁵³ kɐʔ⁰ , tu⁵⁵ , iɤɯ³³ kʰɛ⁵³ kʰi³³ pɐʔ⁰ 。 tsən⁵³ kɐʔ⁵ o²¹³ tɕʰiɛ⁰ pɐʔ⁰ 。 o⁵³ , kɐʔ³ kɐʔ³ tɕy⁵⁵ in³³ ko⁰ kɛ̃²¹ tɔ³³ tsən⁵⁵ tsɿ²¹ tɕi³³ kuɑ⁵³ 。

　　主人听他这么说，心想我倒要看看你到底有什么办法。他就把锅里的鱼铲起来，和螺蛳一起交给这个和尚。这个和尚就拿了鱼和螺蛳，走到碧溪坞的小溪边，把鱼和螺蛳，倒到溪水里。他两手合起，嘴里一直念着。没过多久，一面煎焦的鱼真的活过来了，游着游着就游走了。这些螺蛳也慢慢地朝四面八方游走了，真的活了。这个主人非常惊奇。

　　那么从葛一日以后呢，碧溪坞个礅〓板〓里呢，就能够拾着，弗有尾巴个螺蛳。还有半面焦个鱼，大家都讴渠末个石斑鱼呢。那么到葛下，都还能够拾着弗有尾巴个螺蛳。那个鱼呢，慢慢地慢慢地呢，弗有罢，半面弗有罢。葛下呢，整个都好了。那么，也可能就是讲，慢慢地时候，在以后呢，葛个伤口呢，好掉罢。那，葛个闲话就到葛里。

　　nɑ³³ mɐʔ³ tsoŋ³³ kɐʔ³ iɐʔ⁵ ȵiɐʔ¹² i⁵⁵ hɤɯ²¹³ ne⁰ , piɐʔ⁵ tɕʰi⁵³ u⁰ kɐʔ⁰ kʰɛ²¹ pɐ²¹³ li⁵⁵ ne⁰ , ɕiɤɯ⁵⁵ nən³³ kɤɯ³³ ɕiɐʔ¹² tsɑ²¹³ , fɐʔ⁵ iɤɯ²¹³ mi⁵⁵ po⁵³ kɐʔ⁰ lu³³ sɿ⁵³ 。 uɑ³³ iɤɯ²¹³ pɐ³³ mie⁵⁵ tɕiɔ⁵³ kɐʔ⁰ n³³ , tʰɑ⁵⁵ ko⁵³ tu⁵⁵ ŋɤɯ⁵³ ki³³ mɐʔ¹² kɐʔ⁵ sa²¹ pɐ⁵³ n³³ ne⁰ 。 nɑ³³ mɐʔ³ tɔ³³ kɐʔ³ ho²¹³ , tu³³ uɑ⁵⁵ nən³³ kɤɯ³³ ɕiɐʔ¹² tsɑ²¹³ fɐʔ⁵ iɤɯ²¹³ mi⁵⁵ po⁵³ kɐʔ⁰ lu³³ sɿ⁵³ 。 nɑ³³ kɐʔ⁵ n³³ ne⁰ , mɛ⁵⁵ mɛ⁵⁵ tʰi⁰ mɛ⁵⁵ mɛ⁵⁵ tʰi⁰ ne⁰ , fɐʔ⁵ iɤɯ²¹³ pɐʔ⁰ , pɐ³³ mie⁵⁵ fɐʔ⁵ iɤɯ²¹³ pɐʔ⁰ 。 kɐʔ³ ho⁵⁵ ne⁰ , tsən⁵⁵ kɑ³³ tu⁵⁵ hɔ²¹ lɐ⁰ 。 nɑ³³ mɐʔ³³ , iɛ²¹ kʰo⁵⁵ nən³³ tɕiɤɯ⁵⁵ tsɿ²¹ ko²¹³ , mɛ⁵⁵

me⁵⁵tʰi⁰sʐ³³hɤɯ²¹³，tsɛ³³i⁵⁵hɤɯ²¹³ne⁰，keʔ³keʔ³so⁵³kʰɤɯ²¹³ne⁰，hɔ²¹tʰ
iɔ⁵⁵peʔ⁰。nɑ³³，keʔ³keʔ³he³³o⁵⁵ɕiɤɯ⁵⁵tɔ³³keʔ⁵li³³。

自从这天以后，碧溪坞的溪里呢，就能捡到没尾巴的螺蛳，还有半面焦的鱼，大家都叫它们石斑鱼。直到现在，还能够捡到没有尾巴的螺蛳。那种鱼呢，慢慢地没了，半面（焦的鱼）没了，现在整个都好了。那么，也可能就是说，慢慢地，伤口好了。这个故事就讲到这里。

（2015 年 9 月 1 日，建德，发音人：胡霭云）

南北两个宝塔

底下呢卬八￣大家讲一个，南北两个宝塔的闲话。那么对￣葛个隋唐个时候了，我拉严州呢是末个水运交关发达咯。那么我拉前头个港里头呢，都是船啊，相当相当多个。有些人呢，靠运东西啊，坐人啊，来趁钞票过日子。有些呢就是靠搭鱼来过日子。

ti⁵⁵ho²¹ne⁰ɑŋ²¹peʔ⁵tʰɑ⁵⁵ko⁵³ko²¹ieʔ³keʔ⁵，ne³³peʔ⁵nie²¹keʔ⁵pɔ¹³
tʰo⁵⁵keʔ⁵he³³o⁵⁵。nɑ³³meʔ³te²¹³keʔ³keʔ³sue³³tʰɑŋ²¹³keʔ⁵sʐ³³hɤɯ³³leʔ⁰，ɑ²¹
lɑ⁵⁵ɲie³³tsɤɯ⁵³ne⁰sʐ²¹³meʔ²¹keʔ⁵sue²¹yn⁵⁵tɕiɔ²¹kue⁵⁵feʔ⁵teʔ¹²kɔ⁰。nɑ³³
meʔ³ɑ²¹lɑ⁵⁵ɕie³³tɤɯ³³keʔ⁵ko²¹li³³tɤɯ³³ne⁰，tu³³sʐ²¹ɕye³³ɑ⁰，ɕiaŋ³³taŋ⁵⁵
ɕiaŋ³³taŋ⁵⁵tu⁵³keʔ⁰。iɤɯ²¹seʔ⁵in³³ne⁰，kʰɔ³³yn⁵⁵toŋ⁵³ɕi²¹³ɑ⁰，su²¹in³³
ɑ⁰，le³³tsʰən³³tsʰɔ²¹pʰiɔ³³ku³³ɲieʔ¹²tsʐ²¹³。iɤɯ²¹seʔ⁵ne⁰tɕiɤɯ⁵⁵tsʐ²¹³kʰɔ³³
kʰo³³n³³le³³ku³³ɲieʔ¹²tsʐ²¹³。

下面我给大家讲一个，南北两个宝塔的故事。在隋唐时，我们严州水运非常发达。我们前头的江里都是船，非常非常多。有些人靠运货、运人，赚钱过日子。有些靠打鱼为生。

讲呢有一只渔船上，生了一个漂亮个渔船上个囡儿。葛个囡儿哪,交关交关能干。样子么也生得好,还唱了一手好个山歌。那么,渠呢,一边搭鱼,有些时候呢,就一边呢唱歌儿。有些时候啊,好两里路外,都能够听见渠个过路个声音。再讲呢,对＝北高峰个山脚呢,有一户农民①人家,渠家里呢,生了一个鬼儿。葛个鬼儿呢,样子也生得相当好。那么,渠拉家里呢,是靠斫柴过日子个。

ko²¹ ne⁰ iɤɯ²¹ ieʔ⁵ tsa⁵⁵ n³³ ɕye³³ so²¹³ , sɛ⁵³ leʔ⁰ ieʔ³ keʔ⁵ pʰiɔ²¹ nie⁵⁵ keʔ⁰ n³³ ɕye³³ so²¹ keʔ⁰ no⁵⁵ n⁰ 。 keʔ³ keʔ⁵ no⁵⁵ n⁰ na⁰ , tɕiɔ²¹ kuɛ⁵⁵ tɕiɔ²¹ kuɛ⁵⁵ nən³³ kɛ⁵³ 。 iɛ⁵⁵ tsʅ⁰ meʔ⁰ iɛ⁵⁵ sɛ⁵³ teʔ⁰ hɔ²¹³ , ua³³ tsʰo³³ leʔ⁰ ieʔ⁵ ɤɯ²¹³ hɔ²¹ keʔ⁰ sɛ⁵³ ku⁵³ 。 na³³ meʔ³ , ki³³ ne⁰ , ieʔ⁵ pie⁵³ kʰo³³ n³³ , iɤɯ²¹ seʔ⁵ sʅ³³ hɤɯ³³ ne⁰ , ɕiɤɯ⁵⁵ ieʔ⁵ pie⁵³ ne⁰ tsʰo³³ ku⁵³ n⁰ 。 iɤɯ²¹ seʔ⁵ sʅ³³ hɤɯ³³ a⁰ , hɔ²¹ lie⁵⁵ li²¹ lu⁵⁵ ua⁵⁵ , tu⁵⁵ nən³³ k ɤɯ³³ tʰin⁵³ tɕie⁰ ki³³ keʔ³ ku³³ lu²¹³ keʔ⁰ sən⁵³ in⁰ 。 tsɛ³³ ko²¹³ ne⁰ , te²¹³ peʔ⁵ kɔ³³ foŋ³³ keʔ⁰ sɛ⁵³ tɕia¹³ ne⁰ , iɤɯ²¹ ieʔ⁵ u²¹³ noŋ³³ pin³³ in³³ ko⁵³ , ki³³ ko⁵³ li²¹ ne⁰ , sɛ⁵³ leʔ⁰ ieʔ³ keʔ³ kue⁵⁵ n⁰ 。 keʔ³ keʔ³ kue⁵⁵ n⁰ ne⁰ , iɛ⁵⁵ tsʅ⁰ iɛ³³ sɛ⁵³ teʔ⁰ ɕiaŋ³³ taŋ³³ hɔ²¹³ 。 na³³ meʔ³ , ki³³ la⁵³ ko⁵³ li⁰ ne⁰ , sʅ²¹³ kʰɔ³³ tso⁵⁵ sa³³ ku³³ ȵieʔ¹² tsʅ²¹³ keʔ⁰ 。

话说有一条渔船上的人家生了一个很漂亮的女孩。这个女孩长大后非常非常能干,长得漂亮,还很会唱山歌。她有时一边打鱼,一边唱歌。有时候,几里之外都能听见她的歌声。在北高峰的山脚,有一户农民家里生了一个儿子,这个男孩相貌英俊。他们家是靠砍柴为生的。

葛个鬼儿呢,日日都要到乌龙山上啊,到北高峰个山上啊去斫柴。那么渠呢,也经常听见,葛个搭鱼囡儿个唱歌儿。渠自盖＝呢,也唱了一手好山歌,喉咙呢,也交关好。渠拉有些时候呢,一个对＝

────────────

① "民"声殊。

水里，一个也对＝山上，为两个对［起来］，唱两句山歌。那么因为葛个唱歌儿呢，两个人慢慢地慢慢地呢，好起来罢。

kɐʔ³kɐʔ³kue⁵⁵n⁰ne⁰,ȵie¹²ȵie¹²tu⁵⁵iɔ³³tɔ³³u²¹loŋ³³sɛ⁵³so²¹ɑ⁰,tɔ³³pɐʔ⁵kɔ³³foŋ³³kɐʔ⁰sɛ⁵³so²¹ɑ⁰kʰi³³tso⁵⁵sa³³。nɑ³³mɐʔ³ki³³ne⁰,iɛ²¹³tɕin⁵³tsɛ³³tʰin⁵³tɕie⁰,kɐʔ³kɐʔ³kʰo³³n³³no⁵⁵n⁰kɐʔ⁰tsʰo³³ku⁵³n⁰。ki³³ɕi⁵⁵kɛ³³ne⁰,iɛ²¹³tsʰo³³lɐʔ⁰iɐʔ⁵sɤɯ²¹³hɔ²¹sɛ⁵³ku⁵³,hɤɯ³³loŋ³³ne⁰,iɛ²¹³tɕiɔ²¹kue⁵⁵hɔ²¹³。ki³³lɑ³³iɤɯ²¹sɐʔ⁵sʅ³³hɤɯ³³ne⁰,iɐʔ³kɑ³³te²¹ɕye²¹li⁰,iɐʔ⁵kɐʔ³iɛ²¹te²¹sɛ⁵³so²¹³,ue³³nie²¹kɑ³³te³³tɕʰie⁰,tsʰo³³nie²¹tɕy³³sɛ⁵³ku⁵³。nɑ³³mɐʔ³in³³ue⁰kɐʔ³kɐʔ³tsʰo³³ku⁵³n⁰ne⁰,nie²¹kɐʔ⁵in³³mɛ⁵⁵mɛ⁰tʰi⁰mɛ⁵⁵mɛ⁰tʰi⁰ne⁰,hɔ²¹tɕʰiɐʔ⁰lɛ⁰pɐʔ⁰。

这个男孩每天都要到乌龙山上，到北高峰山上砍柴。他也经常听见这个渔家女唱歌。他自己也很会唱山歌，嗓子也非常好。有时候，他们一个在水里，一个在山上，两个一起对唱山歌。因为唱歌，两个人日久生情。

那么对＝一个雨呢蛮大个夜里头了，渠拉两个呢，对＝港边呢相会罢。从末一日以后呢，渠拉日日夜里，都到港边去相会，感情呢是越来越好。哪里晓得呢，葛个事干呢，让别个晓得罢。那么要来搭渠拉。葛为啥哩要来搭渠拉呢？因为当时啊，末个，渔民呢，是定为是贱民咯。弗好穿了整双鞋到岸上，要鞋拖起来到岸上来。也弗好到岸上来娶，也弗好对岸上人通婚。那么晓得葛个船上个囡儿对岸上个鬼儿，两个好了以后呢，葛个是弗允许个。所以渠拉呢要来搭渠。

nɑ³³mɐʔ³te²¹³iɐʔ³kɐʔ⁵y²¹³ne⁰mɛ²¹tʰu⁵⁵kɐʔ⁰iɑ⁵⁵li⁰tɤɯ⁰lɐʔ⁰,ki³³lɑ³³nie²¹kɑ³³ne⁰,te²¹kɔ²¹pie⁵³ne⁰ɕie⁵³ue¹³pɐʔ⁰。tsʰoŋ²¹mɐʔ¹²iɐʔ⁵ȵiɐʔ¹²i⁵⁵hɤɯ²¹³ne⁰,ki³³lɑ⁰ȵiɐʔ¹²ȵiɐʔ¹²iɑ⁵⁵li⁰,tu⁵⁵tɔ³³kɔ²¹pie⁵³kʰi³³ɕie⁵³ue²¹³,

kɛ̃⁵⁵ tɕʰin³³ ne⁰tsʅ²¹³ yeʔ¹² lɛ³³ yeʔ¹² hɔ²¹³。na⁵⁵ li⁰ɕiɔ²¹ tɐʔ⁵ne⁰，kɐʔ³
kɐʔ³sʅ⁵⁵ kɛ³³ ne⁰，iɛ⁵⁵ pi²¹ kɑ³³ ɕiɔ²¹ tɐʔ⁵pɐʔ⁰。na³³ mɐʔ³iɔ³³ lɛ³³ kʰo³³ ki³³
lɑ⁰。kɐʔ³ue³³ so⁵⁵ li⁰iɔ³³ lɛ³³ kʰo³³ ki³³ lɑ⁰ne⁰？in³³ ue⁰to⁵³ sʅ³³ ɑ⁰，mɐʔ¹³ kɐʔ⁵，
n³³ min³³ ne⁰，tsʅ²¹³ tʰin⁵⁵ ue³³ tsʅ²¹³ ɕie⁵⁵ min³³ kɔ⁰。fɐʔ⁵hɔ²¹³ tɕʰye⁵³ lɐʔ⁰
tsən⁵⁵ so⁵³ hɑ³³ tɔ³³ ɜ⁵⁵ so⁰，iɔ³³ hɑ³³ tʰu⁵³ tɕʰiɐʔ⁰lɛ⁰tɔ³³ ɜ⁵⁵ so⁰lɛ³³。iɛ²¹³ fɐʔ⁵
hɔ²¹³tɔ³³ ɜ⁵⁵ so⁰lɛ³³ tɕʰy²¹³，iɛ²¹³ fɐʔ⁵hɔ²¹³ te³³ ɜ⁵⁵ so⁰in³³ tʰoŋ⁵³ huen⁵³。na³³
mɐʔ³ɕiɔ²¹ tɐʔ⁵kɐʔ³kɐʔ³ɕye³³ so⁵⁵ kɐʔ⁵no⁵⁵ n⁰te³³ ɜ⁵⁵ so⁰kɐʔ⁰kue⁵⁵ n⁰，nie²¹
kɑ⁵⁵ hɔ²¹ lɐʔ⁰i⁵⁵ h ɤɯ²¹³ ne⁰，kɐʔ³kɐʔ⁵tsʅ²¹³ fɐʔ³yn⁵⁵ ɕy⁰kɐʔ⁰。so⁵⁵ i⁰ki³³
lɑ⁰ne⁰iɔ³³lɛ³³ kʰo³³ ki³³.

　　在一个下大雨的晚上，他们俩在江边相会了。从那天以后，他们每天晚上都到江边相会，感情越来越好。没想到，这个事情被别人知道了，要来抓他们。为什么要来抓他们？因为当时渔民被定为贱民，不能穿一整双鞋到岸上，要趿拉着鞋上岸。也不能到岸上娶（妻），也不能和岸上人通婚。这个渔家女和岸上的男孩是不允许在一起的。所以他们要来抓他。

　　对=一个漆黑漆黑个夜里，弗有雨呢，也弗有星。渠拉一村人啊，手上吧，担了火把，担了绳，要准备呢，要八=渠拉吊起来。那么渠拉两个晓得以后呢，倚[起来]就趋罢。两个呢，手搀手，毛=东关末个方向呢趋去。趋过东门街，趋过青云桥，末下就沤老虎桥，再趋过七溪头。好，追个人呢，越来越近，越来越近。那么渠拉对=三江口边个时候呢，就要追着罢。两个人呢，木佬佬深情个印看尔一眼，尔看印一眼。手牵手个就毛=三江口个水里头，江里头就，"哼咙=嗵"就跳落去了。跳落去以后，葛个地方个水呢，木佬佬深。渠拉呢也就再也还未爬上来。

　　te²¹ iɐʔ³kɐʔ⁵tɕʰiɐʔ³hɐʔ⁵tɕʰiɐʔ³hɐʔ⁵kɐʔ⁰iɑ⁵⁵ li⁰，fɐʔ⁵i ɤɯ²¹³ y²¹ ne⁰，

iɛ²¹ fɐʔ⁵ iɤɯ²¹³ ɕin⁵³。ki³³ lɑ⁰ iɐʔ³ tsʰən⁵³ n̩in³³ ɑ⁰，sɤɯ²¹ so²¹ pɐʔ⁵，tɛ⁵³ lɐʔ⁰ h u¹³
po²¹³，tɛ⁵³ lɐʔ⁰ sən³³，iɔ³³ tɕyn⁵⁵ pe³³ ne⁰，iɔ³³ pɐʔ⁵ ki³³ lɑ⁰ciɔ³³ tɕʰiɐʔ⁵ lɛ⁰。
nɑ³³ mɐʔ³ ki³³ lɑ⁰ nie²¹ kɑ³³ ɕiɔ²¹ tɐʔ⁵ i⁵⁵ hɤɯ²¹³ ne⁰，kɛ²¹ tɕʰiɛ⁰ ɕiɤɯ⁵⁵ piɐʔ¹²
pɐʔ⁰。nie²¹ kɑ³³ ne⁰，sɤɯ¹³ tsʰɛ⁵³ sɤɯ²¹³，mɔ³³ toŋ⁵³ kuɛ²¹³ mɐʔ¹² kɐʔ³ faŋ³³
ɕiaŋ⁵⁵ ne⁰ piɐʔ¹² kʰi³³。piɐʔ¹² ku³³ toŋ⁵³ mən³³ kɑ⁵³，piɐʔ¹² ku³³ tɕʰin³³ yn¹³
tɕiɔ³³，mɐʔ¹² ho⁵⁵ ɕiɤɯ⁵⁵ɤɯ⁵³ lɔ¹³ hu²¹ tɕiɔ³³，tsɛ³³ piɐʔ¹² ku³³ tɕʰiɐʔ⁵ tɕʰi⁵³
tɤɯ³³。hɔ²¹³，tɕye⁵³ kɐʔ⁰ in³³ ne⁰，yɐʔ¹² lɛ³³ yɐʔ¹² tɕin²¹³，yɐʔ¹² lɛ³³ yɐʔ¹² tɕin²¹³。
nɑ³³ mɐʔ³ ki³³ lɑ⁰te²¹³ sɛ⁵³ ko⁵³ kʰɤɯ²¹³ pie⁵³ kɐʔ⁰sʅ³³ hɤɯ²¹ ne⁰，ɕiɤɯ⁵⁵ iɔ³³
tɕye⁵³tsɑ²¹ pɐʔ⁰。nie²¹ kɐʔ⁵ in³³ ne⁰，mɐʔ¹² lɔ¹³ lɔ⁰ sən⁵³ tɕin³³ kɐʔ⁰ aŋ²¹³ kʰɛ²¹³
n²¹³ iɐʔ⁵ ŋɛ⁰，n²¹³ kʰɛ³³ aŋ²¹³ iɐʔ⁵ ŋɛ⁰。sɤɯ²¹³ tɕʰie⁵³ sɤɯ⁵³ kɐʔ⁰ ɕiɤɯ⁵⁵ mɔ³³
sɛ⁵³ ko⁵³ kʰɤɯ²¹³ kɐʔ⁰ ɕye²¹ li¹³ tɤɯ³³，tɕiaŋ³³ li⁵⁵ tɤɯ³³ ɕiɤɯ³³，"pɐʔ¹² loŋ³³
toŋ³³"ɕiɤɯ⁵⁵ tʰiɔ³³ lo¹³ kʰi³³ lɐʔ⁰。tʰiɔ³³ lo²¹ kʰi³³ i⁵⁵ hɤɯ²¹³，kɐʔ³ kɐʔ⁵ tʰi⁵⁵ fo⁵³
kɐʔ⁰ ɕye²¹³ ne⁰，mɐʔ¹² lɔ¹³ lɔ⁰ sən⁵³。ki³³ lɑ⁰ne⁰ iɛ²¹ ɕiɤɯ⁵⁵ tsɛ⁵³ iɛ²¹³ ɐʔ³ mi⁵⁵
po³³ so²¹ lɛ³³。

在一个漆黑漆黑的夜晚，既没有雨，又没有星星。他们一村人手上拿了火把和绳子，准备把他们捆起来。他们俩知道以后，站起来就跑。两个手牵手，朝东关那个方向跑去。跑过东门街和青云桥，那时叫老虎桥，再跑过七溪头。追的人越来越近了。他们到了三江口边的时候，就要被追上了。两个人深情地互相看了一眼。手牵手朝三江口的水里就跳下去了。这里的水非常深，跳下去以后，他们再也没爬上来。

那么后来个时候呢，我拉个知府老爷唻，叫戴槃咯。渠呢为九姓渔民呢平反罢。八⁼渠拉呢，从贱民改为良民。也好到岸上来罢，也好到，对岸上个人通婚罢。那么葛个时候呢，老百姓呢，为了纪念渠拉葛个两个人呢，渠拉就对⁼南峰山上、北峰山上造了两个宝塔，一个呢叫南峰塔,一个叫北峰塔。那么南峰塔呢,就代表是葛个船上个囡儿;北峰塔呢,就代表是葛个岸上葛个鬼儿。

nɑ³³ mɐʔ³ hɤɯ³³ lɛ³³ kɐʔ³ sʅ³³ hɤɯ³³ neº,ɑ²¹ lɑ²¹ kɐʔº tsʅ⁵³ fu²¹³ lɔ⁵⁵ iɑ³³ lɛº,tɕiɔ³³ tɛ³³ pʰ ɛ̃²¹³ kɔº。ki³³ neº ue³³ tɕiɤɯ²¹ ɕin³³ y³³ min³³ neº pin³³ fɛ²¹ pɐʔº。pɐʔ⁵ ki³³ lɑº neº,tsʰoŋ³³ ɕie⁵⁵ min³³ kɛ²¹ ue³³ nie³³ min³³。iɛ²¹ hɔ⁵⁵ tɔ³³ ɛ⁵⁵ soº lɛ³³ pɐʔº,iɛ²¹ hɔ⁵⁵ tɔ³³,te³³ ɛ⁵⁵ soº kɐʔº in³³ tʰoŋ⁵³ huen⁵³ pɐʔº。nɑ³³ mɐʔ³ kɐʔ³ kɐʔ³ sʅ³³ hɤɯ³³ neº,lɔ²¹ pa⁵⁵ ɕin³³ neº,ue³³ lɐʔº tɕi⁵⁵ ȵiɛ³³ ki³³ lɑº kɐʔ³ kɐʔ³ nie²¹ kɐʔ⁵ in³³ neº,ki³³ lɑº ɕiɤɯ⁵⁵ te²¹³ nɛ³³ foŋ⁵³ sɛ⁵³ soº、pɐʔ⁵ foŋ⁵³ sɛ⁵³ soº sɔ²¹³ lɐʔº nie²¹ kɐʔ⁵ pɔ¹³ tʰo⁵⁵,iɐʔ⁵ kɐʔº neº tɕiɔ³³ nɛ³³ foŋ⁵³ tʰo⁵⁵,iɐʔ⁵ kɐʔº tɕiɔ³³ pɐʔ⁵ foŋ⁵³ tʰo⁵⁵。nɑ³³ mɐʔ³ nɛ³³ foŋ⁵³ tʰo⁵⁵ neº,ɕiɤɯ⁵⁵ tʰɛ⁵⁵ piɔ²¹³ sʅ²¹³ kɐʔ³ kɐʔ³ ɕye³³ soº kɐʔ³ noº⁵⁵ nº;pɐʔ⁵ foŋ⁵³ tʰo⁵⁵ neº,ɕiɤɯ⁵⁵ tɛ⁵⁵ piɔ²¹³ sʅ²¹³ kɐʔ³ kɐʔ³ ɛ⁵⁵ soº kɐʔ³ kɐʔ³ kue⁵⁵ nº。

后来有一个叫戴槃的知府,他为九姓渔民平反了,把他们从贱民改为良民。渔民可以到岸上来了,也可以与岸上人通婚了。这时候,老百姓呢,为了纪念他们俩,就在南峰山、北峰山造了两座塔:一座叫南峰塔,一座叫北峰塔。南峰塔就代表渔家女,北峰塔就代表岸上这个男孩。

那么到了葛个端午日个时候呢,还有木佬佬老百姓呢,到水[里头]去抛葛个艾叶,那么来纪念渠拉两个。有木佬佬人都看见过,对ᵘ端午日抛艾叶个时候呢,看见南边宝塔对北边宝塔个两个宝塔影子呢,对ᵘ水里头相会罢。两个呢黏得一起。啊,葛只闲话呢,卬也讲了罢。

nɑ³³ mɐʔ³ tɔ³³ lɐʔº kɐʔ³ kɐʔ³ tɛ⁵³ n¹³ ȵiɐʔ¹² kɐʔº sʅ³³ hɤɯ³³ neº,uɑ³³ iɤɯ²¹³ mɐʔ¹² lɔ¹³ lɔº lɔ²¹ pa⁵⁵ ɕin³³ neº,tɔ³³ ɕye²¹ lɤɯ³³ kʰi³³ pʰɔ⁵³ kɐʔ³ kɐʔ³ ɛ⁵⁵ i²¹³,nɑ³³ mɐʔ³ lɛ³³ tɕi⁵⁵ ȵi ɛ̃³³ ki³³ lɑº nie²¹ kɑ³³。i ɤɯ²¹ mɐʔ¹² lɔ¹³ lɔº in³³ tu³³ kʰɛ³³ tɕie³³ ku⁰ ,te²¹³ tɛ⁵³ n¹³ ɲiɐʔ¹² pʰɔ⁵³ ɛ⁵⁵ i²¹³ kɐʔ⁰sʅ³³ hɣɯ³³ ne⁰ , kʰɛ³³ tɕie³³ nɛ³³ pie⁵³ pɔ¹³ tʰo⁰te³³ pɐʔ⁵ pie⁵³ pɔ¹³ tʰo⁰ kɐʔ⁰ nie²¹ kɐʔ⁵ pɔ¹³ tʰo⁰ in²¹ tsʅ⁰ ne⁰ , te²¹³ ɕye²¹ li³³ t ɣɯ³³ ɕie⁵³ ue¹³ pɐʔ⁰ 。 nie²¹ ka³³ ne⁰ ɲie⁵³ tɐʔ⁰ iɐʔ⁵ tɕɕi²¹³ 。 ɑ⁵³ , kɐʔ⁵tsɑ⁵⁵ hɛ³³ o⁵⁵ ne⁰ , ɑŋ²¹³ iɛ²¹ ko¹³ liɔ⁰ pɐʔ⁰ 。

　　到了端午这天,还有许多老百姓往水里抛艾叶来纪念他们两个。有很多人都见过,在端午抛艾叶的时候,南北两塔的影子在水里相会了,两个影子黏在一起。这个故事我就讲完了。

　　　　　　　　　　　（2015 年 9 月 1 日,建德,发音人:胡霭云）

后 记

　　本书为中国语言资源保护工程(以下简称"语保工程")"浙江汉语方言调查·建德"课题的成果之一。这项工程于 2015 年由教育部、国家语委启动,目标是利用现代化技术手段,在全国范围收集、记录汉语方言、少数民族语言和口头文化的实态语料,通过科学整理和加工,建成大规模、可持续增长的多媒体语言资源库,开展语言资源保护研究工作,并进行深度开发应用。浙江省是全国 4 个试点省份之一,2015 年共设杭州、金华、建德等 12 个调查点。建德的调查工作于 2015 年上半年启动,当年年底顺利通过验收。

　　与其他调查点相比,建德有一点比较特殊。语保工程的调查点一般都为县城或市区,但建德则选在了梅城镇。因为自三国置建德县以来,梅城就是县治、州治或府治所在地,历史悠久。1960 年之后,县城才由梅城镇移至白沙镇(今新安江街道)。因此,梅城话无疑是建德的代表性方言。

　　对于梅城和梅城话,我并不陌生。曹志耘老师著有《严州方言研究》(好文出版,1996),其中详细记录了梅城话的语音、词汇和语法,读后令人向往。到了 2008 年前后,我为了调查梅城的九姓渔民方言,终于有机会来到了这座有着美丽名字的古镇,亲耳聆听与金华话非常接近但系属截然不同的梅城话。但语保工程建德点的设立和启动,才使我真正得以认真、系统地研究这个古镇的方言。

语保工程的难点主要有两个:找到合适的发音人和符合条件的摄录场地。在建德市语委办、严州师范学校和梅城小学领导的帮助下,我们组织了两轮面试,又测试了多个场地,很遗憾,人和地均不符合要求。正当"山重水复疑无路"的时候,我们有幸遇到了严州文化研究会的陈利群会长,以及研究会成员谢关保、胡蔼云夫妇。谢大叔担任了地方普通话发音人,胡阿姨担任了方言老女和口头文化发音人。他们还推荐了方言老男发音人胡尚武大叔。也是经他们引荐,当地政府特地把一间环境优美的办公室让出来,用作摄录场地。此外,他们还慷慨提供了很多自己收集的尚未发表的梅城话资料。如此,我们的调查工作迎来了"柳暗花明又一村"!

场地虽然有了,但由于地处公园,往来人员众多,噪音较大。我们购买了泡沫板和硬纸板,又租了几床棉被,把窗户封得严严实实,DIY(亲手制作)了一个录音棚,没想到效果很不错! 至此,本次调查两个最大的拦路虎均已解决,调查摄录工作有条不紊地展开。在后来的语保工程规范培训会上,我们把自制录音棚的经验向全国各课题组进行了介绍和推广,有力地促进了整个语保工程的顺利实施。

作为浙江省乃至全国语保的试验调查点之一,梅城的方言调查工作困难重重,如果没有各方的大力支持,调查工作不可能顺利完成。

首先,感谢各位发音人的热情支持和大力配合! 除了上文提到的谢关保大叔和胡蔼云阿姨以外,最应该感谢的是胡尚武大叔一家。胡大叔性格温和有耐心,总是乐呵呵的。他做事特别认真,为了熟悉摄录材料,经常废寝忘食。他还动员了全家人来参加口头文化的摄录工作,包括老伴儿徐笑珍,两个女儿胡一鸣和胡一芳。我至今都非常怀念他们特意做的"玉米馃儿"的味道,以及在他们老宅屋顶上拍摄的情景。另外,还要感谢严州中学的丁勋和唐春燕两位青年老师,他们愉快地答应了作为方言青男和方言青女的调查任务。丁勋老师还帮我转写了不少话语讲述材料。他们对本地方言文化的热爱和维护之情,令人感佩!

其次,感谢课题组成员的辛苦和努力!杭州师范大学张薇副教授不仅四处物色发音人,还怀抱年幼的孩子,带领研究生赶到梅城,亲自参加调查和摄录工作;浙江财经大学的肖潇、支亦丹,浙江师范大学的吴露露,杭州师范大学的黄萌萌、林舒青等同学,冒酷暑,战严寒,帮忙摄录和整理材料;北京语言大学的张雯雯、李玲虹、何昕怡、张卓艺、尹红丽等同学协助录入和校对,做了大量工作,在此一并致以谢忱!

最后,感谢语保工程中检、预验收和验收专家组的辛勤指导和宝贵意见;感谢浙江省教育厅对本丛书的大力支持!感谢浙江大学出版社编辑团队的专业水准和敬业精神!尤其是责编仝林老师,指出了原稿中的诸多错漏,并进行了润色,功莫大焉!

在各级政府的鼎力支持下,曾经破败不堪的梅城古镇重新焕发了生机和活力,成了旅游胜地,游客接踵而至。但愿古老而富有特色的梅城方言,能够永远与这个古镇相伴。

黄晓东

2024 年 5 月 1 日于北京